オルグ！オルグ！オルグ！

本田一成

労働組合はいかにしてつくられたか

新評論

はじめに

「お声がかかれば、何でもお話しさせていただきます。頼まれれば、何でも引き受けます。ただし、それがチェーンストアに関することであれば」

駆け出しの労働研究者のころ、私がよく使ってきた言い回しです。「チェーンストア以外のことはやりません」という宣言にほかならないわけですから、鉄鋼や自動車、公務といった分野こそ「労働」といった時代にはいろいろと角《かど》も立ち、厳しい叱責や批判が多く、それらを甘んじて受けてきました。

「スーパーなんか研究して何になるの?」とか「本当に研究者として飯を食う気があるのか!」など、心配なのか説得なのかが分からないというたくさんの波風が私の周りに立っていました。しかし、私は馬耳東風を貫き、独りぼっちでチェーンストアの勉強を続けてきたのです。ですから、チェーンストアの労働組合の歴史についてもそうですが、チェーンストアの労働研究というのは「本当に乏しい」というのが日本の実情なのです。

冗談のような本当の話なのですが、チェーンストア業界で働く年輩の実務家から、「チェーンストアを勉強したいならよい本があるぞ、絶対に読め！」と助言をしていただいたとき、小躍りして本を探してみると「自分の本だった」ということもありました。

さて現在、チェーンストア業界の組合はたくさんあり、その産業別労働組合（産別）が「ＵＡゼンセン」[1]であることに疑いの目を向ける人はいないでしょう。しかし、そうなるまでの過程はご存じでしょうか？　本書の執筆を機に、きちんと調べてみることにしました。

ところで、最近の経営書で流行している内容といえば「組織能力の解明」です。たとえば、ある企業がとても業績を上げている場合、市場環境がよかったとか、景気がよくなったとかではなく、組織能力が高いからだ、と解釈しているのです。その組織がいかに独創的なのか、あるいは手堅い戦略なり、業務なりで他社とは違う素晴らしい実行力があるか、ということに言及しているのです。

組織能力の研究は理論的な広がりを見せていますが、もともとは個別企業の分析や観察から編み出されたものです。すると、どうしても不満が残ります。組織能力だという割には、労働組合の「ろ」の字も出てこないからです。組織能力に労働組合はまったく関係ないのでしょうか。たぶん、「関係ない」と言う学者が多いのかもしれません。というのも、実際に労働組合がその要素として議論されることがなかったからです。しかし、組織のメンバー、つまり従業員の凝集性はとても大切に議論されているのです。その凝集性は、会社のメンバーだけではありません。そう、組合員としての凝集性があるはずなのです。

ある組織、あるいは会社が他社と違う実行力を発揮するとします。その場合、本当に労働組合は無関係なのでしょうか。私には、とてもそう思えません。もちろん、チェーンストアにおいても同じです。

労働組合も組織の一つです。その生成、発展などについて歴史的な経緯を探る必要があります。チェーンストアの発展過程、つまり組織能力の発達過程で労働組合はいかに影響してきたのでしょうか。影響しているということを前提にすれば、組織能力の形成理論における枠組みを変えなければいけないくらい大切な問題提起となります。

労働組合は自然発生するわけではありません。UAゼンセンには、あるいは当時の全繊同盟には、組織拡大つまり組合をつくって全繊加盟の組合員を増やすことを目的としたオルガナイザー（日常的には「オルグ」と呼ばれています）がいました。このゼンセンオルグたちが、チェーンストアの労働者を組織化する過程を明らかにすることが大切となります。これが、本書の中心テーマとなります。

（1）　正式名称：全国繊維化学食品流通サービス一般労働組合同盟。一九四六年に結成された全繊同盟（全国繊維産業労働組合同盟）を起源とし、「ゼンセン同盟」（一九七四年）「UIゼンセン」（二〇〇二年）を経て、二〇一二年に「UAゼンセン」となった。初代会長は松岡駒吉が務め、高山恒雄（第二代）、滝田実（第三代）、宇佐見忠信（第四代）が就任している。本書では、厳密な区分の必要がない場合「ゼンセン」と表記する。

少し横道に逸れますが、ここで本を著すことについてお話をさせていただきます。分厚い学術書というのは、著名な方が著して「売れに売れる」という保証でもあれば別ですが、私のように出版社に頭を下げ、自ら出版助成金をとってきて出版してもらうという学者の場合はこの分量が自由になりません。

ものを書くときには、必ず「分量」ということが問題として浮上してきます。

もし、十分なスペースがあれば、内容を淡々と書くことが一番いいと思います。なぜならば、読者はそこから自由にそれぞれの解釈を楽しむことができるからです。本来は、こういう読み方こそ、読者が求めるものかもしれません。尊敬する猪木武徳先生（大阪大学名誉教授）は、『戦後世界経済史』（中公新書、二〇〇九年）のなかで、読む側の特権としてこのように述べていました。

十分に書くスペースがあり、淡々と書く場合、「記録」という表現形式に近くなります。たとえば、近年精力的に展開されている「オーラルヒストリー」もその一つと言えます。「オーラルヒストリー」とは、話し手が述べる私的な記録を公的なデータベースとして取り扱い、保存しようという研究手法・アーカイブ活動です。実は、労働分野でも急ピッチで進められています。

たぶん言い過ぎになると思いますが、あえて言いましょう。オーラルヒストリーには強い関心を呼ぶようなものが内蔵されていない、という点で責任がありはしないかと私は考えています。要するに、面白くないのです。アーカイブなのだから読者を選ぶ、という図式には異論はないのですが、研究なのだから読者を引き付けなくてもよい、という図式になっているように感じるわけです。

「語り」は常に説得力をもっています。経験上、それを否定することはできません。しかし、弱点もあると言えます。つまり、読み手のレベルによって理解度が大きく変わりうるということです。「語り」に対してさまざまなイメージをもつために、人によっては途中で関心が途切れがちとなるでしょうし、なかには誤解をする人が続出することにもなります。その結果、「面白くない」という人が現れることになります。

オーラルヒストリーの売り込み文句は、「聞き書きで本当の歴史を検証する」というものです。しかし、聞き書きには、記憶違いがあるとか、話し言葉が信じられるのかといった歴史学からの反論にさらされることになります。もちろん、文書にも間違いがあるでしょう。文書資料だからといって優位性をもっているとはかぎりません。歴史的文書がフィクションである場合、歴史研究と思われてきた成果はすべて崩壊することになってしまいます。

オーラルヒストリーは、記録を残すことを目的としているのですから、おそらく網羅的に行っているはずです。ところが、利用者から見ればやはり断片的になってしまいます。なぜなら、研究者は資料に、研究目的や仮説などで縦横無尽に接近してくるからです。ゆえに、研究対象が同じであっても断片的な資料になってしまうのです。

するとと、結局は断片性から逃れられないことになってしまいます。では、どうしたらよいのでしょうか。当事者がいるときの行動としては、断片性や網羅性という基準から逃れて、つまりどちらであってもよいから、自らの研究目的や仮説に必要な情報の厚さを優先すべきだと考えます。言葉を換えれば、「深さ」と言ってもいいかもしれません。すると、オーラルヒストリーよりインタビューを採用せざるを得なくなります。

「いや、そんなことはない。相当の知識を得てから望んでいるのだから、オーラルヒストリーだって深いのだ」と、反論されそうです。その通りです。聞き手は、相当深い知識を得た人、あるいは知識を得てから聞く人であることは間違いないと思います。しかし、相手に委ねて話を聞くわけですから、インタビューになりますね、ということです。

あと三点だけ、気になっていることを指摘しておきます。

まずは、知人のライターたちとざっくばらんにインタビューについて話すときに気になっていることです。彼らは、「話を聞くのは、その内容というより、その人と会うことに意義がある」と言い切るのです。つまり、その人が語ったということに重きがあるのだ、と聞かされて驚きます。だから、何が何でも、どんな手段を使ってでも、その人にアポイントメントを取るのだというわけです。

要するに、ライターたちが抱えている危険性がオーラルヒストリーにもありはしないかと勘ぐってしまうのです。オーラルヒストリーも、単一の当事者ではなく複数に会っているよ、と言われそうです。それならば、やはりインタビューに近くなってくるのではないかと思います。「最初からインタビューをしたらどうか」と言いたくなってしまいます。

とはいえ、このような危険性がある半面、別の成果があることを否定しません。たとえば、ゼンセンのオルグたちが、「オルグは自分たちのしてきたことを墓の下まで持っていくものだ」という文化を大切にしてきたにもかかわらず、次々とオーラルヒストリーに応じているという事実です。なぜなのでしょうか。考えられるのは、いかがわしいインタビューよりもオーラルヒストリーのほうが威信の高さを保つことができるからです。

気になるもう一点は、インタビューしても、その歴史を語る言明では真偽の判別がつかないことが多々あるということです。多くの批判が集まるように、記録が正しく、記憶があいまいということではありません。

たとえば、オルグがある組合をつくったとします。しかし、たった一人で組織化できるわけがありません。また、特定の時期から、どこの産別組合もチームで組織しようとしはじめるものです。もちろん、ある企業に目をつけた最初のオルグにしても、どこかで必ず集団行動が入ってきます。

では、この組合は誰がつくったのか？　そこに、自分がつくったという言明がある一方で、「最後に詰めたのは俺だ」というオルグも出てきます。協業をすると、当然こうなります。組合づくりの検証には、このような難しさがあるのです。さらに言えば、デモや争議、選挙、政策までみな同様です。

実は、研究者でも同じことがあるのです。たった一人でリサーチを進めることはもはや稀となっており、チームを組んで調査をし、それぞれの結果を持ち寄って研究発表をします。当然、研究発表の数は複数、多数になります。しかし、その調査を誰がやったのかというと、座長がやったとも言えるし、「いや、座長は形式上のもので、俺がやったんだ」と各メンバーが言い出すこともありえます。

自分の仕事に誇りをもち、他者を認めはするのですが、自分に対する評価は常に高い傾向があります。二〇代のときに、中村圭介先生（法政大学）から聞いた言葉が忘れられません。「研究者という生き物は、自分以外のどんな素晴らしい仕事を見ても、自分のほうが上だと思い込んでしまうものだ」

最後の一点は記録についてです。たぶんご承知かと思いますが、インタビューでも「インタビューノート」と呼ばれる記録を作成します。それは、速記録とはまったく違ったものです。話し手が話した順番どおりにはなっていませんし、話し手の部分とは明確に識別できるような形で、聞き手の感想や意見を大量に書き込みます。このノート作成に費やす作業がなかなか大変なのですが、それが面白いのです。情報が厚くなっていくその面白さはオーラルヒストリーにはないのかな、と勝手な想像をしています。

オーラルヒストリーは、記憶を記録に近づける作業と見受けられます。インタビューノートはどうでしょうか。やはり同じことですが、プライバシーの問題に配慮するのと聞き手の主観が含まれる文書のためにインタビューノートを公開することはありません。当然、聞き手が強く欲しがった情報だけとなり、とても上質な情報となります。

そうなると、ほとんど同じことをしているのですが、インタビューには優位な点がありそうです。成すべきことは、その優位な点を利用しながら、記録による研究ではなく、しかもオーラルヒストリーではない記憶の歴史研究となります。私は、悩みに悩みました。その励みになったのが、夏目漱石が一九一四年に書いた『素人と黒人』（『漱石全集』第九巻、岩波書店）です。「その道に堪能でない素人こそが、玄人が是認して破れないと観念したものを乗り越えられる」

皮肉なものですが、私が行う方法はオーラルヒストリーを信奉する者ができないやり方です。つまり、オーラルヒストリーをしないがゆえにできることなのです。では、記憶からつくられた記録の域を出て、読み手を寄せるだけの代物をつくり上げることはできるのでしょうか、またどのように行うのでしょうか。

二つの答えを出しました。一つは、その記憶を別の人が語るという方法です。これは、講演録のようになります。もう一つは、証明はできないけれども現実らしいというところを逆手にとって虚構を作成することです。要するに、小説になります。たとえば、経済小説では、現実のモデルを使って現実より現実らしいと評価される場合がありますから、この作戦があながち「的外れ」

とは断言できないことを示しています。ただし、あいにくと私には小説を書く能力はありません。

ということで、本書においては、主として私のインタビューノートに基づいて、チェーンストアの労使関係についてお話をしていきます。それも「講義形式」を用いて、「ですます調」で記述していくことにします。みなさんの目の前に「私がいる」ということを感じながら読み進めてください。退屈されないように配慮したつもりですので、たぶん、軽快なペースでページが繰れると思います。ご自分が所属している労働組合の現状を念頭に置きながら、チェーンストアの労働者と労働組合の歴史から学んでいただければ幸いです。

現在、チェーンストア産業を組織するUAゼンセンが日本最大の労働組合であり、もっとも組合員数が多い最大の勢力となっています。労働組合にかかわっている人たちでさえ、とかく自分たちの産業と違う場合は無関心となりがちですが、働く者の立場に思いを寄せるのなら、本書は絶対に避けて通れないトピックと言えます。ぜひ、本書を、労働運動を考えるための題材にしてください。

＊本書の内容は、「國學院大學学部研究調査出張旅費補助」（平成二五年度〜二九年度）の研究成果の一部を利用したものです。

もくじ

第4章 「擬似的な」流通産別の試運転――全繊同盟の参入に対抗して 91

第5章 無所属中立主義の実相――アンチゼンセンの労組 121

第6章 ゼンセンとオルグ――前編　155

第8章　流通部会の誕生――ゼンセン加入のチェーンストア労組　223

第9章 進撃の狼煙《のろし》——頂上を目指す

第10章 「Z点」超え——専門店チェーンのオルグ

オルグ！オルグ！オルグ！——労働組合はいかにしてつくられたか

実直な労働経済学者、親友である堀春彦に捧げる

第1章

それぞれの「流通産別構想」

一九四六年に結成された「全繊同盟」に関して、何年にどんな出来事があったのかを熱く語っても、みなさんにとって面白い内容とは思えません。仮に、そのような説明をしたとして、読まれたあとに何か有益なものが残るのかと問われても、それに応えるだけの自信もありません。その理由は、ゼンセンや流通部会を主役にして話すことになるからです。この際、味気ないのない主役には引き下がってもらい、代わりの主役を「人間」にして話していくことにします。

まずお聞きしますが、みなさんが加盟している組織は誰がつくったのか知っていますか？　また、なぜ組合ができたのでしょうか？　みなさんは、組合結成時のリーダーたちの話を聞いたことがありますか？　残念ながら、多くの人が自分の組合について深く考えることはありません。

労働組合は、自然発生するわけではありませんので人工物となります。人工物となると、大きな話にしてしまうと文明となります。その文明が衰退するも発展するも、いや継続させるだけにしても、その鍵となるのは「歴史を知ることだ」と言えます。

歴史を知る

私は歴史学を研究しているわけではありませんが、歴史に関する本はたくさん読みました。しかし、著名な歴史家たちよりも、「文明を発展させる解決法は歴史にある」と明快に主張したスペインのホセ・オルテガ・イ・ガゼット（José Ortega y Gasset, 1883～1955）に大きな感銘を受けました。オルテガ流に言えば、チェーンストアの労使関係を正しく発展させるための解決策は、チェーンストア労働組合の歴史を正しく理解することだ、ということになります。

UAゼンセン（当時は全繊同盟）の組織拡大を担当した人、つまり組合をつくって全繊加盟の組合員を増やす立場にあったオルガナイザー（日常的には「オルグ」）、別名「ゼンセンオルグ」がみなさんの先輩に働きかけて組合ができたのです。元UAゼンセン東京都支部長であり、「ゼンセン三大オルグの一人」と言われた二宮誠さんが著した『労働組合のレシピ』（メディアミル、二〇一四年）の帯には、「伝説のオルグ、渾身の一代記」というキャッチコピーが記されていました。二宮さんは、組合というものは結成するだけではない、ということをこの本で語っています（のちに文庫化。三三六ページ参照）。まさに、オルグは一生の仕事なのです。

さて、イントロは終わりです。先にも述べたように、主役を組合幹部や産別組合のオルグにして、話を進めていくことにします。

オルグとロマン

労働界の左右対立

労働組合の結成を通じて、また結成後のさまざまな方面における活動を通じて、組合員、労働者、社会のことをより良く改めていくだけの気概をもっている人々、それがオルグだと思っています。私が交流してきたオルグたちを見るかぎり、正義感が非常に強く、同時に大きなロマンをもっている人であるとも言えます。

またオルグは、経営者と敵対したり、争議を起こしたりする場合があることから、「乱暴で怖い人物」と思う人が多いというのも事実です。となると、オルグとロマンは両立しえないように感じるかもしれません。

しかし、考えてみてください。一九五〇年代に日本でチェーンストアが開業をはじめ、小売業と言えば個人商店か百貨店しかなかったところへ割り込んできました。何もなかったところへ新しい産業が創成され、急ピッチで拡大していったのです。労働組合の活動家の立場からすれば「おいしい話」となります。そのおいしさは各者各様なので、いくつかの立場に沿って説明をしておきましょう。

まずは、やはり当時の労働界の対立構造を無視することができません。みなさんのなかには、生まれたときには「連合」(1)があったという人も多いでしょうから、少しだけ労働運動の時代背景を述べます。

国際労働運動では、一九四九年に国際組織が分裂するや、東西対立問題を含んだ国際政治が労働運動に影を落としていました。日本では、一九五〇年に共産党非合法化と共産党員および同調者のレッドパージ（赤狩り）があり、共産党の影響下にあった労働組合は再編を迫られて「総評」の結成へとつながりました。

この総評も、一九五二年の長期の炭労スト、停電を伴う電産ストを経て、いわゆる「総資本対総労働」の対決路線へと先鋭化しました。「ナショナルセンター」（**コラム1**参照）の最大の狙いは政策ですから、政策が対立すると分裂することになります。総評の場合は、激しい左傾が止まらない路線を危険視した「全繊同盟」「海員組合」などの民間労組が総評批判をして相次いで脱退し、一九五四年に「全労会議」が発足しました。これで官公労が主力となった総評は、ますます政治闘争に傾斜することになりました。一方、全労は、一九五九年の同盟会議を経て一九六四年に「同盟」を結成しています。

過激な全百連の活動

こうしてナショナルセンターでは「同盟」と「総評」の対立が激しくなりますが、この影響は小売業の労組にも及びました。一九四九年に京都労働会館で百貨店二〇労組の結成準備委員会を

column ①

同盟（1964年結成）と総評（1950年結成）の対立

同じ産業の企業別組合が集結した全国的な上部組合が、「産業別組合（産別組合）」と呼ばれる産業別連合体（「単産」とも言う）である。厳密には、企業別組合もしくは事業所別組合が加盟単位の産別組合と、海員組合のように個人が加盟単位の産別組合は区別されている。そして、複数の産別組合が集結したものが「ナショナルセンター（全国中央連合体）」である。したがって、産別組合は「組合の組合」であり、ナショナルセンターは「組合の組合の組合」となる。

「連合」が結成される前、ナショナルセンターは四つに分立していた（「労働４団体」とも言う）。このうち、労使対立路線・社会党支持の「総評」と、労使対等路線・民社党支持の「同盟」の２強が激しく対立していた。

経て結成された「全日本百貨店従業員組合連合会」（全百連四七労組、約二万人、委員長法亢《ほうが》章夫《あきお》、事務局長永峰信幸）です。

全百連は、もともと一九四八年に発生した「三越首切り争議」の支援をきっかけに、東京都百貨店労組懇談会や九州、大阪など各地の百貨店労組の連合体が集まってできたものです。

東京都百貨店労組懇談会には、早くも一九四六年に髙島屋、松坂屋、三越、松屋、

（1）一九七〇年から具体化しはじめた労働戦線統一（労戦統一）は、労働四団体統一の方向性を保ちながらも紆余曲折を経て、一九八九年に「連合」が結成された。まず、一九八二年に「全民労協」が結成され、一九八七年に「民間連合」が結成されるなど、民間労組合同が先行したあとに公共労組が合流している。

伊勢丹、京浜、白木屋（のちに東横）の各百貨店労組が集まりました。三越争議が発生して応援に入りますが、産別組合でもないため会社側は無視しました。このときの無力さが各地方にも伝わると、各地の百貨店労組連合、つまり「百連」が発足し、全国の百連によって「全百連」が結成されたのです。

「当初、全百連はごく健全な産別組合でした」

『流通小売業における産業別組織の記』（UAゼンセン、二〇一四年）を書いた五十嵐政男（第11章で詳述）さんは、全百連の結成宣言や綱領を分析してこのように結論づけているわけですが、私はチェーンストア労組のなかで名門と言われる「東光ストア労組」（のちに東急ストア労組）が、良識ある東横百貨店労組の経験者たちで結成されこととと、全百連の結成メンバーや幹部役員のなかに東横百貨店労組の人々が入っていたことを勘案して、当初の全百連は民主的で健全な産別組合だったと推測しています。しかし、この全百連が総評志向を強め、書記局が乗っ取られる形で総評の強力な指導を受ける産別組合に様変わりしました（ちなみに、総評加盟はなりませんでした）。

一九五一年、三越従業員組合（三越従組）が賃金交渉の際に定時出退勤戦術を実施した結果、組合役員が解雇とけん責処分となりました。三越従組は、全百連と総評の支援を得て反対争議を展開します。俗に言われる「三越争議」です。この争議では、バキュームカーで店舗突入を目論むという「黄金作戦」も見られました。

「三越争議」解雇反対が原因となったストライキ。「三越にはストライキもございます」の報道が世間の目を引いた。1951年12月（提供：UA ゼンセン）

そして一九五二年、ストの責任で組合役員が解雇されて法廷闘争となり、和解するまでに八年という年月がかかっています（一九六〇年和解）。当時、何でも売っている百貨店を皮肉って、「三越にはストライキもございます」とマスコミで報道されました。

三越争議と並ぶのが「岩田屋争議」です。一九五七年の賃金交渉の際、全百連に指導された全岩田屋労組は、破格とも言える「三八九〇円」という要求案を出して最初から波乱を起こしました。会社の回答は一二〇〇円だったのですが、その年の私鉄の中労委における調停額が一二五〇円ですから、会社側の回答はまっとうなものと言えます。

全岩田屋労組は、全百連、総評、地区労の支援を受け、賃上げ以外の追加要求案を出したうえで時限スト、二四時間ストを打ちはじめました。会社側はロックアウトで対抗し、結局五三日間も泥沼闘争をしたのち、地労委の斡旋でようやく終結しました。

これらの大きな事件は、全百連側から見れば「チャンピオン闘争」ということになります。つまり、倒せば効果が大きく、称賛に値する相手を選んでとことん闘うということです。各地にある百貨店労組に全百連が乗り込んでゆく情勢は、小売業界にとって大きな悪影響を与えました。百貨店労組に「産別組合にはかかわりたくない」という強い決意を促しますが、それはチェーンストア労組でも同じだと言えます。

チェーンストアの台頭

当時における第二の立場は、混乱のなかに光明を見いだそうとするものです。まず、「流通革命」の問題があります。それまでの小売業の古いしきたりを否定し、新しい産業を創造し、国民を豊かにするという信念から、経営者がチェーンストアに乗り出したわけです。これによって、大量出店、大量仕入れ、大量販売を目的とした急成長会社が続出しました。

当然、大量採用に踏み切り、新規学卒を手当たり次第に採用していきます。それでも足りず、さりとて既存産業がないために即戦力となる対象者がいなくて、他産業を含めて大量の中途採用やスカウトに最大の努力を払うことになりました。刻一刻とチェーンストアでは店舗が増えていき、見知らぬ同僚と顔を合わせて働く日々が続くのですが、知らない間にその同僚は辞めていくという繰り返しです。

日々、新規出店に追われ、新規オープンのチラシが近隣に撒かれているのに店舗は工事中であり、会社側は間に合わせようと必死です。粉塵が充満するなかで什器や各種機器を搬入するほか、毎日泊まり込むということも当然となります。一方、既存店はというと、一応の開店閉店時間はあっても、早出、残業は当たり前で、繁忙期ともなると作業が二倍、三倍になり、こちらも泊まり込みで家に帰れないという状況が続きました。それでも流通革命のため、あるいは社長の崇高な夢を共有しながら、熱狂して働き続ける若者と、いくらなんでもひどすぎる労働条件だと冷静に見抜く若者がともに汗を流したのです。

ダイエーの中内㓛（一九二二～二〇〇五）さんやジャスコ（現・イオン）の岡田卓也（一九二五～）さんなどのように、経営者が熱に浮かされたようにギラギラと「価格破壊」で革命を遂行する場合も、イトーヨーカドーの伊藤雅俊（一九四七～）さんのように常に顧客への奉仕を追求するという商人鉄則に基づいて忠実な営業を続ける場合も、あるいは宗教信仰から社会貢献色の強い小売業を真摯に求める場合なども、チェーンストアの労働者はかなり過酷な労働条件や職場環境に陥って混乱していました。チェーンストア理論は新しくても、それを実行する場合には、旧来の商慣行の名残となる主従関係が陰に日向に顔を出していたのです。

これに対して、経営者と対等な立場をつくり出し、旧来の主従関係（小僧、丁稚、手代、番頭）ではなく、近代的な労使関係を背景にした交渉によってチェーンストア労働者としての幸せを求めよう、と考え出す人が当然のごとく現れます。新しい産業にふさわしい新しい小売業の働き方が欲しい――そのために民主的な労働組合を結成し、その労組を集めて新たに産別組合をつくって産業全体をより良くしたいという願いが大きくなっていきました。

第三の立場は、チェーンストアが出現したことで大量の産業労働者が発生し、さらに急増する見込みを目の当たりにして、それらを組織化することで自らの勢力を増強したいという労働運動家たちです。つまり、既存の産別組合という立場です。

チェーンストアの産別組合はありませんでしたので、彼らは性急に手を出し、乗り出していきました。新しい組合がたくさん加盟すれば加盟費（会費とも言う）が入るので、未組織のチェーンストア労働者は「金のなる木」というわけです。全百連アレルギーがあって空白期間となっているときにチェーンストア労働者の組織化をしたい、というのは、プロの活動家としては当然のことです。


これらのすべての立場に、それぞれのロマンがあります。今すぐにでもオルグしたい。チェーンストアを訪問して労働者に会いたい。組合を結成したい。仲間をつくって増やしたい。その結果、実際に複数の流通産別構想が現れ、激突することになりました。

それでは、「流通産別構想」の概略を述べていきましょう。三つのロマン、つまり三種類の「流通産別構想」と、全繊同盟がチェーンストア労働者の組織化に参入したことについて簡単に説明していきます。

三つのロマン——その概略

百貨店労組

全百連の激しい活動についていけなくなった百貨店労組は、次々に脱退をはじめました。そうなると立て直そうとする勢力も出てくるわけで、遅々として全百連の解体が進まないのです。

一九五九年一〇月に開催された第一二回定期大会では、全大丸労組が運動路線の転換と組織運営の誤りを指摘し、全百連執行部が示す運動方針案の全面書き換えを要求する動議に踏み切りました。しかし、一七時間に及ぶ議論の末、この動議は認められませんでした。これで全大丸労組は即刻脱退しました。

一九六〇年には全高島屋労組が脱退し、大手二労組の脱退が他労組の脱退を誘発しました。そして、全松坂屋労組が脱退を決めていた一九六二年の第一六回定期大会では、財政上組織の運営が難しくなったこともあり、自己批判と総括によって、全百連の解散決議をもって解散か存続かを問うことになりました。

しかし、一二時間にわたるその解散決議も、僅差で有効票に届かず、否決されて解散には至りませんでした。その結果、雪崩を打って加盟労組が脱退していくことになりました。これで活動停止になってしまい、解散はしていないのですが機能不全となり、いわば自然崩壊したわけです。

たとえば三越労組は、「もうこりごりだ」と、他の百貨店労組との交流を一切閉ざしてしまいました。

このような経緯のもと、産別空白時代に入ったわけです。しかし、産別はこりごりでも労組の活動のためには情報や意見の交換は不可欠だと判断して、同じ地域の同業他労組との交流に切り替えるという労組も多かったと言えます。たとえば、九州には「九百労（九州地区百貨店労組会議）」が発足しました。その中心的な存在は、大規模争議から生まれた民主的な第二組合の岩田屋労組ですが、大きな傷や分裂にも負けずに再起を図る意欲は称えられるべきだと思います。同様に、神奈川、関西、中四国、東北などで地区別の有志百貨店労組が交流をはじめています。

この時期、のちにFIET《フィエット》（現・UNI-Apro）(2)になる商業、事務、技術分野のホワイトカラー国際労働組合組織の極東代表であるワルドマール・B・スタック（Waldmar B. Stack）さんが来日しています。日本の小売業に百貨店の産別組合をつくる構想をもって一九六三年から活動をはじめ、一九六五年には東京都港区新橋に東京事務所を設けています。つまり、国際自由労連側からのオルグです。

スタックさんが先進的な労組と目をつけて接触したのが伊勢丹労組です。しかし、伊勢丹労組でさえ、産別組合の必要性は認めつつも、産別組合を再び結成することは非現実的であると否定しました。このとき、伊勢丹労組副委員長の若きリーダー山本勝一さんと、カナダ大使館勤務を経てFIET東京事務所の極東代表行政補佐官として移ってきた三浦義さんが出会います。

一方、全百連の崩壊後も百貨店労組には強烈な後遺症が残っていましたが、特定の労組間や地域では交流が続けられていました。全百連からいち早く脱退した伊勢丹労組、三越労組、全大丸労組、髙島屋労組、全松坂屋労組のなかで、機運を見てとった伊勢丹労組の呼びかけに応じる形で、一九六五年二月、海外事情の研究と経験交流や情報交換を目的とした「DILA《ディラ》」が設立されました。

ここで活発に動いていたのが山本さんでした。一九六五年三月、山本さんはDILAの設立趣旨に賛同して加盟を希望する労組を確認して、運営方針を決定するために「DILA世話役会議」を開催したのですが、そこに四九労組（約七万人）が集結しました。

DILAは、海外の百貨店など小売業の事情を研究する組織です。FIETのネットワークを利用しながら海外から講師を招聘したり、百貨店労組の幹部が海外視察に行ったりと、積極的な姿勢を打ち出したユニークな団体でした。産別組合への不信感が大きくなった百貨店業界にとっては、こうした緩やかな連合体を発足させるのが精いっぱいだったのです。

労働組合がこんな活動を行うことはまずありませんでしたから、その目新しさは輝いていました。山本さんがDILAのリーダーとしてグイグイと引っ張っていき、あらゆる海外活動の実務

（2） スイスのジュネーブ近郊のニヨンに本部を構える労働組合の国際組織「UNI Global Union：UNI」のアジア・太平洋支部。東京事務所（所長・小川陽子）〒101－0062 東京都千代田区神田駿河台3－6 全電通労働会館6階 TEL：03－3251－3374

は三浦義さんが引き受けました。

山本勝一さんは、小売業の輝かしい発展の裏に、資本自由化によって近い将来に外資小売業の日本進出があり、日本の小売企業は厳しい闘いを強いられる姿を見抜いていたのです。とくに、地方百貨店の鈍感な経営感覚を危惧していました。国内ですらチェーンストアの攻勢に押される百貨店が、「伝統があるんだよ」とか「スーパーなんか怖くないよ」と言い放つのを聞くたびに、外資が進出してきたら「ひとたまりもないなー」と暗い気持ちになったのです。実際、そのような地方百貨店は次々と消えてしまいました。

一方で山本さんは、DILAを大きくすることを優先しました。一九六七年三月、公式的にFIET本部から加盟要請があると、世話役会議で検討を重ねて、一九六七年八月、DILAは加盟することなく従来通りに国内外の情報交換と経験交流の活動を存続するという結論を出しています。

このようにして、産別組合への移行を否定して加盟労組を安心させつつ、チェーンストア労組を次々に勧誘し、できるかぎりDILAの活動に接触できるように働きかけたのです。たとえば、国際事情や百貨店中心のセミナーだけでなく、チェーンストア専用のセミナーを併用したりしています。つまり、DILAをFIETの構想通り、百貨店労組の組織ではなく、流通労組の組織に広げる努力をしたわけです。その結果、DILAに加盟はしないがセミナーや海外視察には単発で参加したり、オブザーバー加盟をするチェーンストア労組が出てきました。

IFCCTE（のちの FIET）第１回日本国際セミナー（1965年２月１日～５日・大磯）前列左端が三浦さん、左から３人目が山本さん、６人目がスタックさん（提供：三浦義氏）

一九六五年二月に大磯ロングビーチホテルでDILAが設立されたのですが、国際セミナーを実施したあとに設立総会を開いたところは、研究組織らしい新しい試みと言えます。また、全国を六ブロックに分けて、各地区を担当する世話役労組（東北・北海道地区は藤崎労組、関東地区は全東横労組、全松屋労組、伊勢丹労組、中部地区は全松坂屋労組、名鉄百貨店労組、関西地区は全大丸労組、阪神百貨店労組、中・四国地区は全天満屋労組、九州地区は岩田屋労組）を円滑に選出しました。

DILAの活動と言ってもやはり労組が集まる団体ですから、ちらほらと産別組合の話が出てきます。これだけ労組が揃ってまとまっているのに単なる研究団体でよいのか、というわけです。少なくとも、何か業界で困ったことがあったら手をつなぐ、というところまでは合意していました。

DILAから産別組合への移行を検討すべきだとい

う意見が各労組から次々に出されたため、伊勢丹労組と全大丸労組が発起人となり、産別組合結成を念頭に置いた議論を行う「組織問題懇談会」が設置されました。しかし、いざ産別組合となると、結成賛成派と反対派が激しくぶつかり、何も決まらない停滞状態に陥ってしまいました。

そんなとき、本当に「困ったこと」が起きてしまいました。一九六八年、「百貨店法」を受けた営業時間の弾力化という通達を通産省（現・経済産業省）が出してきたのです。この弾力化とは、分かりやすくいうと営業時間の延長・拡大です。百貨店労組は、営業時間の延長に反対だったのです。

みなさんはご存じないかもしれませんが、当時の百貨店は夕方六時に閉店するというのが普通でした。通達は、夜七時までの営業店舗を増やすように求めました。この通達を盾にとって、会社側はどこも営業時間の延長へと動き出しました。

そこでDILAは猛然と延長撤回運動に入り、各省庁へのロビー活動を重ねたほか、マスコミに対しても大々的に主張しました。しかし、まったく通用せず、もちろん通達の撤回もできないため、DILAの力不足と組織の限界を痛感しました。もし、自分たちがゆるい自主的な研究集団ではなく、産別組合という組合員の生活や業界を背負う強固な勢力だったならば政府も対応を変えたはずだ、と誰しもが思ったのです。

これが理由で、産別組合待望論が一気に高まりました。まだまだ反対意見はたくさんあったのですが、賛成派が強硬派に変わりました。そうしないと今後絶対に産別組合はできない、と判断したためです。もっと分かりやすくいうと、反対派は参加しなくてもよい、という決断でした。

こうして賛成派が中心となって一九六九年に結成されたのが「商業労連」（日本商業労働組合連合会。会長鈴木健勝、事務局長山本勝一、約五万人）です。しかし、大手労組は参加しませんでした。それほど全百連の後遺症が大きく、労組だけでなく、大手百貨店の会社側も産別組合の結成には断固反対を貫いたのです。

口の悪い労働評論家からは、「商業労連」ならぬ「伊勢丹労連」と揶揄されたものです。確かに、FIETとの接触からはじまり、DILAの設立、商業労連の結成と常に伊勢丹労組が主軸になっており、その中心人物は山本さんでした。

山本さんは商業労連で事務局長となり、それまで以上に商業労連を新しい産別に育てる努力を惜しみませんでした。

このように、商業労連の流通産別構想の内実は、従来の旧習に左右されない新しい産別組合として活動を行うことだったのです。そこに、山本さんはロマンを感じていたはずです。

商業労連の結成を告知するPR版。旧来の労組と一線を画す商業の産別組合の結成意欲を表明する。

一般同盟

一九六六年に結成された「一般同盟」という特殊な産別組合が、なぜチェーンストア労組の組織化にこだわり、流通産別構想を抱くことになったのでしょうか。その理由、実は一番分かりやすいものなのです。

一九六四年の同盟の結成とともに定められた「同盟憲章」には、産業別に整理しがたい未組織労働者を各地域で集め、組織拡大した後に産別組合に育てることとされていました。また、その受け皿は同盟会議のときから一般同盟とされていましたから、同盟結成後、直ちに一般同盟が結成されたのです。

つまり、一般同盟は過渡的なダムの役割を果たし、伸びゆく産業の未組織労働者を組織化するという使命を負っていたのです。いわば「産別整理」の任務を遂行するのですから、特定の既存産別の思惑が出てこないように「紐付きでない」ようにする必要があります。

そこで、主要な役員は海員組合(3)が担うことになりました。一般同盟の会長は増原操さんで、組織局も含めて増原さんの部下も海員組合からの出身者となっています。また、全国各地にあった海員組合の会館などの施設も一般同盟が活用できるという利点もありました。

チェーンストア労働者は、まさにこの同盟憲章が想定している組織化対象の典型例と言えます。だからこそ、ダイエー労組や十字屋労組は、地方同盟から移る形で一般同盟に加盟することになったのです。

ダイエー労組は、結成の支援を受けた兵庫同盟の意向を受け入れて兵庫一般同盟に加盟し、のちに一般同盟本部へ直接に加盟しています。また、十字屋労組は、結成後、やはり指導を受けた東京全労の意向を受け入れ、同盟結成後は東京一般同盟へ加盟することになりました。このほかにも、多くの労組が地方同盟から地方一般同盟へと移っていきました。そう、整理されたわけです。

一般同盟が商業労連とは違うのは、明確に同盟路線を堅持していたことです。生産性の向上に敏感になり、会社の利益を増大させ、そのなかから労働者へなるべく多く配分させる活動、つまり従来の同盟の手法を着実にチェーンストアの産別組合へ適用して、労使関係を構築しようとしていました。

しかし、チェーンストア労組から見れば、一般同盟は独立するまでの「仮の住み家」でしかありません。とはいえ、あまりにも貧弱でした。少なくとも、他の中小労組の組合員

1965年、ダイエー労組主催の研修会で労使関係を語る委員長の松吉英男さん（提供：松吉英男氏）

（3）全日本海員組合（All Japan Seamen's Union：JSU）。外航船や遠洋漁船で働く船員や日本の海事 関連産業で働く労働者で組織する日本で唯一の産業別単一労働組合。

の足かせがないところで、チェーンストア労組だけが集まる場所が欲しいところです。したがって、ダイエー労組の松吉英男さんや十字屋労組の川勝章さんは、一般同盟加盟のチェーン労組のリーダーとして活動をしつつ、一般同盟以外でチェーン労組の結集する場を模索していました。

全国チェーン労協

全国チェーン労協の流通産別構想に進みましょう。全国チェーン労協の仕掛け人は、東光ストア労組の委員長であった杉本尚さんです。東光ストアはもともと東横興業であるため、スーパーの展開をはじめるにあたって東横百貨店から出向者が来ていました。そのなかに東横百貨店労組の役員経験者がいたほか、東横関係の経営者も労組に理解がありましたから、いち早く東光ストア労組が結成されました。

杉本さんは、先行労組の立場から、チェーンストア労組だけでまとまろうと企てました。最初の動機は、労働条件の情報が足りないことでした。東光ストアの賃金が高いのか低いのか、同業と比較もしないで労組の活動ができるものなのかと考えあぐねたうえでの結果です。

そこで杉本さんは、ダイエー労組の松吉英男さんや渕栄労組の吉開敬祐《よしかいけいすけ》さんを誘い、賛同を得たのが「全国チェーン労協」という組織のはじまりです。

当時、チェーンストアで労組が結成されていた十字屋労組、赤札堂従組、髙島屋ストア従組、サンマート労組の四労組に、東光ストア労組、ダイエー労組、渕栄労組が発起人労組となって連名で案内状を出して呼びかけました。その結果、一九六六年一一月、計画通り七労組二一人が参加して「全国スーパー労協」を結成しました。会場は、東光ストアが運営する渋谷の東急ゴールデンホールでした。

こうして全国スーパー労協がスタートし、一九六七年に「全国チェーン労協（全国チェーンストア労働組合連絡協議会）」に改称して活動が続けられることになったのです。

同時期に例の通産省通達問題があり、DILAは営業時間の延長に反対して撤回を求めるわけですが、一方の全国チェーン労協は、営業時間の延長は世界的な傾向であり、また営業時間と労働時間は分離して対応できるものとして、意見の食い違いが露わになりました。

通産省通達に対する陳情では、手当り次第に複数のルートで通達の撤回のために動き回るDILA側の山本勝一さんと、同盟や民社党(4)のルートを使いながら百貨店労組の意向を封じようとする全国チェーン労協側の松吉英男さんが出くわしたりして緊張が走ります。しかし、一九六八年一二月、全国チェーン労協とDILAの世話役が仙台市で初めて会合をもちました。

DILA側は全国チェーン労協に、まだ見ぬ商業労連が結成された際に合流するよう要請しました。しかし、流通産別構想をもつにはもっているが議論が完了していない全国チェーン労協は、

（4）一九五九年に日本社会党を脱党した右派が、翌年、西尾末広を中心に結成した政党。民主社会主義を基本理念とし、議会主義・国民政党の立場を唱える。結党以来「民主社会党」と称し、一九七〇年に「民社党」に改称。一九九四年、新進党の結成に向けて解党。

加盟の議論には入れない旨の返答をします。商業労連版の「流通産別構想」と全国チェーン労協版の「流通産別構想」が交錯した瞬間でしたが、実現しませんでした。

一般同盟の立場から松吉さんや川勝さんがチェーンストア労組のみの集合体を求めた通りに全国チェーン労協が存在したわけですが、一般同盟へ移籍する動きはありませんでした。つまり、性急に産別組合を結成せず、時間がかかっても緩やかな連合体の形成を続けるという努力を怠らなかったのです。商業労連とも対立関係にあるわけではなく、連携できるところは連携しているわけですから、その先に産別組合があってしかるべき、という方向にあったのです。

無風状態であれば、何らかの形で流通産別構想は割と早期に実現に向かうはずでした。ところが、突如として強風が吹きはじめ、大型台風が到来したため、この方向性は跡形もなくなってしまいます。この台風こそが、チェーンストアとは無縁であった全繊同盟でした。

ロマンのゆくえ

全繊同盟は一九六〇年代末にチェーンストア労働者の組織化を開始し、一九七〇年には早々と流通部会を設置しました。ダークホースだった全繊同盟が突然組織化に乗り出したことは、チェーンストア労組を震撼させました。繊維の産別組合がどうして小売業へ参入してきたのか……いや、理由はともあれ、何らかの形で組織化の手を伸ばしてくるに違いない……。

万が一全繊同盟入りをしたら、高額な組合費を負担し、産別からタガがはめられた活動を余儀なくされます。また、民社党の選挙に駆り出されるぞ、と心配をしはじめます。チェーンストア労組が次々に全繊同盟に組織化されたならば仲間が増えないではないか、と怒りが沸いてきます。これらの危惧、残念ながら現実のものとなったのです。

恐怖、無視、反抗などの気持ちが高ぶり、それらが敵対心となり、やがてチェーンストア労組は「アンチゼンセン」で固まりはじめます。しかし、現実に全繊同盟が組織化活動に動き出すと対応を迫られるようになりました。

ただし、商業労連はあまり関係しません。百貨店労組が中心ですから組織化対象の重なりも少ないですし、当初は正面から対立するわけではなく独自路線でした。もともと全繊同盟のような伝統的というかクラシックな産別ではなく、ナショナルセンターに加盟することなく新しい産別組合を標榜して結成したのですから、全繊同盟には触りもせず、触られもせずです。

しかしながら、一般同盟が当然のごとく猛反発を開始しました。同盟憲章は何だったのか、という憤りはもっともなところです。一般同盟に加盟する労組だけでなく、全国チェーン労協としても、つまりチェーンストア労組側の代表として全繊同盟に押しかけ、ナショナルセンター同盟会長・全繊同盟会長の滝田実さんに抗議しました。その結果、各チェーンストア労組は産別組合に加盟したまま、同盟系チェーンストア労組を集結させる方式で同盟流通が結成されました。しかし、事はうまく運ばず、数年で解散し、そこから一般同盟は力を落としていきます。

全国チェーン労協も大きく揺さぶられます。産別組合に加盟していないチェーンストア労組は、「ゼンセンが我々に手を伸ばしてくるぞ」と身構えて固まり、「チェーン労組・中立会議」を立ち上げました。中立、無所属であることをことさら強調します。そこへ同盟流通の結成で同盟系チェーン労組がすべて脱退していきますから、勢力は急激に減少しました。チェーン労組・中立会議は、そのまま新しいチェーン労協（チェーンストア労働組合協議会）に衣替えをしました。

こうして、当初の壮大なロマンから見れば、チェーンストアの産別構想は消失したと言えます。その代わりに、ゼンセン同盟、商業労連の二強にチェーン労協が加わり、三極という分立状態に入ったのです。

本章では、流通産別構想の入り乱れようを要点にしてお話をしました。次章からは、再び全百連の時代に立ち戻ってから、DILAと商業労連（第2章）、全国チェーン労協（第3章）、同盟流通（第4章）の順で、主題を立てながらも各労組の事例を交えて詳しく説明をしていきます。つまり、当面は全繊同盟以外の組織化の動きに焦点を当てることになります。

第2章 産別アレルギーへの挑戦——百貨店業界の流通産別構想

前章では、流通産別構想が輻輳《ふくそう》していたという話をしました。今回は全百連の時代からはじめます。もちろん、最後は商業労連版の構想につなげていくことになります。とはいえ、すでに概要は理解されていると思いますので、主役として、全百連、DILA、商業労連と縁のある「丸井労働組合」と「渕栄労働組合」に登場してもらうことにしましょう。

丸井労組の結成

丸井の創業

丸井労組の結成は一九五四年と非常に早く、三島由紀夫が『絹と明察』（新潮文庫、一九八七年）を書くにあたって題材とした「近江絹糸人権争議」[1]が発生した年です。実は、丸井労組を結成したみなさんは、この争議を見て、自分たちも立ち上がるべきだと判断したのです。

のちに丸井は「赤いカード」でクレジットを普及させてファッション分野の雄となりましたが、一九五〇年代は「月賦店」と呼ばれていました。「ゲップ」という語感がとても悪いので「割賦《カップ》」とも言いますが、丸井は近代的に「クレジット」と呼ぶことで躍進したのです。

月賦店は愛媛県が発祥のビジネスで、「椀船《わんふね》」というのが起源です。国替えであぶれた武士がお椀などの漆器をつくって船で対岸へ持ち込み、農家の人たちを寺に集めて売ったのですが、その代金は収穫期の後に行ったという「掛売り」です。このため、月賦販売店の創業者には愛媛県出身者が多いのです。掛売り・割賦販売の草分けというのは今治市で呉服店を営んでいた「丸善」で、暖簾分けをしてきた結果、丸愛、丸大、丸越などと「丸」がつく月賦販売店が生まれました。

丸井の創業者である青井忠治（一九〇四〜一九七五）さんは高岡市の出身ですから、これらとは関係がありません。同じく掛け売りである富山の薬売りの商法をヒントに、上京して上野で家具の月賦販売店を修業後、丸井を創業しました。当時、東京では数多くの月賦店が誕生しており、それぞれがしのぎを削っていました。

当時は木造の二階建てであった「丸井池袋店」で行われていた月賦販売の方法を見てみましょう。たとえば、みなさんがある日に時計を買うとします。しかし、その日に時計を持ち帰ることはできず、配達となります。まず、店舗で代金の三分の一を第一回分として支払い、残り二回分の約束手形のような書類に住所氏名などを書いて契約をします。しばらくすると時計が自宅に届きます。そのときに自宅が確認され、ハンコを押して第一回の支払いが完了となります。

なぜかというと、みなさんが悪い人で、本当にそこに住んでいなければ代金を取り損ねてしまうからです。そして、二回目からは集金員がお金を取りに来るというのが基本となっています。家具といった大きな商品でも同じです。集金員が洋服ダンスなどをリヤカーで配達し、その住所に住んでいるかどうかを確認するわけです。

労組の結成

丸井が成長しはじめると、集金員の労働条件は大変なものとなりました。早朝から夜遅くまで商品の配達と集金であちこちを回り、時間がいくらあっても足りないという状況になったのです。一方、販売員もまた凄まじい就労実態となりました。閉店時間を無視して、店内にいるお客になんとか売ろうと努力します。残業は日常的、忙しくなると徹夜にもなりました。

当時、家族経営のような感覚であったためマネジメントはありません。当然のごとく、売上が悪い販売員は上司から安直に解雇されたりもしました。このような状況にまでなると、「こんな

（1）近江絹糸紡績株式会社（現オーミケンシ）において、一九五四年六月二日〜九月一六日にわたって続いた前近代的労務管理をめぐる人権争議のこと。十大紡に次ぐ大手であった近江絹糸では、労働条件が極めて悪いにもかかわらず自主的な労働組合が組織されておらず、全国繊維産業労働組合同盟（現ＵＡゼンセン）はたびたび組織化を試みたが失敗し、ようやく一九五四年五月に組合の結成に成功している。

不安な毎日は嫌だ！　労働組合をつくろう！」という声が上がってきます。その中心人物は人事係長をしていた藤木謙一郎さんで、新宿労政事務所に相談するとともに指導を仰ぎ、そのまま組合結成の準備委員長になりました。

藤木さんは各店舗にも顔が利きますから、係長クラスを説得することで輪を広げていき、どんどん加入届を取り付けました。そして、一九五四年一一月、四〇人で総会を開いて丸井従業員組合（丸井従組、一九五九年「丸井労組」に改称）を結成したのです。

総同盟へ加盟する

翌年の二月には二〇〇人で第一回定期大会を開催しましたが、ここから一転して苦難がはじまります。藤木さんが青井忠治社長へ結成通知を届けつつ、「夜九時閉店」という要求書を出したからです。形式上は夜九時の閉店ですが、とてもルーズだったので閉店はきちんとしてください、という内容です。それを受けた青井社長は激怒して、組合の解散を迫りました。社長は組合のことを知らなかったのでしょう。定期大会後に子飼いと思っていた従業員たちから要求されると、「なんだと！　話が違う」と怒り出したのです。

それで藤木さんは早々に組合を脱退したほか、副委員長は休職、書記長は出向させられました。そんななかで丸井従組の解散か存続かを問う大会が開かれ、解散投票は否決されました。そこからは解散派が組合員に対して脱退の勧奨に入り、そのうち脱退の強要に変わりました。それでも脱退に応じない存続派の代表者が解雇されたりもしています。

結局、丸井従組はあるにはあるが、組合員が二〇人、執行部はない、という有名無実の組合になってしまいました。しかし、残留者たちが組合の再建を決議して、巻き返しを図ろうと第二代委員長を選出しました。早速、丸井従組は解雇された組合関係者の復帰を青井社長に要求したのですが、怒り出した社長はまた委員長を解雇しています。その席には、なんと出世した藤木さんも同席していました。

もう埒《らち》があきません。組合がなかったところに組合ができるという場合、小売業の経営者の対応はこんな感じなのです。そこで組合は、自力での解決は無理と判断し、上部組合から支援を得る作戦に出ました。丸井の本店は中野にありましたから、中野区の総評地区労と総同盟地協それぞれに相談に行きました。その結果、総同盟への加入を決め、一九五五年八月に加盟しています。

しかし、会社は第二組合の結成の動きを見せるなど組合対策を続けました。組合はどこまでいっても、労働者は自分の配下だと思い違いをしている社長にとっては邪魔な存在だということです。

さて、総同盟への加盟後は、すみやかに解雇撤回を要求して団体交渉にもち込みました。再び社長が認めず、即座に会議室から出ていってしまいました。これが理由で一九五五年七月四日に闘争宣言を出し、総同盟の応援を受けてストライキに入りました。あわせて、不当解雇として労働委員会に提訴しますが、結局、七月一〇日に総同盟が交渉をまとめて解決しました。

丸井従組も、小売業でストライキを決行した数少ない事例の一つなのです。しかも、のちに二回のストライキを打っています。ただし、そのストライキは、丸井従組が総同盟を脱退して全百連に加盟してからのことです。

全百連に加盟して泥沼へ

第一回目のストを収束させたのは総同盟でしたが、解雇者が復帰ではなく退職になったことや、会社から取った解決金をめぐっての不信感が募り、丸井従組は総同盟からの脱退を検討しはじめました。ところが、「脱退後に加盟するのは全百連」という意見が出ると賛成派と反対派が衝突しました。三越争議や岩田屋争議を見ているはずなのに、わざわざ全百連に加盟するというのはただ事ではありません。

そんななかで、一九五八年六月に二回目のストライキを打ちました。きっかけとなったのは集金員の解雇撤回でしたが、解雇撤回に成功したあとも会社に対する不満をため込んだまま夏期一時金の交渉に入り、決裂するとストライキに突入したのです。こうして徐々に組合活動における強硬論が台頭してきて、ついに一九五九年三月の定期大会で総同盟脱退、全百連加盟が可決されてしまいました。すでに左傾化がはじまっていたのです。

この年の一二月には、年末の一時金交渉をめぐって交渉が決裂し、丸井従組はついに三回目のストライキを打っています。しかし、組合の内部でも、ストライキの強行派と回避派が分かれて対立しました。左傾化が著しいわけですが、他方では、総評系の全百連の闘争優先路線に嫌気する勢力が健全化の道を模索していたのです。

勇ましくストライキを打っても敗北し、それで執行部が変わるのですが、再びストライキ路線を突き進むという状況、労使ともども傷ついて丸井は危険な状態に陥ってしまいました。

渕栄労組の結成

全百連が原因だった労組の結成

もう一例、渕栄労組の結成についてお話しします。渕栄とは「渕上丸栄」のことですが、その起源は一八九五年に創業した渕上百貨店でした。一九五八年に渕上百貨店はスーパー業態の出店に乗り出し、百貨店のある福岡市の西新と久留米市、小倉市の三か所に丸栄の店舗を開店しました。渕上の丸栄ということで「渕栄」になります。

実は、渕上百貨店が丸栄を出店した最大の理由は、全百連の活動の手が渕上百貨店に伸びてきたからなのです。一九五七年に渕上労働組合（渕上労組）が結成されますが、解雇事件が発生して争議となり、全百連が渕上労組へ入り込み、先鋭的な活動の末に解雇撤回に至りました。渕上労組はこれで分裂します。その余勢で、全百連の勢力が拡大するのは目に見えていました。そこ

渕栄労組結成祝賀会。全百連の活動に対抗するために結成された（提供：ダイエーユニオン）

で渕上栄一社長が、百貨店に見切りをつけてスーパーの経営をはじめようとしたのです。

一方、争議で分裂した渕上従業員組合（渕上従組）の組合員が集まり、新たに渕栄労働組合（渕栄労組、委員長森山隆史、書記長野元徳一、約五五〇人）を一九六二年に結成しています。

全百連との攻防

この間、同じ九州地区で全百連に荒らされた経験をもつ岩田屋労組が渕栄労組に対する支援をしています。というか、岩田屋労組が見るに見かねて組合づくりに乗り出してきたのです。渕上と丸栄を合せて「渕栄労組」という名称も、岩田屋労組の助言によるものだったのです。

なお、渕栄労組は結成時に全労からも支援を受けたので全労福岡に加盟し、同盟結成後は福岡同盟に加盟しています。しかし、福岡市内の百貨店労組とともに結成された福岡百貨店三労組会議での連帯関係をとりわけ重視していました。九州では、岩田屋労組が主導して一九六二年に生産性本部の協力を得て設置した懇談会を経て、それを発展させた「九百労会議（九州地方百貨店労働組合会議）」を一九六四年に結成しています。これらはすべて全百連対策であることから、九州地区の百貨店労組は結束が固いと言えます。

渕上百貨店には「渕上労組」と「渕栄労組」が併存し、同規模の組合員がいますから、丸栄のほうは当然のごとく組合員の取り合いになります。たとえば、丸栄の店舗の前には、閉店後に貸し切りバスが横づけされます。従業員に乗るように指示し、集合場所に向かうという段取りです。そこで加入届に署名させ、渕上労組の組織を伸ばそうとしたのです。

会社側が事態を察知して、退勤する労働者にバスに乗らないよう呼びかけ、阻止したという一幕もありました。渕上労組はだんだん先細りして組合員も僅かとなりますが、一九八〇年代になっても何とか存続していました。

その後、渕栄は九州地方の有力なチェーンストアに成長して「ユニード」と改称し、ダイエーや寿屋とはライバル関係となりました。なお、ユニードは一九八一年に九州ダイエーと合併して両方の労組も合同しますが、会社合併の過程における渕栄労組の活躍は非常に目覚ましいものでした。

丸井労組の民主化と全百連の崩壊

「期待の星」が民主化を目指す

丸井労組に戻りましょう。全百連に対抗するために、丸井労組の民主化を目指す勢力が台頭してきます。早急に目指すべきは、丸井労組執行部を取り返すこと、全百連を脱退することでした。一九五九年の年末、三日間にわたって続いた三回目のストライキのなかで、「これではいかん！」と強い危機感をもった組合員のなかに坂田貞夫さんがいました。坂田さんは闘争委員会に入っていましたが、あまりにも先鋭的な執行部に対して盛んにブレーキをかけていました。しかし、まったく聞き入れられず、それどころか異色の発言を繰り返すので「会社側の人間ではないか」と攻撃までされています。ストライキ中、自由な行動ができないよう、旅館に足止めもされていました。

一九三五年に大阪市で生まれ坂田さんですが、育ったのは富山県高岡市です。戦時中、縁故疎開により富山に移り、そのまま高岡工芸高校を卒業するまで住んでいました。坂田さんの父親は戦死したので、母子家庭でした。坂田さんには弟の坂田禎三さんがいますが、この禎三さんも高校卒業後に丸井に入社して、兄と同様、長らく丸井労組の副委員長や商業労連の役員を務めてきました。「坂田兄弟」は業界では有名人ですが、顔は全然似ていません。不躾ながらそれを指摘すると、「父親と母親の素晴らしい特徴をそれぞれがもらったから」と二人は言っていました。

さて坂田貞夫さん、卒業後には富山を出ようと考えていました。他の企業も希望していましたが、丸井の青井社長が高岡市で募集をかけたことを知って応募することにしました。青井社長も高岡工芸高校の出身ですから、縁を感じたわけです。

坂田さんが入社した一九五七年当時の丸井は、中野の本店を含めて八つの店舗がありました。最初の配属は池袋店の集金部、集金員を二年半経験してから集金指導主任となっています。

やがて坂田さんは執行委員に推薦され、当選しました。「よく新人が当選したものだ」と言われ、会社側のスパイではないかと疑われるなど風当りが強かったわけですが、それは違います。誠実な人柄であった坂田さんは集金員たちの間で評判が高く、集金員たちの票がたくさん入ったのです。「泣く子も黙る集金部」と言われ、少々荒っぽいけれど、労組が絶対に無視できない集金人たちの「期待の星」である坂田さんを押す大票田があったのです。

実直に執行委員を務めていると、先輩、同輩、後輩からますます支持され、応援されるようになりました。坂田さんは非専従でしたが、会計委員を経て書記長になり、次は副委員長へと上り詰めていったのです。

坂田さんには労組の経験はまったくありませんでした。ですから、自分で勉強をするしかありません。とはいえ、同盟会長で、全繊同盟会長でもあった滝田実さんと交流があり、助言を受けていました。何と、滝田さんも高岡工芸高校出身だったのです。先輩後輩の立場で相談ができ、

column ②

ユニオン・ショップ協定（ユ・シ協定とも言う）

　雇用時に労組在籍や加入労組を問わない形態を「オープン・ショップ」、雇用時もしくは直後に特定労組に加入する形態を「ユニオン・ショップ」と呼ぶ。また、特定の労組に在籍する組合員のみを雇用する形態を「クローズド・ショップ」と呼んでいる。

　採用時以外にはあまり意識されることのない協定だが、組合員資格を失えば雇用契約も失うことになる。例えば、組合員が労組から除名されれば雇用を失うことになったり、組合加入の自由が脅かされたりするなど、労働者にとっては現実的で重大な内容が含まれている。「三井倉庫港運事件」や「日本鋼管事件」など、協定の有効性について最高裁判所の判例がある。

教わる立場にあったのです。

　滝田さんは、同じ高校の出身者である青井社長にもアドバイスをしていました。労組に理解がなく、「飼い犬に手を噛まれた。もう、店を畳んで故郷に帰る」と言い放つ青井社長を諌め、会社はそういうものじゃない、きちんと労働者も労組も認めて、会社も恥ずかしくない労務管理をして労使関係をよくすれば会社も伸びますよ、と何度も諭していたのです。

「自分勝手なことだけでなく、労働者のことや社会のことも目を配らないと」と言う滝田さんの直言、耳が痛い経営者もいることでしょう。

　とはいうものの、丸井労組には全百連がしょっちゅう②出入りしていました。また、徳田球一さん以来のおひざ元ですから、中野区の共産党議員がひっきりなしに労組の事務所に来ては陣取りました。それゆえ、丸井労組の組合員に共産党員が増え、「共産党丸井細胞」などと言い出す労組役員もいて、かなり政治色の濃い労組に変えようとしたのです。

共産党派の手法は、激しい活動に同調しない組合員に「組合が除名したら、ユニオンショップ協定で解雇だぞ」と脅すことです。こんなことを許す執行部の労組で役員に上っていくのですから、坂田さんもたっぷりと攻撃されていました。しかし、「すべては組合員を守るため」と歯を食いしばって執行部を奪取し、労組の民主化を狙いました。のちに坂田さんは、「丸井を救った男」として称賛されています。

当時の「六〇年安保闘争」のなかにおいて、労組が政治活動に高まっていくことに対して坂田さんは不信感を募らせていました。というのも、全百連から丸井労組へ指令があり、連日国会デモへの動員がかかっていたのです。しかし、組合員はそんな面倒なところへは行きたがらない。だから、大勢を動員する苦肉の策として日当を払っていました。組合員がいやいや現地へ行ってみると、他の百貨店労組の知人と会うことになる。そこで聞いてみれば、他の労組も日当を払って動員をかけているとのことでした。

（2）（一八九四〜一九五三）元衆議院議員で弁護士。戦前の非合法政党時代より戦後初期に至るまで日本共産党の代表的活動家で、戦後初代の書記長を務めた。「徳球」の愛称で知られている。

デモに行くことによって、岸信介首相が(3)「国会だけでなく、野球場にも劇場にも人が集まっている」と開き直っている姿勢が正しいことだと知ってしまいます。労組の組合員が主体的に国会を取り囲んでいるわけではなく、総評にお付き合いをしているのです。坂田さんは、こんな活動に大事な組合費を使っていると思うと怒りが沸いてきました。

全百連の崩壊

こうして、「健全な労使関係が必要だ」と常に提唱してきた坂田さんにますます人望が集まりました。そして、一九六一年の役員選挙では、第三代委員長が指名した次の予定者の対立候補として名乗りを上げたのです。

このときの選挙では坂田さんは見事に敗れていますが、丸井労組で対立候補が立つというのは初めてのことで、それまでの路線に動揺を与えました。その結果、第四代、第五代の就任期間に共産党の支持勢力が力を落としています。そして一九六三年、ついに丸井労組の体質改善を主張する坂田さんが第六代委員長に選任されました。

一方、上部組合である全百連も揺れに揺れていました。総評の支配下で破壊的活動を続ける全百連から百貨店労組が次々と脱退していきましたから、組織運営に支障を来しはじめたのです。当然、全百連の解散論議もはじまっています。

丸井労組でも、一九六二年九月の定期大会で全百連からの脱退問題を審議しましたが、解散反対の意見表明が出たところで坂田さんは、「解散に賛成すべき」との演説を行いました。すでに「死に体」になっていて、解散大会の準備に入っている全百連に対して「解散反対」とは悩ましすぎる主張ですが、丸井労組左派の最後のあがきでした。坂田さんは解散賛成演説のなかで、次のように主張したということです。

「解散大会を開催しようというのだからきちんと賛成すべきであってその前に脱退するのではないから理解されたし」

賛否両論に分かれたまま、「解散には白票を投じる」という案まで飛び出しましたが、白票では卑怯だという意見が出て紛糾し、興奮した組合員が議長団席に駆け上がって乱闘騒ぎを起こしています。その結果、全支部の投票にかけることになり、結果は解散賛成となりました。

後日、一九六二年一〇月に開催された全百連の第一六回定期大会には、副委員長になったばかりの坂田さんが出席しています。最後の全百連委員長は伊藤博さん（松屋労組）、書記長は河地《かわじ》韶美《よしみ》さん（松坂屋労組）でしたが、河地さんは事前に坂田さんを訪問し、「問題を抱える全百連をいったん解散し、再出発を図るつもりだ」と説明しています。つまり、全百連の執行部は解散

（3）（一八九六～一九八七）第五六・五七代の内閣総理大臣。「昭和の妖怪」と呼ばれた。ご存じの通り、安倍晋三氏は孫にあたる。

支持だったのです。

全百連の定期大会でも坂田さんは、「全百連は盲腸を患っているから、手術をして問題を取り除くべきである」と、解散を支持する発言をしました。ところが、解散反対派が仕込んでいたのでしょう、多数の労組から次々に反対意見が出され、解散を問う投票をやめる動議まで出されて紛糾したのです。収拾がつかないまま、そんな奇妙な動議の可否を問う採決が行われ、否決されました。改めて解散投票に進みますが、ここまでに約一二時間もかかっています。

いよいよ「百貨店労働戦線の再結集のために全百連を解散する決議」が提案されて、各労組代表者による投票に入りました。しかし、投票は代議員に一票ではなく一労組に一票とされているうえに四分の三以上での可決ですから、ハードルは非常に高いと言えます。

投票に際して、議長を務めていた阪神百貨店労組委員長から、独特の関西弁で「解散を可とするものは○《マル》、否とするものは×《ペケ》でっせ」という説明がありました。しかし、○ではなく「可」と書かれた投票用紙があり、有効にするかどうかで揉めました。結局、○ではないので無効となり、ほかに白票が一票あって、二票差で届かず否決されてしまいました。

解散させようとしていたのに、否決されたために解散できない。この結果を受けて全百連の執行部は総辞職となり、新執行部が立候補しましたが、当然賛成票が集まらずに執行部不在となり、機能不全に陥りました。同時に、即時脱退する労組が続出しました。仮にそこで脱退しなくても、近いうちに脱退する労組ばかりだったのです。

解散こそしていない全百連ですが、産別組合として生きるだけの術《すべ》をもっていません。実質的には崩壊し、消滅しているのに組合員がいるという状態です。ですから、解散していない全百連の組合員がどこかに潜んでいるはず、ということになります。あの百貨店に全百連の組合員が隠れているのではないか、と今なおささやかれています。ご存じの方がいましたら、ぜひ私に教えて下さい。

お粗末な定期大会を見届けた坂田さんは、その直後に丸井労組の臨時大会を開催して全百連からの脱退を決定し、早々に脱退しました。丸井労組を苦しめた全百連は、最後までお後のよろしくない幕引きとなりました。同時に、坂田委員長の誕生によって左翼活動も一掃され、丸井労組は夢に見た健全な労使関係の構築に向かっていくことになりました。

労働協約の締結

渕栄労組の場合

労組の地ならしができると、賃金や一時金、労働時間の交渉もあるのですが、まずは労働協約の締結を狙うことになります。渕栄労組も丸井労組も、同時期に労働協約の締結に取り組みました。

渕栄労組のリーダーで絶対に外せない人物と言えば、吉開敬祐《よしかいけいすけ》さん（二二一ページ参照）と久間《きゅうま》治二郎《はるじろう》さんです。このコンビは、長らく渕栄労組のトップに交代で就任していました。久間さんのほうが年下で、先に委員長にはなりましたが非専従でした。一方、吉開さんは専従で、書記長を続けていました。

吉開さんは福岡市に生まれ育ち、福岡大学商学部を卒業しています。労使関係に関する卒論を書きましたが、左翼的な活動には抵抗があり、三井三池闘争や九州大学での学生運動などを横目で見るといった大学生でした。通産官僚だった父親に「流通産業の発展は可能性が大きい」と助言され、地元の渕上百貨店に入社しました。初任配属は外商部でした。

福岡では総評系労組が非常に強かったこともあり、赤旗がどこでもはためき、あちらこちらで争議も発生していました。入社一年目に渕上百貨店の争議に遭遇していますが、ちょうど渕上労組が丸栄三店舗の組織化を仕掛けていたときです。入社二年目に渕栄労組が結成されましたが、一年目は労組に所属せず、加入するといきなり教宣部長になっています。次の二期目からは書記長となり、のちに副委員長を経て、一九七一年から八年間は委員長となりました。

一九六五年から労働協約の締結を図り、労使関係を明らかにする方針をもち、「労働協約準備委員会」を設置して他労組の協約を収集したり、労働協約講座を受講したりもしました。しかし、吉開さんや久間さんが主導して渕栄労組が強い決意で労働協約の締結要求をしても、会社側は徹底的に拒否しました。また労組は、賃金交渉と同時期に交渉することを求めましたが、会社側は賃金交渉のみにこだわりました。賃金交渉は行うが、労働協約はとことん避けようとしたのです。
そこで分かったことは、会社は労働協約が労使関係の足かせになるという固定観念をもっていることでした。労使関係における基本的な理解にも至っていなかったのです。それならばと、渕栄労組は賃金交渉と同時に設定できそうな事項に絞って、一部の協約だけ交渉する作戦に切り替えたのですが、会社側がこれすらも拒否したために大きな対立を生みました。

同時期の渕栄といえば、ダイエー、西友ストアー、ジャスコに次ぐ堂々四位の売上で、押しも押されもしない大手企業です。ニチイ、長崎屋、イトーヨーカドー、灘神戸生協より上位なのです。その大手企業の経営者としては、とてもお粗末な認識としか言えません。当時の小売業の経営者には、労使関係や労組に対する根強い偏見が残っていたことがよく分かる事例と言えます。このことからして、チェーンストアの近代化にとって労組は必須だったのです。

その後も渕栄労組の熱意は揺るがず、何十回も交渉を継続したところ、徐々に労働協約の締結が進展していきました。最後まで残ったのは、組合員の範囲、ユニオン・ショップ条項、平和条項、そして定年制です。

現在なら首をかしげたくなるようなことですが、会社側は、男性が五五歳定年で女性が三〇歳定年という規約を変えようとはしませんでした。なぜ、女性だけが三〇歳で退職しなければならないのでしょうか。こういう点も、労働協約締結の過程で潰していくわけです。そして一九六九年八月、ようやく労働協約の完全締結を実現させています。

1965年11月13日、労働協約が苦心の末締結される。協約書に署名した直後に握手を交わす坂田貞夫さん（左）と青井忠治社長（提供：坂田貞夫氏）

丸井労組の場合

一方、丸井労組も同様に労働協約の締結を急ぎました。実際に着手するきっかけとなったのは、全百連脱退後にDILAの設立時に合流し、百貨店労組との交流をはじめたことです。

丸井労組は、DILAに加入後直ちに坂田貞夫さんが先頭に立って次々と視察に出掛け、大手百貨店労組の活動を学びはじめました。一例を挙げると、一九六五年六月、労組役員たちが関西地区の百貨店労組の視察に出掛けています。阪神百貨店労組、阪急百貨店労組、大丸労組、そごう労組、京都丸物労組を訪問し、労働条件と労使関係の遅れに気付きます。とりわけ、各労組が労働協約を労使で議論し、毎年のように改定をすることで労働条件の引き上げと働きやすい職場づくりに余念がないことを知り、労働協約すら締結していない丸井労組の深刻さを痛感したのです。

それまでも「労働協約労使小委員会」を設置して会

社と討議してきましたが、視察後は積極的な締結姿勢へ転じ、一九六五年八月に労働協約を締結して、一一月の調印を決めました。その間の九月には、団体交渉で会社側から協定遵守の約束も周到に取り付けています。なぜかというと、経営者が労働協約に理解を示しても、現場の管理職たちの意識がこれについてきていないからです。管理職の多くは従来通りの慣行にしがみつき、協約違反を厭わないという態度が見られました。前近代的な労働慣行が社内全体に行きわたっていて、管理職は部下を絞り上げて出世を狙っていたということです。

賃金体系、労働時間や休日といった制度もそうですが、経営者が率先してはじめるわけではありませんし、また制度が決まっても管理職が守るわけでもないのです。労組が会社を監視し、組合員がきちんと仕上げていくというのが現実ですから、前述した通り、丸井が発展するためには労組が不可欠だったと言えます。

労働協約だけに留まりませんが、丸井労組は他労組とも熱心に交流しました。その水面下では、他労組に負けたくない、先行する百貨店に追いついてやる、という強い競争心があり、それらを原動力にして丸井労組の活動を前進させてきたのです。地味な感じがする坂田さんですが、実は静かに燃えているという行動力抜群の人物なのです。

なお、坂田さんと滝田さんとの関係があったにもかかわらず、丸井労組は商業労連から出ることはありませんでした。また、坂田さんは、労組役員を勇退されてからは一度も丸井労組に足を踏み入れたことがないということです。

労組会館の建設

渕栄労組と丸井労組の話になりましたので、労働組合会館についても触れておきましょう。渕栄労組は、全国のチェーンストア労組に先駆けて自前の労組会館を建設したことで脚光を浴びました。

一九六六年九月、労組活動強化の拠点として労組会館を建設する目的で、「組合会館建設準備委員会」を設置し、準備をはじめました。博多駅近くの、全館冷暖房完備、鉄筋三階建ての近代ビルです。三年後の一九六九年五月に労組会館は完成して、渕栄労組結成七周年の記念日にあわせて落成式が執り行われました。このような団結のシンボルは労組活動の快挙となり、他の小売労組や上部組合からも称賛が集まりました。

この決断をしたのは吉開《よしかい》敬祐さんですが、実はモデルとなったのは海員組

「組合会館の建設」渕栄労組の組合会館の落成を報じる機関誌の「あすなろ」。業界初の快挙（提供：吉開敬祐氏）

合（二一ページの注参照）でした。海員組合は全国に海員組合会館をもっており、渕栄労組も頻繁に会館を借りて活動していたため、自分たちもぜひ欲しい、と考えたのです。組合費を上げることには苦労しましたが、丁寧に組合員に説明して、理解を得られたうえで建設しています。

さて、吉開さんたちの組合会館建設づくりの過程を見て、これは絶対うちの労組でもやるべきだと決心した労組リーダーがいます。丸井労組の坂田貞夫さんです。丸井労組も、一九七二年に自前の労組会館である四階建てのマルイユニオンセンターを所有したのですが、そのことがよく称賛されています。

坂田さんはDILA活動における欧米労組の視察で、自前の会館の必要性を再確認していますが、その根底には渕栄労組の会館建設計画があったのです。丸井労組は一九六八年に会館建設の提案をしていますし、一九七〇年には会館用地を購入しています。こういう点でも、他労組の活動と競うように、静かに燃える坂田さんの人柄が投影されていると言えます。

DILA《ディラ》と商業労連

華々しく発足したDILAへ加入

全百連から脱退したあとの丸井労組は、しばらくの間、同業労組と交流しながら活動を続けていました。丸井から暖簾分けされて設立された「丸井チハラ」や「緑屋」（現・クレディセゾン）などの労組です。丸井チハラ労組も、緑屋労組も丸井労組の支援を受けて結成されています。ちなみに、西友ストアー従業員組合にも坂田貞夫さんが手を差し伸べています。

　そのうちに、全百連から脱退して上部組合を失った百貨店労組が再びつながりはじめました。飛び出したのはいいのですが、集まりどころ、拠り所がないのです。当初は、地域別、大手労組別、中小労組別、私鉄系労組間などといった緩やかなつながりでしたが、それでも各労組が交流もなく企業内で活動することに比べれば雲泥の差です。渕栄労組もそれを実感したからこそ、上部組合の一般同盟よりも、近隣あるいは九州地区の百貨店同士の交流にのめり込んでいったわけです。

　このような背景のもと、伊勢丹労組の呼びかけで一九六五年二月にDILAが設立され、丸井労組、渕栄労組を含めた四九労組が集合しました。伊勢丹労組の山本勝一さんが坂田さんを直接勧誘したのに応じて、丸井労組は即座にDILAへ加盟しています。

DILAは…
Dilaニュース
ALL JAPAN DEPARTMENT STORE UNION'S COUNCIL FOR INTERNATIONAL LABOUR AFFAIRS
文句なし、素晴しい成果
DILAサマーセミナー
一行・元気に帰る
RCIA 四つの支部を歴訪して
8月28日
参った！スゴイ強
ビックリさせられた各支部の歓迎

「DILA ニュース」アメリカ小売業労組の四支部へ総勢90人が参加したサマーセミナーを報じる「DILA ニュース」（提供：川勝章氏）

また、丸井労組が積極的にDILAのセミナーや海外視察に参加すればするほど、坂田さんは海外での事情通になっていきました。たとえば、一九六七年には欧米派遣チームの団長として、アメリカ、イギリス、西ドイツ、イタリア、スイス、デンマーク、スウェーデンの主要な百貨店、ショッピングセンター、商業労組を長期視察していますし、一九六九年にはFIETと欧米七か国一四都市の商業労組を回っています。商業労連に加盟したあとも、一九八〇年代の前半まで毎年のように海外に出掛けていきました。

産別組合へのハードルは高すぎた

DILAの活動を重ねた百貨店労組からは、全百連のような左傾的な活動に侵食される心配がなさそうだということが分かると、当然のように再び産別組合を求める声が出てきました。一九六八年のDILA総会では、産別組合結成の段階へ移ろうという意見が次々に出され、産別組合への移行に積極的であった伊勢丹労組と全大丸労組が主導しましたが、時期尚早論も多く、なかなか決まりません。そのうちに各労組の役員が交代し、積極派と消極派の勢力分布が変わり、産別組合の移行は危ぶまれました。

追い打ちをかけたのが、FIET加盟が実現できなかったことです。当初、FIETはDILAが産別組合ではないので加盟をさせない方針をとっていましたが、DILAに財政面を含むさまざまな支援を続けてきたこともあって、しびれを切らしはじめたのです。百貨店労組は集合していて、実質的には産別組合に見えるというわけです。

それで、改めて加盟を打診しようと山本さんがDILA加盟労組にもち掛けたのですが、それは違う、と拒否されました。産別組合ではないから認められない、ということです。これで、DILA加盟労組の多くが産別組合をつくるつもりがないということが見えました。

FIETへの加盟推進派の一人である坂田さんは落胆し、地方百貨店のレベルの低さを危惧しましたが、一九六九年一月、DILAから産別組合への移行の芽が大きくなりはじめました。DILAの第五回総会で、産別組合の結成を議論するはずの「組織問題懇談会」がその役割を果たしていないと指摘され、それまでの経過について詳細な説明が求められたのです。DILAが産別組合について検討するという活動方針を入れよとか、全国委員長会議で産別についての意見を収集せよ、という積極的な意見が出ます。そうなると、反対派がDILAの綱領からして産別問題を議論するのは適切ではないとか、時期尚早な話だという意見を出して対立し、紛糾しました。このあとは各局面で対立が生じ、意見の一致は不可能と思われました。

DILAで熱心に動いていた丸井労組は、一貫して産別組合づくりの積極派です。一九六九年三月に設置された「産別結成準備委員会」のメンバーに、坂田さんも関東地区で選出されています。九州地区からは渕栄労組も参加しましたし、伊勢丹労組も産別組合づくりにおいてはまったくぶれていませんでした。

産業全体での判断が必要な段階に来ているので、消極派は加入しないということで進めるしかありません。また、消極派の名だたる大手労組のなかから、大手が中小を主導するべきという自我や思惑が出てきてしまっては、もはやうまく連帯することはできません。

こうして一九六九年一〇月に商業労連が結成されますが、丸井労組も一九六九年八月に組合員投票で賛成多数の支持を得て、九月の定期大会で商業労連加盟を正式に決定しました。

独自路線を選んだ商業労連

坂田さんは副会長で、事務局次長としてナンバー3となり、商業労連に大きく貢献しました。ちなみに、渕栄労組は商業労連と一般同盟の二重加盟となっています。

商業労連が結成されたときの事務所は、銀座の松屋別館に設置されました。その後、一九七二年には西新宿に事務所を取得して移転しています。また、FIET東京事務所を商業労連内に開設する形で三浦義さんも参加しました。三浦さんは一九七二年から商業労連入りし、専従の国際局長になっています。

「商業労連のすべての活動は全百連の反省に成り立っている」と述べたのは、第二代商業労連会長の柴田守さんです。DILA末期の労組の意見対立は、アレルギーを克服して、前に出るか退散するかの違いであったことになります。

そのため、よくDILAから商業労連へ移行した、という声を聞きますが、それは間違いです。実際にはDILAは自然解散したのであり、新しく参加有志労組を募って商業労連を結成したのです。加盟労組は限定的で組織率も低いですから、商業労連は、オブザーバー労組を認めたり、非加盟の百貨店労組の連合体と交流を続けるといった道を模索しはじめました。

百貨店労連ではなく商業労連という名称にも、百貨店以外も含めた産別組合を目指すという意味が読み取れます。ただし、商業労連に新たに組合を結成させる組織化能力ができるのはもっと後のことで、初期は既存の労組を加入させることに専心していました。また、地方に行くほど百貨店がチェーンストアに押されて劣勢になっていましたから、チェーンストア労組が加盟してくるというのも現実的ではなく、地方百貨店の組織化が進められました。

商業労連は、結成後に急いで長年の希望であったFIET加盟を果たします。しかも、日本の産別組合から初のFIET加盟でした。ところが、商業労連はナショナルセンターに加盟しませんでした。政治活動の傾斜、拘束力の強化に対する不安をどうしても払拭できなかったからです。結成までの経緯や同盟に対する態度を見ると、商業労連には同盟志向があったと思われますが、非加盟のまま独自の新しい運動を求めて発進したのです。

確かに、商業労連には、それまでには見られない独特の活動が多数あります。たとえば、加盟労組の代表者をすべて副会長にするというのも斬新でした。その多数の副会長を全国各地区の責任者にしたり、事務局に入れたり、財政や組織などの各委員会に貼り付けるのです。初期の委員会は責任者が人選する一種のプロジェクトチーム方式であり、流動的で柔軟な運営をしていました。

また、選挙では特定の政党を支持するのではなく、複数政党の候補者を支持する「JUC-ABC（商業労連アクティブ・バロット・クラブ）」をはじめています。正式名称は「新しい政治政策をすすめる会」で、いわゆる友好議員に対する応援制度です。同盟なら民社党候補の応援一色となりますが、そうとはかぎらないという制度です。もちろん、同盟を含むさまざまな候補の選挙協力はしていますが、「時と場合による」ということです。

そのほかにも、ユニオンカードである「ＪＵＣカード」をＪＣＢやＤＣと提携して運営したり、ＪＵＣ大型共済制度で本人死亡見舞金一〇〇〇万円という破格の共済金を実現したりもしています。

商業労連には、こうした自由で斬新な運営ができる半面、制約もあります。たとえば、政府の各種委員会からの労組への参加要請では、政策審議にせよ国際交流にせよ、同盟もしくは総評からというようにナショナルセンター単位となることが多く、非加盟の労組は公式にはその席に座ることができません。発言や活動が制限されるため、産別組合の活動にとっては不利となるわけです。

企業別組合ならともかく、ナショナルセンターに所属していない産別組合は、やはり矛盾した行動とか労働者の連帯を崩す行為と見なされがちです。商業労連の結成大会に招待されたナショナルセンター同盟会長で、全繊同盟の会長でもある滝田実さんの祝辞には、お祝いと激励とともに苦言も含まれていたそうです。

ここでは、商業労連版の流通産別構想の形成についてお話をしてきました。全百連の爪痕は大きく、回復は困難だったわけですが、その反面、百貨店労組系の流通産別構想ができ上がることになりました。これも一つのロマンと言えます。

企業別組合のリーダーたち、とくに労組結成時や直後のリーダーであった坂田貞夫さんや吉開《よしかい》敬祐さんは、産別組合のオルグたちと比べると役割とタイプが違いますが、やはりオルグと言えるでしょう。企業別組合ですから退任後は会社勤務に戻るわけですが、就任中は労組の舵取りをしながら、左傾危機からの生還を含めて組織を拡大して、健全な労使関係をつくり上げていったのです。

しかも、長期就任ならば職業人生のなかで労組活動が多くを占めることになりますので、「非常に優れたオルグ」と言わざるを得ません。ましてやチェーンストアの産別組合がなかったころの話です。時と場所があれば、たくさんの組合をつくっていたのかも知れません。だからこそ、後々まで感謝と敬意を集めていると思います。

第3章 チェーンストア労組「大同団結大作戦」―幻の流通産別構想

第1章でも概要を示した全国チェーン労協ですが、その発起人労組のうち、東光ストア労組（現・全東急ストア労組）、全ダイエー労組（現・ダイエーユニオン）についてお話をします。ここでも、両労組のリーダーにご登場願います。東光ストア労組は委員長の杉本尚さん、全ダイエー労組からは同じく委員長の松吉英男さんが登場します。

東光ストア労組の結成

円滑に進んだ労組の結成

一九五六年、東急電鉄が東横百貨店の子会社として「東横興行」を設立しました。それまでも、渋谷や目黒などの主要駅に「東横興行」という名称の売店を出していたのですが、新たに小売の会社を設立したのです。まず、武蔵小杉に食品販売店を出店するとともに、渋谷には建設されたばかりの東急文化会館の中に、結婚式場のゴールデンホールと文化地下食堂を造りました。

当初は飲食事業の比重が大きかったのですが、一九五七年には三店舗の「白木屋」を運営していた白木屋興行を買収して、東横興行を略した「東興ストア」として、五反田店、大森店、高円寺店の営業をはじめました。それ以外にも、独自に駕篭町《かごまち》店、目黒店、渋谷店を開店しました。

東急グループには東横百貨店がありますから、東横百貨店が東興ストアを運営してもよかったのですが、東京急行電鉄の事実上の創業者である五島慶太（一八八二～一九五九）さんが「百貨店法」対策として、いわば別働隊の東横興行が運営するよう指示したのです。

食品小売店舗の展開がはじまると「東光ストア」に社名を変更し、一九五八年に、当時は先進的とされたセルフサービス方式に切り替えたスーパー経営に乗り出しました。ちなみに、開店にあたり、当時最先端であった八幡製鉄の店舗を研究しています。

電鉄系から先進的な店舗ができたということで、日本屈指のチェーンストア経営コンサルタントである渥美俊一（一九二六～二〇一〇）さんから高く評価されましたし、紀伊国屋の増井徳男（一九一五～二〇〇二）さんが、「この東光ストアが成功したことが、日本の小売業発展の成否を分けた」と述べているほどです。

さて、この東光ストアですが、東横興行だった時期に早くも労組が結成されました。当初、東横百貨店からの出向者が多いうえに、東横百貨店労組の役員経験者がいたからです。これは組合

column ③

カリスマコンサルタントの知られざる一面

東京大学法学部卒業後に読売新聞社へ入社した渥美俊一は、1963年に「日本リテイリングセンター」を設立した。チェーンストア労働者向けのセミナーを多面的に展開する一方で、若手チェーンストア経営者達を組織した「ペガサスクラブ」を発足させた。そして1967年、日本チェーンストア協会の発足を発議し、設立宣言を起草した。

ほとんどの業界有力企業が渥美俊一の指導を受けて成長したが、渥美はいずれは前近代的な労務管理が立ちはだかると予測し、健全な労働組合が必要と判断した。このため、渥美の考え方や助言がチェーンストア労組の結成に与える効果は無視できないものとなった。2010年に死去し、遺された私邸はニトリが買い取り、記念館として運営されている。

結成にとって非常に有利です。組合規約の作成や結成大会の準備などといった組合づくりが円滑にできますし、経営者も東横百貨店での実績があるので、それほど労組に抵抗感をもたないからです。

東横興行の労働条件が不明朗だと察知するやいなや、百貨店からの出向グループが中心となって、一気に「労組結成準備委員会」を設置し、着々と準備を進めました。そして、一九五六年一二月、会社の設立から三か月を待たずに東急文化会館の文化地下食堂で結成大会が開催され、東横興行労組（委員長福富正一、書記長中田彰一）が誕生しました。ちなみに、組合事務所は東急文化会館内に設置されました。

前述したように、一九五七年には社名変更によって「東光ストア労組」となりまし

東横興行労組幹事会。1957年10月。第１回定期大会を控えて最終調整に余念がない。左から２人目が福富正一委員長、一番左が中田彰一書記長（提供：全東急ストア労組）

た。早速、労働環境の改善を求め、お中元シーズンにはビタミン剤を支給しろとか、お昼の時間に牛乳を飲ませろ、といったことが最初の要求でした。

スーパーの労組はまだ珍しく、本格的に結成がはじまるのはもっと後の時期です。そもそも紀伊国屋が青山に一店舗だけあるといった具合にスーパーがほとんどなく、労組どころではなかったのです。例外となるのは月販店の「丸井労組」（第2章参照）で、すでに結成されていました。しばらくしてから、衣料チェーンの赤札堂、十字屋、月販の緑屋、ダイエーなどに労組が結成されていきます。

東光ストア労組は早々と労働協約に着手し、団体交渉を重ねました。ユニオン・ショップや就業条件、平和条項の扱いで紛糾しましたが、それらを収束させ、一九五七年一〇月に労働協約の調印にもち込み、結成後一年足らずで労働協約の締結を実現しました。その後も就業規則の交渉を続け、こちらのほうは一九六一年一〇月に制定されています。「鮮やかな手際」というほかありません。

自主的な運営へ

とはいえ、東横百貨店からの出向組が多いという状況ではしっくりこない面も出てきます。東光ストア労組の役員はみな百貨店グループですから労組の運営については安全安心なのですが、東横興行での採用組には心穏やかでないところもあります。親会社の人が労組でも上に立つというのは、あまりよい気持ちがしないものです。

いつの時代も若者は元気なのですが、当時の若者は現在よりも激しく元気だと思ってください。東横興行採用一期生の松尾博義さんが、労組発足の第三期から執行委員となりました。松尾さんの初任配属先は五反田店の食品担当でしたが、そのときの担当係長が東横百貨店労組の経験者だったこともあり、労組経験者との接点が多かったのです。

「みんなは組合を何も知らないのだから、お前がやってみれば」と誘われて、役員になったと松尾さんは言います。

松尾さんの執行委員就任は東横興行の代表者という意味あいが強いのですが、いかんせんたった一人です。当時の執行委員は一一人、そのなかの一人ですから「一対一〇」という勢力関係になります。また、出向者は管理監督職でもありますから、どうしても労組全体が百貨店のほうを向いてしまいます。

しかし松尾さん、東横百貨店出身の押田慶春さんが第二代委員長に選任された第五期から専従の書記長に就任しました。このときは東横興行から六人の執行委員が入り、「六対五」と形勢が

ミスター東急ストア労組、杉本尚委員長（1972年）全国チェーンストア労協の生みの親。無所属主義を捨て、商業労連加盟を決断（提供：全東急ストア労組）

逆転しました。

東光ストア労組はこうした逆転現象で節目を迎え、第八期の一九六四年一〇月には松尾さんが百貨店出身の対立候補を破って第三代委員長に就任しています。言うまでもなく、これは大きな転機となりました。さらに、委員長として長期就任し、東光ストア労組を引っ張った杉本尚さんが専従の書記長として着任もしました。

杉本さんは松尾さんと同期、つまり東横興行採用の一期生で、対立候補からも書記長就任をもち掛けられていましたが、松尾さんとコンビを組むことになりました。プロパー執行部のスタートです。一九六四年と言えば、奇しくも前回の東京オリンピックが開催された年です。

杉本さんは、一九三八年に神奈川県の相模湖近くで生まれました。実家は球根栽培の農園で、とくにユリの球根をつくり、アメリカからやって来るバイヤーに販売をしていました。中学校を卒業すると姉が住んでいた八王子に寄宿して、近くにある東京都立第二商業高校へ進学しました。念のために言いますが、大学進学率が一割程度の時代です。

高校卒業後、杉本さんは簿記の知識を活かせると考えて東横興行に就職し、最初は高円寺店の事務担当になりました。当時の高円寺店は、一階が生鮮食品売り場でしたが直営ではなく、二階が直営のドライ食品と衣料品売場でした。この二階の売場をセルフサービスにしたのが、東光ストアのセルフ販売の最初です。そんな歴史的な場所で、杉本さんは働きはじめたのです。

余談ですが、セルフサービスにするということは、買い物籠を店内に置くことになります。当初のカゴは鉄製で、ごつくて重いものでした。しかし、この籠を来店した客が持ち帰ってしまうので、だんだんと減っていったのです。

客に悪気はないのですが、入り口でカゴを渡されると、「いいものをもらったよ」と勝手に誤解したようです。店内で使う籠が足りなくなりますから、杉本さんたちはあせって近所を訪問し、説得して返してもらったと言います。こんな光景も、初期のスーパーにおける苦労話の一つとして挙げることができます。

杉本さんの高円寺店での最初の仕事は、いわば単品管理の端緒となるものです。当時のスエダ製（スウェーデン）のレジスターのことをみなさん知っていますか。「良き店栄える」なんて知りませんよね。

当然、レジには数字を押すキーがありましたが、その横にカタカナで「ヨキミセサカエル」という文字が刻印された八つのキーが並んでいて、商品分類ごとにどれかを押していたのです。たとえば、食料品なら「ヨ」、男性衣料品なら「キ」といった具合に分類をしていたのです。大まかな分類ですが、それでも当時においては先進的なレジです。いずれにしろ、百貨店で使ってい

1950年当時のスエダのレジと制服（提供：全東急ストア労組）

たレジをスーパーで使いはじめたということです。

よいアイデアだったのですが、商品分類が大まかすぎてよく分からず、あまり使えなかったようです。そこで杉本さんが、同期入社の検品担当者と協力して、納品伝票に基づいて約三〇種類の商品分類をつくって、高円寺店だけの売れ行きを把握できるようにしました。つまり、会社がレジから把握するのに対して、高円寺店ではもっと詳しい商品の「売れ行き」や「死に筋」が分かるようにしたのです。もちろん、手作業なので原始的な方法です。しかしこれが、のちのＰＯＳシステムや単品管理につながる考え方なのです。

杉本さんは、仕事を続けるうちに生産性と賃金に興味をもつようになって、店舗代表の非専従役員の幹事となり、自ら賃金を担当したいと希望しました。東光ストアにはまだスーパーのシステムができておらず、残業ばかりの日々でてんてこ舞いという状況でした。だから、売上とともに利益を上げるためには、効率よく働く仕組みに代えて店舗の機能性を高め、同時に賃金も要求して上げていきたいという考えです。

　このあたりから、執行委員、場合によっては専従でもよいかな、と思うようになりました。一九六二年にはその通り執行委員となり、賃金対策部長に就任しています。結成時には百貨店出身者ばかりで、縁を感じることのない労組にはまったく近寄らず、むしろ組合費ばかり取られていると距離を置いていたことからすると大変身です。

「ミスター東光ストア労組」

　一九六四年に書記長になると杉本さんは、「会社役員の任期が二年なのに労組だけ一年ではだめだ」と主張して、まず一期一年だった労組役員の任期を一期二年制に変えました。腰を据えて労組活動を担うための第一歩と言えます。

　次に、百貨店出向者が労組に入らないという仕組みをつくりました。当初は百貨店から管理職だけが来ていましたが、東光ストアが大きくなると人手が必要になり、一般従業員も出向してくるようになっていたのです。百貨店での賃金が保証されていて、いずれ戻っていく人を組合員にするというのではなく、転籍しない人だけが東光ストア労組に入れるようにしたのです。これも勇気ある決断と言えます。

　さらに、本格的な賃金調査に乗り出しました。というのは、賃上げをしようにも同業社の数値がなかったからです。私鉄総連が有力産別となる総評、また同盟も必ず要求水準を決めて賃上げに臨んでいくわけです。しかし、チェーンストア業界には要求基準のためのデータそのものがありません。そのような状況では、極端に言えば、総額をとったとしても会社任せとなってしまいます。配分に至るまで突っ込んだ要求をして、個人の賃金を上げるところまで労組が責任をもつためにも賃金調査が必要でした。

調査項目を作成して他のチェーンストア労組へ送りました。仮に労組がなかったり、労組が回答できない場合は会社に調査を依頼し、調査協力を得た労組や会社へその結果をフィードバックしていきました。

その一方で、この調査を察知した他の会社も機敏に動きました。たとえば、イトーヨーカドーで当時人事部長を務めていた鈴木敏文さん（七二、および二六一ページを参照）も杉本さんと接触しています。渋谷の喫茶店で待ち合わせた鈴木さんは、杉本さんからデータを受け取って、「こういう調査はありがたいですね」と言っています。まだ、イトーヨーカドー労組が結成される前の話です。

このようにチェーンストア業界の賃金を中心とした労働条件の調査活動に努力を傾けていった杉本さん、「同じチェーンストア労組の、横の連携を目指そうという意欲が出てきた」と言っています。

ダイエー労組の結成

ダイエーの創立

ダイエーの創始者である中内㓛（一一ページ参照）さんは、一九二二年に大阪で生まれました。家業は、父・中内秀雄さんが神戸市に開業したサカエ薬局でした。少年時代から店を手伝い、高校卒業後、大学受験に失敗して就職した年に入隊しました。各地を渡り、フィリピンのルソン島へ移ってリンガエン湾の防衛にあたっているところで終戦を迎え、一九四五年一一月に神戸へ復員しています。

復員後、父親の手伝いを再開してから、友愛薬局、サカエ薬品、大栄薬品工業の経営を経て、一九五七年に「主婦の店ダイエー」を大阪市旭区の千林駅前（京阪本線）に開業しました。先日、私は大阪市出身の妻の案内で千林駅前の商店街に行ってみました。その地は定食屋になっていましたが、当時の写真と見比べると、なるほどここがダイエー発祥の場所かと分かるだけの佇まいが残っていました。

一九五八年、神戸市の三宮へ第二号店を出店したのがダイエーチェーン化の第一歩です。この店が手狭になると、近隣へ移って拡張し、三宮に聳え立ち、日本一の売上を誇る大丸百貨店に挑戦心を燃やします。

ダイエー発祥の地「千林駅前の商店街」（著者撮影）

「見るは大丸、買うはダイエー」

関西出身の方であれば覚えていらっしゃるでしょう。

このキャッチコピーで中内さんは売りまくりました。

一九六二年、シカゴで開催された「全米スーパーマーケット協会」の記念式典に参加する経営者訪米団の団長として中内さんは参加しています。この式典で、ケネディ大統領（John Fitzgerald Kennedy, 1917～1963・第三五代）が述べた言葉に感銘受けて、ナショナルチェーンを目指す決心をしました。

「アメリカとソ連の違いは、スーパーがあるかないかだ」

アメリカの豊かな暮らしは、スーパーが支えているとケネディ大統領は鼓舞したのです。

早速、一九六三年にチェーン本部を西宮に設置して、福岡や神戸に日本型総合スーパーの原型となるＳＳＤＤＳ（self-service discount department store）業態の店舗を展開していきます。

かつてチェーンストア業界で活躍されていた方々は、この「ＳＳＤＤＳ」という言葉ほど思い出深いものはないと言います。要するに、懐かしいのです。あと何年かすると、「ＧＭＳ（General merchandise store）」も哀愁の言葉になるかもしれません。

さて、ダイエーの出店展開です。福岡と神戸の両方から瀬戸内海沿岸に出店する「瀬戸内海ネックレス構想」、そして首都圏に手を伸ばして、人口急増地帯に虹を架けるように出店する「首都圏レインボー作戦」などで出店を加速させていきました。

労組をつくった男

こうした大攻勢に出ている最中に、ダイエー労組を結成させることになる松吉英男さんが入社しました。松吉さんは一九二六年に大阪市で生まれました。一九二六年というと大正時代の最後の年ですから、本書に登場する人物のなかでは最年長となります。これまでに紹介した人より、一回り上となります（二一ページの写真参照）。

松吉さんは、ひと言で言うと「苦労の人」です。育ったのは神戸市で、神戸市立灘商業を卒業してから台湾へ渡り、台湾総督府台北師範学校へ入学したところ現地で学徒出陣となり、入営して予備士官学校への入学となりました。終戦とともに強制除隊となり、同時に台北師範学校も廃校となって学寮から日本人だけが追放されたため、学生二一人とともに集団自活という生活を送っていました。

一九四六年、日本に帰国したときは一九歳でした。立命館大学から学徒出陣していた兄は戦死と聞きます。母親と二人の弟と再会した松吉さんは、家族のために猛然と働きはじめました。最初は池田市（大阪府）の機械工場で雑役夫、次は大阪市の鋼管工場で圧延伸張工、倉庫係、経理事務、その後は神戸市にあった漁業企業の経理事務へと移っていきました。

その一方で、関西大学商学部の夜間部へ転入して卒業しています。昼間は働き、夜は大学へ通い、再び深夜になると働きに戻るという生活で、睡眠は四時間という毎日でした。卒業後はサラリーマン生活に入ることを夢見ていましたが、思うように就職ができず、今度は神戸大学経済学部（夜間）に入学しました。

神戸大学へ入学してからは運輸省港湾建設局の臨時社員へ転じましたが、役所仕事に嫌気がさしてすぐに辞め、三菱重工系の中日本重工に入りましたが、ここも辞職します。二六歳になっていたのに、会社がもち掛けた一八歳賃金での正社員登用を断ったからです。

高浜運輸という会社に転職し、経理部での勤務となりました。ここには一三年間勤務し、総務部の仕事も経験したうえ課長代理になっています。しかし、ここの勤務では神戸大学に通うだけの時間がありませんでした。すきっ腹で朝から夕方まで働き、全力疾走で大学へ行って勉強という生活が続き、栄養失調になってしまったのです。医者の助言で、大学は中退することにしました。

しかし、この高浜運輸で思わぬノウハウを手に入れたのです。会社には総評に加盟する全港湾の労組があったのですが、かなり先鋭的なものでした。あまりにも会社攻撃が激しいことに違和感を覚えた松吉さんは、全港湾高浜分会の執行部入りを狙い、実際に書記長と副委員長を経験して民主化に成功したのです。

最後は、分会から職員だけを脱退させて、新しく職員労組を結成しています。この経験が、のちにダイエー労組の結成や初期活動に生かされることになったのです。

実は、松吉さんは常に条件のよい他社を狙い続けていました。そして、ダイエーの中堅幹部社員試験に合格し、一九六四年に三七歳で入社して、希望していた通り総務部の配属となりました。ダイエーでは、この中堅幹部採用と新規大卒一括採用が一九六三年から開始されており、松吉さんは第二期の中堅幹部採用者三五人のうちの一人でした。入社式では、最年長ということで新人を代表して挨拶をしています。

労組の結成

松吉さんが労組結成の決断をするまでに、それほど時間はかかっていません。入社後、総務部で仕事をはじめてすぐ、人事部や社長室などでの社内ルールがずさんであることを痛感したほか、人事部のスタッフでさえ「労働基準法」をほとんど理解していないことを知りました。

また、部下の女性社員から、「友人が店舗で働いているが、主任から一方的に解雇を言い渡され、実家に帰りたいが列車代もなくて困っている」と聞かされて愕然とします。もちろん、解雇は予告しないとできませんし、そもそも店舗の主任でしかない人が解雇できるわけもありません。しかも、人事部が対処していないと言うのです。

調べていくうちに、残業代、休憩などがあいまいで、労務管理ができておらず、労働者の不満が大きいことが分かりました。また、ダイエーに就職したものの、大きな不満を胸にしまっている労働者が溢れているということも知りました。

この状況は危険だと察知した松吉さんは、「労組がないからこうなるのだ」と思い至り、自らが結成に動く決断をします。実際、「この会社はひどいから労働組合をつくりたいな」と、社内研修のときに広言する不満だらけの男性がいるという噂がどこからか聞こえてくるようにもなりました。

のんびり進めていたのでは、前の勤務先で経験したように、尖った労働者たちで破壊的な労使関係に陥る可能性が大きいと判断した松吉さんは早々に動くことにしました。同業他社の労働者を見渡してみれば、東光ストアや渕栄、丸井などにはすでに労組が結成されていました。「よし、ダイエーの労働者も組合をつくるぞ」という気持ちを固めたのです。

早速、結成有志を探しては、勧誘をしはじめました。多くは西宮寮に住む寮生たちでした。やがて有志たちは、終業後に近くの公園に集まるようになり、寮の門限である夜一一時まで労組結成について話し合いを重ねました。

この有志のなかには鈴木達郎さんもいました。鈴木さんと言えば、三〇代の若さで取締役になったのちに専務となり、中内さんが一番信頼していた男と言われる有名な人物です。イトーヨーカドーの鈴木敏文さんとともに、業界では「両鈴木」と呼ばれていました。ちなみに、鈴木敏文さんも前職の「トーハン」（出版取次業）では労組の書記長を経験しています。

一九六五年五月、神戸市にある神戸国際会館でダイエー労組（組合員数二一二〇人、委員長松吉英男、書記長鈴木達郎）が結成されました（一九七一年に全ダイエー労組に改称）。それに先立って、本部集会と各店舗で結成趣旨説明会を開催し、賛同を得て結成大会代議員の選出を済ませていました。とはいえ、信奉するカリスマ社長の中内さんを守ろうと組合結成に反対したり、結成には賛成だが同盟路線には反対などという意見が出て紛糾しました。

「経営に文句をつける組合結成は反対」

ダイエー労組結成大会。1965年５月、流通革命の本丸に労働組合が誕生した。（提供：ダイエーユニオン）

「資本と対決しない同盟路線なんて軟弱な労組結成は反対」

これらは、松吉さんが支部結成大会で聞いた言葉です。議事の進行が遅れ、あるいは後日へ持ち越しになるほど双方から反対意見があり、すんなりと結成できたわけではありません。

ダイエー労組の役員が同盟路線を選択したのは、もちろん松吉さんの労組経験に基づく労使関係観が強いのですが、結成有志たちと準備を進める段階で、神戸労政事務所や兵庫県労働研究所、そして他社の関係者と意見交換をしたことが大きく影響しています。その結果、労組結成の実務は兵庫同盟から助言を受けて学ぶことになりました。

また、松吉さんたちは、兵庫同盟の役員たちをダイエーに呼んで、中内さんと総務部長に対面させています。周到な事前準備の背景には、左翼組合による争議倒産が同時期に関西で頻発していたことがあります。

同盟路線の選択により、結成後のダイエー労組は兵庫同盟に加盟しています。また、「同盟憲章」に基づいて、産業未整理、未組織の受け皿として将来の産別組合独立準備の役割を担う一般同盟が一九六六年に結成されると、直ちに兵庫一般同盟に移籍しました。

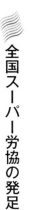

全国スーパー労協の発足

ダイエー労組の運営に加えて、一刻も早く多くのチェーンストア労組を一般同盟に結集させて独立し、チェーンストア産別組合を結成すること、また同盟憲章に則った「流通産別構想」を実現することが松吉さんの次なる課題となりました。

一般同盟は、雑多な産業の労働者が集まり、地域内の製造工場や印刷所、ホテルなど中小労組が多く、他のチェーンストア労働者といった仲間がいるわけではありませんし、労組役員が小売業のことをよく知っているわけでもありません。そこで松吉さんは、流通同盟構想についてはひとまず置き、並行してチェーンストア労組の仲間との交流を模索しはじめました。松吉さんは労組結成後、東光ストア労組、十字屋労組、髙島屋ストア労組など、当時の主要チェーンストア労組に挨拶のために出向きました。東光ストア労組へ訪問した際には、松尾博義さんや杉本尚さんに会って意気投合します。

杉本さんらが発行した例の労働条件調査報告書を手に取った松吉さんは、「こういう素晴らしい調査があったのか」と驚き、「毎年、共同で業界全体の調査を実施し、報告書を発行できたらいいな」ということになりました。

その後、視察を兼ねて関西の労組を訪問する機会を杉本さんがもち、ダイエー労組を訪れては「どんな活動をしているのか」と意見交換をしたのです。その席上、これからチェーンストア労組がまとまっていこうか、協会でもつくろうか、という話で盛り上がりました。一九六五年にDILA《ディラ》が発足して百貨店労組がまとまったので、自分たちもチェーンストア労組だけでまとまるか、ということです。それで杉本さんが、「じゃあ、俺が音頭をとるからやろうぜ」と決めたわけです。

ダイエー労組は同盟つながりで渕栄労組とも交流がありますし、十字屋労組も同じです。両労組とも、チェーンストア労組の結集に興味を示しました。このような経緯があり、東光ストア労組、ダイエー労組、渕栄労組が発起人労組となって各チェーンストア労組に呼びかけを行いました。十字屋労組も案内状を受け取る側になっていますが、実際には発起人労組なのです。

東光ストア労組は丸井労組とも親密な交流をもっていましたが、丸井労組はDILAの活動に軸足を置いていて、交流関係そのものは継続しましたが、以後も公式に参加することはありませんでした。

こうして一九六四年一一月、東京渋谷の東光ストア労組結成の地である「東急文化会館」のゴールデンホールに七労組が結集し、全国スーパー労協（全国スーパーマーケット労働組合連絡協議会）が発足したわけです。あわせて、目的、事務局、事業内容、地区区分、加盟方法などの運営事項を定めた「全国スーパー労協要綱」をつくりましたが、これらも杉本さんが起草したものです。

東光ストア労組は、当時オペレーションにおいて一歩先を進んでいただけでなく、先行的に労組も結成したうえに、労働条件調査の実施など常に業界全体のことを考えて行動をしていました。その延長線上で、全国スーパー労協の結成や運営にも、「生みの親」としての重要な役割を果たしたのです。だからこそ、今でもチェーンストア労組のなかで「老舗労組」とか「名門労組」と呼ばれて尊敬を集めています。

東光ストア労組の初期活動

「長期五か年計画」を打ち出す

名門労組の話が出たので、全国チェーン労協の活動に入る前に、もう少し東光ストア労組の特徴ある初期の活動について触れておきましょう。

東光ストア労組は同盟とはかかわりがないのですが、ある意味では同盟以上に同盟路線をとり、まるでのちの全繊同盟の組織化開始後に結成されたチェーンストア労組以上に全繊同盟的でした。つまり、労使対等の原則を大切にしたのです。その象徴的な活動が、杉本尚さんが仕掛けた「長期五か年計画」です。この計画は賃金倍増を目的としたものでした。一九六七年の臨時大会で、一九七一年までの五年間で賃金を二倍にし、週休二日制の導入を実現することを決定しました。

これらの計画は、決して賃金と労働時間のためだけはありません。計画を実現するためには、強力な生産性向上の取り組みが労使間で継続されなくてはならないし、同時に賃金と労働時間の目標を達成する方策を労使間で考え抜くことになります。つまり、「高能率、高賃金」の実践なのです。

そのために東光ストア労組は、賃金と一時金の交渉に関する要求方式を改善しました。まずは一時金を年二回ではなく一括交渉にし、次に、賃上げ交渉にその一時金交渉を含めてしまうことにしたのです。要するに、毎年三回だった交渉を一回集中に変えて、交渉に費やしていた労使の労力を生産性向上の策定と実行に注ぐことにしたのです。言ってみれば、労働条件向上のための投資をするようなものです。

徹底的に追求した「労使対等」

こういう話をすると、「なれ合いの労使協調じゃないか」と言う人がいるのですが、初期の東光ストア労組は、結構、会社と揉めていました。たとえば、一九七一年に行った「長期五か年計画」の最終交渉の途中で労使紛争になっていますが、このとき労組は会社側と徹底的にやりあっています。

発端は、会社側の賃金回答を労組が組合員に伝達する前に、社内報で回答内容を発表したことです。これは確信犯で、職場では、その直後に管理職が回答内容で説得しはじめました。労組が組合員を説得するのなら問題ありませんが、会社側が先回りしたのでは労組の活動を踏みにじったことになります。

労組は直ちに中央闘争委員会を設置し、猛烈な抗議活動に入りました。その結果、会社見解が発表されて、東光ストアの社長が謝罪しました。決して労使協調ではなく、いつでも会社の態度を正し、労使対等の原則を守る――そこに、杉本さんの活動家としての素顔をのぞくことができます。

全ダイエー労組の初期活動

不当労働行為を提訴

全ダイエー労組も、初期にはかなり特徴的な経験を重ねています。ストライキを実行したとい

column ④

チェーンストア業界では珍しいストライキ

1962年の全百連崩壊後、百貨店のストライキが激減したが、後発のチェーンストア業界でもストライキはほとんど発生しなかった。ダイエーや後述するイズミヤなどのストライキは例外的なケースである。

ストライキといっても、多くの場合は組合員の職場放棄のような形が中心で、会社側が管理職やパートタイマーなど非組合員に代行させて営業損失を最小限に留めることができた。しかし、職場放棄のみならず組合員が非組合員を職場に入らせないようにして完全に営業停止に追い込む「ピケッティングストライキ」という戦術もあった。「ピケスト」を得意としていたイズミヤ労組の戦闘性は、チェーンストア労組の中で一頭地を抜くものであった。

う点で、全ダイエー労組は珍しい労組と言えます。全百連が崩壊してから百貨店業界ではストライキは皆無となりましたし、チェーンストア業界でも、賃金交渉や労使紛争でスト権を確立することはあっても、実際にストを打った労組は非常にかぎられています。

また、全ダイエー労組は、ストライキの前にリボン戦術をめぐって会社側の不当労働行為[1]を労働委員会へ提訴するといった活動も見せています。労使協調と簡単に言いますが、先入観からくるイメージに過ぎないことが多いもので、実際には会社との紛

(1)　労働組合法は、団結権に対する侵害から労働者や労働組合を守るために、使用者による不当労働行為を規定して禁止し（第7条）、救済措置を設けている。

争があるのです。

この不当労働行為提訴も、ストライキも、松吉英男さんが全ダイエー労組委員長を退任したあとに発生したことです。一期だけ着任した第二代委員長を経た第三代委員長の勝木健司さんや、書記長の網代真也さんが在任中のことでしたが、当時を簡単に振り返っておきましょう。

一九七一年の年末就労に関する攻防がきっかけになりました。労使協議会において、年末三一日の営業時間は平常通り夜八時としたい旨を会社側が提案してきました。会社側は大晦日の売上を伸ばすことを考えたのでしょうが、前年の一九七〇年末は労使協定で七時閉店を決めたわけですから、組合員の既得権を放棄するように迫る内容となっています。

もちろん、この提案を拒否しましたが、会社側は納得しませんでした。その後行われた三回の団体交渉でも双方が主張を曲げず、ついに団交打ち切りとなりました。ここで全ダイエー労組は、一二月三日からリボンの配布と着用の指令を出し、リボン闘争を開始したわけです。

小売業の経営者は、製造業とは違って顧客の目に触れるリボンやワッペンを極端に嫌います。会社側に立つ管理職たちが組合員たちにリボンを外すよう厳しく命令しますが、労組は絶対に着用を続けるようにと指令するのです。

このような板挟みの厳しさ、想像できますか？　職場が混乱するだけでなく、組合員は上司から「説得」と称する威圧で脅され、孤立して大いに悩むことになります。苦悩のあまり心を患い、出勤しないという労働者が続出しました。職制と労組役員の感情的な衝突が高じて小競り合いがはじまり、人間関係が壊れて職場は泥沼のようになっていくのです。

リボン戦術は初体験ということもあり、会社側が正常な労組活動ということを理解することができず妨害しました。このため全ダイエー労組は、一九七二年二月、ついに大阪地労委へ会社側の妨害を不当労働行為だとして提訴しました。早速、労使への調査と尋問がはじまり、翌一九七三年二月に和解勧告が出されました。もちろん、会社側の行きすぎた行為を正す内容で、全ダイエー労組側の勝利となっています。

ついにストライキ決行へ

労使対等の原則を守るかのような大阪地労委への提訴と和解解決でしたが、その不満が充填されたまま一九七四年の賃上げ交渉に入り、再び労使が衝突しています。

緊急で、優先される長時間労働問題に対処すべく、店舗の営業時間協定や三六協定改定に取り組んできた全ダイエー労組でしたが、一九七四年二月の団体交渉で三六協定改定交渉が決裂してしまいます。労働時間に対する不満がさらに高まったところで賃金交渉に突入しました。

賃上げ要求額は三万四四八二円で、残業規制、住環境整備もあわせて要求し、ワッペン着用と時間外勤務拒否の態勢もつくるという万全の準備で臨みました。ところが、会社側の回答が二万四〇三円と低額回答で、その他の要求は「回答なし」という有様に全ダイエー労組が一気に態度を硬化させました。その後、過密な団交を四回重ねましたが事態は好転しませんでした。

そこで、ハチマキ着用、ビラまき、店舗での労組旗の掲揚などを開始し、ストライキ権確立の準備に入りました。この間も三回の団交をもちましたが収束せず、四月一八日にスト権投票で確立させました。ストライキを準備するための合宿を行ってから、四月二一日、始業より正午までの第一波の時限ストを拠点と指定した一二店舗で一斉に打ちました。あわせて全支部長の指名スト[2]に入り、全店舗、全事業所にそれを波及させています。

のちに第四代委員長となる足立明さんは、このとき西宮分室の支部長でした。網代真也さんから待機指令があり、スト開始前にはいつものように勤務をはじめず、自分の車の中で待機していました。すると、会社側の指示を受けたビルの守衛がやって来て、「すぐ降りろ」と言われて小競り合いになりました。

やがて指令は「待機」から尼崎店の「スト支援」に代わり、急行した足立さんが尼崎支部の役員とともにストを決行しました。組合員はみなハチマキをして、店舗の内外で怒鳴りあって揉めています。店舗は開けるが、まったく営業の準備をしないのです。もちろん、店舗に配送された商品の受け取りもしません。管理職たちが何とか商品を運び込んで準備をはじめようとしますが、組合員たちが従業員通用口でピケを張り、それを阻止しました。そのため、生鮮食品を中心に全然間に合わず、商品が山積みになっていきますが、放置されたままとなりました。

なお、このストライキのときには、拠点の一つであった九州・黒崎店に、全ダイエー労組から要請を受けて、渕栄労組の吉開《よしかい》敬祐さんがスト支援に入っています。騒然となった黒崎店で、全

「全ダイエー労組のストライキ」1974年４月。12支部約2,000人の組合員が参加した（提供：ダイエーユニオン）

ダイエー労組の若さあふれる元気な組合員の姿を吉開さんは目撃しています。

　ストライキ通告の直後、会社側は中労委に斡旋申請をしました。全ダイエー労組は翌四月二二日に事情聴取を受けることになり、第二波以降のストをいったん中止し、斡旋に委ねることにしました。そして四月二六日、早々に斡旋案が出され、賃上げの上積み、賞与の月数増加、解決金一人当たり五〇〇〇円などが提示されました。また、四月二七日には時間外勤務に関する斡旋案が出され、不当労働行為の大阪地労委への提訴に続いて、全ダイエー労組の勝利で解決しています。

「やるときは徹底的にやる」——今のところ、このストライキが最初で最後ですが、網代真也書記長のモットー通りに、全ダイエー労組が求める労使対等のあるべき姿を明瞭に物語る労使紛争であったと言えます。

（2）組合員全員ではなく、指名された組合員だけがストライキに入る部分ストの戦術。賃金カットの損失規模を小さくでき、指名者によっては、一部であっても大きな打撃を与える場合がある。

「大同団結大作戦」

全国チェーンストア労協vs DILA《ディラ》

一九六六年に発足した全国チェーン労協ですが、次々と大きな問題に直面します。そのなかで、百貨店との対立をここでは取り上げたいと思います。

すでに一九六五年にDILAが設置され、山本勝一さんの強力なリーダーシップによって積極的な活動をはじめていました。そのDILAが、百貨店の防衛のために、チェーンストア業界規制と受け取られかねない行動を仕掛けたのです。

発端は、スーパーの進出によって九州地区の百貨店経営が圧迫されたことを重く見た山本さんが、一九六八年に通産省（現・経済産業省）へ出向き、百貨店だけを規制するのには異論があると表明したことです。また山本さんは、ナショナルセンター同盟のなかで力をもっていた全繊同盟および民社党（一二三ページの注参照）の幹部と、伊勢丹労組、丸井労組などといったDILAの主要加盟労組の委員長たちとの会談も実行しました。チェーンストアの長時間労働は流通業界の近代化に逆行するものであり、百貨店と同様に規制すべき、との意見を述べたのです。要するに、チェーンストアの大規模店舗は擬似百貨店ではないかというわけです。

これらの動きが伊勢丹労組の機関紙に掲載されたことで松吉英男さんの知るところとなり、今度は怒りに火が付いた松吉さんら全国チェーン労協側が、逆ねじを巻こうと積極的に行動しました。

結局、百貨店側は、労使が営業時間を短くしたい、それが近代化であり、長時間労働からの解放を通じた労働条件の向上だ、だからチェーンストアも六時閉店でどうですか、早く帰宅できますよ、と主張し、それができないなら「百貨店法」でくくってしまえというわけです。

これに対して、長時間営業で土日営業もやっているチェーン業界の労使は、あほちゃうか、業態も利幅も違うわ、派遣店員を使っているわけでもなし、というわけで、そんな殿様商売を選択しませんでした。

鍔《つば》迫り合いがはじまるなかで松吉さんが、次のような言葉を発して民社党に圧力をかけました。「DILAは民社党とは関係ないですやん。一般同盟や同盟は、れっきとした民社党の組織や。それなのに我々をどうにかする説明を聞くなんて、どないなっとんねん。一丁やったりまっせ」

こうして一九六九年一月、民社党、チェーンストア協会、チェーンストア労組の三者会談が衆議院第一議員会館で開催されたのです。民社党は書記長であった春日一幸（一九一〇～一九八九）さんほか議員が一〇人、チェーンストア協会は、会長の中内功さんなどの経営者五人が参加しました。労組側の参加者は、一般同盟のほか、全ダイエー労組の松吉さんなど、全国チェーン労協に加盟している労組の委員長ら合計七人が集まりました。

席上で中内さんは、消費者からの支持を盾に無用の摩擦を起こす気はないが、小売業界団体の過保護はやめて欲しい、経営努力で価格を下げて消費者を豊かにすることの意味を理解して欲しい、などと述べています。

また、民社党の代表として春日さんが注目すべき発言をしています。スーパー規制法をつくれという陳情を受けていることを認めたうえ、しかしスーパーの貢献は大きいので陳情を受けず、むしろ中小小売商の育成や体質強化を目指すというのです。さらに、チェーンストア労組はすべて同盟に加盟して、意見を取りまとめて欲しいとも述べました。これは一般同盟がもっともやりたいことで、そう言って欲しいことだったのです。

その一般同盟は、左翼的な労組活動とは無縁なのだから、国民の利益を考えた業界の成長のために、共通する課題については産業レベルで労使の話し合いの場が欲しいと述べ、「DILA の意向や行動は感心しない」と主張しました。

仲間づくりのオルグを続ける

松吉さんの実行力の裏には、チェーンストア労組の大同団結を実現しようという強い決意が感じられます。この三者会談で、DILA は一気に劣勢となりました。松吉さんも優れたオルグなのです。

さらに松吉さんは、チェーンストア労組づくりのために全国を奔走していました。まだ労組が結成されていないチェーンストアを訪問して人事部や担当役員にダイエーでの経験を話し、労組の役割を説明したり、労組ができつつある場合には実務に関する助言をしたりと、規約などの文書資料も惜しみなく提供しました。同盟路線を推奨しながら、労組の結成を促したり、支援をしていたのです。

現実には、各所から手が差し伸べられていたり、別の事情があったために、公式には松吉さんが結成させたとは言えません。しかし、確認できただけでも、イズミヤ、サカエ、ユニーになる前のほていや、西友、ピーコック、長崎屋、ジャスコなど、労組が結成される以前に精力的にオルグに行っているのです。ただし、長崎屋やジャスコは、全繊同盟が手を付けていたため途中で断念しています。

イズミヤものちに全繊同盟が労組の結成を支援することになりますが、ダイエー労組が結成された翌年の一九六六年に、松吉さんがイズミヤで労組の結成を準備しているグループから実務についての相談を受けています。また、サカエにも出向き、すぐに話をつけてサカエ労組が結成され、最初は大阪同盟で、のちに大阪一般同盟に加盟しました。

その後、名古屋からほていやの有志が大挙して全ダイエー労組へ押しかけ、松吉さんの話に熱心に耳を傾けています。西川屋との合併の話もあるし、店舗の広がりもあって悩んでいる状態だというのです。そこでも、「トップが労組を怖がらないようにすることがポイントだ」と助言しています。

西友やピーコックは、人事部長から松吉さんに労組についての意見を聞きたいという要請がありました。西友は中内さんに心酔しているという人事部長からの連絡だったので、これ幸いと西友に出向いて、労組の結成を強力に推奨しています。

「東の西友、西のダイエーの両方に労組ができて、労働条件を上げたら業界がもっとよくなる。他労組ができる起爆剤になりまっせ」

その結果、西友やイズミヤはもちろん、どの労組の結成大会にも招待され、祝辞を述べる松吉さんの姿がありました。松吉さんの本音は一般同盟を大きくすることでしたが、そのためにも、まずは労組が結成されること、次に全国チェーン労協へ集めることが重要と割り切っていたのです。

強引に一般同盟へ勧誘するわけではなく、自然に流通仲間の連帯へ目が向くようにする。上部組合の紐付きではなく、まとまれるというのが全国チェーン労協の強みだったからです。とはいえ、労組の結成は簡単ではありませんし、一般同盟には財政や人材という点で弱点があったことも無視できません。一般同盟としての組織化は、決して芳しいものではなかったのです。

なお、松吉さんの在任中に全繊同盟から全ダイエー労組の加盟について何度も勧誘があったのですが、すべて拒絶しています。また、いずれ全繊同盟に流通部会をつくることになるので、ぜひ流通部会長をやって欲しいという誘いに対しても同意することはありませんでした。

全国チェーン労協の初期活動

旧称である全国スーパーマーケット労協の第二回協議会は、一九六七年二月、ダイエー労組が設営労組となって兵庫県有馬温泉の「有楽園」で開催されました。各社の賃金体系が異なるため標準賃金の比較ができないことが問題として提起され、各労組の賃金調査担当者で小委員会を設置することになりました。これが、「労働条件調査年報」の起源となるものです。

渕栄労組が設営労組となり、大分県別府温泉の「杉の井ホテル」で開催された第三回協議会（一九六七年七月）のあと、第四回は東光ストア労組が設営担当となって一九六八年二月に静岡県の湯河原温泉「山翠楼」で開催されました。注目すべきなのは、この第四回協議会です。

まず、伊勢丹ストア労組、京王食品労組、全エンドー労組、東武宇都宮労組が加わり、参加労組が急激に増えてきました。また、名称と運営費の分担について変更が行われています。名称については、「全国スーパーマーケット労協」という表記は、略し方によっては「全スト」になってしまい、ストライキを連想させるということで、名称が「全国チェーン労協」に変更されたのです。なお、一般同盟が全面的に支援して結成された全エンドー労組は、早速、同じ一般同盟に加盟するダイエー労組や十字屋労組が深くかかわる全国チェーン労協に加入してきました。

第五回協議会も留意すべきものとなっています。一九六八年七月、ダイエー労組の設営により兵庫県淡路島の「南淡路島休暇村」での開催となりましたが、このとき「全国チェーン労協産別特別委員会」を設置し、検討を開始したのです。このあと約二年間にわたり、産別組合の構想を議論することになります。

本章で述べたように、商業労連や一般同盟と同様に、チェーンストア労組単独で産別組合を結成することを求める勢力があり、ここにも「流通産別構想」に燃えるロマンがあったことが分かります。しかし、既存の産別組合側がチェーンストア労働者の組織化に乗り出してくるのと、チェーンストア業界側が自主独立で産別組合を結成しようというのは、オルグの対立なのです。つまり、全国チェーン労協の生みの親である杉本尚さんも、同盟憲章による一般同盟主導で、最終的にチェーン労組だけで産別組合の結成を目論む松吉英男さんも、業界側のオルグという位置づけになります。

ところが、既存の産別組合側から、具体的にはゼンセンのプロのオルグたちが組織化に乗り出してきたことで、のちの東急ストア労組は商業労連へ移籍し、全ダイエー労組はゼンセン同盟へ移籍することになってしまいます。ただ、そこに至るまでには、まだまだ波乱万丈な状態が続きます。

第4章

「疑似的な」流通産別の試運転——全織同盟の参入に対抗して

ここでは、主に同盟流通についてお話をします。全国チェーン労協が一九六六年に結成されてから産別組合を構想していたわけですが、そこに一般同盟グループが入っていました。一般同盟の最たる労組は、松吉英男さんが率いる全ダイエー労組でしたが、実はもう一人、一般同盟に加盟し、全国チェーン労協で重要な役割を担っていた人物がいます。

その人物こそ、十字屋労組で委員長を務めた川勝章さんです。川勝さんも、それまで存在しなかったチェーンストアの産別組合をつくるというロマンに燃えていたのです。年齢差のあるお二人ですが、松吉さんが就任五年で退いたのに対して、川勝さんは二〇年にわたって労組の役員を務めています。

本章では川勝さんに登場してもらい、突如として全織同盟がチェーンストア労働者の組織化に乗り出してきたあとの混乱のなかで、いかにして流通産別組合を実現させようと動いたのかを説明していきます。

十字屋労組の結成

十字屋の商法

十字屋は、山藤捷七《しょうしち》（一八九四〜一九五五）さんが一九二三年に創業した衣料小売企業です。もともとは呉服店でしたが、戦前に店を大きくして関東屈指の小売店となり、戦後はチェーンストアの先駆者として発展を遂げました。具体的には、一九五一年に「十字屋協同組合」を設立して共同仕入れをはじめています。当時としては珍しい協同組合方式を取り入れたのですが、各店の店主が異なるため販売価格は異なりました。要するに、初期はボランタリーチェーンだったのです。

取り入れた協同組合方式というのは株式会社になるまでの工夫の一つで、要するに勤め上げた労働者への暖簾《のれん》分けだったのです。そのため、一九五五年には二四店舗まで増え、チェーン店を対等合併する形で一つの株式会社となりました。そして、一九六〇年代後半からは徐々に百貨店業態の店舗も展開していきました。

十字屋という企業名からすぐに想像できますが、キリスト教の信仰心が厚い人々が集まる会社でした。山藤さんは次のように語っています。

「キリストの正義と愛のシンボルである十字架から屋号をとった。（中略）神のため、貧しい人

のために働きたかった」（山藤捷七遺稿・追憶集刊行委員会『十字屋創業者山藤捷七――信仰と商売』新地書房、一九八三年）

山藤さんは、アメリカの大手百貨店チェーン「ＪＣペニー」の創始者であるジェームス・キャッシュ・ペニー（James Cash Penney, 1875～1971）さんを日本に招待したことでも有名な人です。これが理由なのでしょう、多くのチェーンストア企業の経営者と同様、山藤さんはアメリカの小売業への視察や研究に基づいてナショナルチェーンを志しました。ところが、不幸なことに、一九五三年六月にアメリカ視察に行き、帰国してからまもなく一九五四年一月に肺結核のために亡くなっています。

残されたチェーン店の一同は、亡き社長の偉業を完成させるという責任を痛感して、協同組合を解散させて「株式会社十字屋」として一本化したのです。その運営の根底には、キリスト教に基づく奉仕の精神があります。たとえば、社長をはじめとする役員たちの報酬は決して高額ではなく、労働者の給料も出し渋ることがありませんでした。これは、人間は裸で生まれ裸で帰っていく、という考え方に基づいたものです。

また、店頭での販売価格も高額になりすぎないように監視もされていました。つまり、価格を上げすぎて利益を取りすぎるな、もっと下げろ、奉仕しろ、ということです。売上が跳ね上がると、それを不審に思った山藤さんがやって来て店長が呼びつけられ、「奉仕が足りないぞ」と叱られる様子を労働者たちが見ていたのです。

マージンの高い衣料品販売では、値入は五割以上、粗利は三割がギリギリというライン設定が一般的でしたが、十字屋は値入二五パーセント、粗利一八パーセントで回していました。そこまで価格を下げたら顧客の支持が高まり、商品回転率が急上昇してもっと売れることになります。こうして発展を遂げたのです。

そう、アイスキャンディー販売も十字屋の名物とされていました。最初はトコロテンの販売をはじめて好調だったのですが、夏になると売れ行きが止まるので、夏場はアイスキャンディーに切り替えて売上アップを図ったのです。このアイスキャンディーがヒットするとすべての店舗がやりはじめたため、十字屋の名物となったのです。

十字屋に類似する会社と言えば長崎屋で、両社はライバル関係です。十字屋が出店した近隣に長崎屋が出店、その逆もあって、集積効果をともに受ける関係でした。低価格の追求による売上増大、アイスキャンディーの販売と、同様の方法で激しく競っていました。

「あの十字屋さんにできるのなら、俺にだって真似られる。そうして長崎屋が育ったのだ」

と述べたのは、雑誌「商業界」主幹の倉本長治[1]さんです。山藤さんと交流のあった倉本さんは、「山藤さんは苦悩の人であった」と言っていました。

倉本さんによると、山藤さんは毎日、神に祈り、人のために命がけで奉仕し、それでも足りなかったと恥じていると言うのです。それなのに、あなたの店は共存共栄ではない、正しい商売ではない、あなたの店が繁盛して私の店が潰れた、と同業者から言われ、最後には「呉服屋殺し」

と呼ばれてしまいます。クリスチャンゆえに、その言葉に苛まれるのです。

このようなことから、倉本さんは十字屋を「恐ろしい店」と呼ぶのですが、私はむしろ、それほどまでに奉仕を重ねる企業で働く労働者の就労状態を想像してしまいます。

労組の結成

やはり、一九六三年に早くも十字屋労組が結成されます。長崎屋労組の結成は一九六九年ですから、十字屋労組のほうが先行しました。一九六三年八月、十字屋本社の荷受部門と仕入部門の労働者（一部）が、東京全労の指導を得て十字屋本社労働組合を結成しました。あわせて要求書を会社側に提出して、ストライキを背景とした団体交渉を申し入れたのです。

要求の内容は、大幅な賃上げ、決算賞与の配分、聖書集会への強制参加拒否などで、これらを受け入れなければストライキに入るとも書かれていました。決算賞与は店長の裁量によるところがあるので店舗ごとに差があり、労働者は不満に感じていたのです。また、キリスト教以外の労働者は信仰の自由を主張しました。いきなり労組ができて上部組合も出現し、しかも過大な賃上げなどを要求された会社側はうろたえ、大争議が発生するのではないかと危険を感じたようです。

（1）（一八九九～一九八二）東京に生まれ、家業が菓子商であったことから小売商に強い興味を覚え、「商店会」編集長、主筆に就任。一九四八年に創刊された「商業界」の主幹となり、一九五一年より商業界ゼミナールを開始し、正しい商いの道を広めることに生涯を捧げた。

十字屋労組の軌道修正

十字屋本社労組の動きに対して会社側は、委員長の解雇と第二組合の結成を企図しました。委員長の解雇が通告されたところで、入社六年目で、婦人服、紳士服、子ども服のＭＤ（マーチャンダイザー）を担当していた川勝章さんが乗り出し、解決策を画策する決心を固めました。

川勝さんは一九三八年の生まれ、福島県伊達市の出身で家業は商業を営んでいました。福島商業高校へ進学しますが、クリスチャンだった母親の影響で青少年赤十字団の活動をしていました。また、賀川豊彦さんと川勝さんの祖父が親しい関係であったこともあり、賀川さんや内村鑑三（一八六一〜一九三〇）さんの著書を熱心に読んでいました。[2]

証券会社に就職が内定していましたが、十字屋のことを知り、内村さんが言う「神聖なる商業」を実践する企業姿勢にひかれ、内定を辞退して十字屋を選びます。入社したときには、十字屋全店で一か月に三、四回は聖書を研究する「聖書集会」があったほか、祈祷、賛美歌斉唱、聖書の朗読は毎日実践されていました。

突然に結成された十字屋本社労組に危機感を募らせた会社側から川勝さんは、第二組合立ち上げの意向を聞かされますが、「労働者のためにならない」と即座に反対しました。十字屋本社労組をさらに先鋭化させることになりますし、労組の分裂は労使関係をより複雑にするからです。

川勝さんは同期入社した約一〇〇人のなかから、入社三年目で主任をスキップして係長になって有望視されていた七人と結束して猛然と動きはじめます。解決策として選択された結論は、「第二組合の結成ではなく、第一組合を内側から徹底的に体質改善する」でした。

この時点で十字屋労組は全労には正式加盟していませんから、加盟の検討材料にしたいので全労の考え方を聞きたい、また今回の件についても相談したい、と川勝さんは申し出ました。川勝さんは全労を訪れて、これから十字屋本社労組を改革するから軌道に乗るまで全労は手を出さないで欲しい、しかし自分たちのオルグに関しては支援協力して欲しいなどと率直にいくつかの要望を伝えました。また、十字屋本社労組の結成は、委員長が飛び込みで相談に来たことを受け、火急の事態のようなので東京全労が即座に支援に乗り出したという事実を知りました。つまり、東京全労側は、十字屋の内情と経緯を詳しく把握していなかったのです。

こうして川勝さんは東京全労からオルグを借り出すことに成功し、いよいよ体質改善と軌道修正がはじまりました。川勝さんは、まず会社側にいくつかの要望を出しています。

第一に、労組を敵視する対策をとらないことです。さらに、労組敵視が強まると内部からの改善が妨げられ、労使対立が泥沼化します。第二は、委員長の懲戒解雇が問題解決を複雑にしてい

（2）（一八八八～一九六〇）戦前日本の労働運動、農民運動、生活協同組合運動において重要な役割を担った。日本農民組合の創設者でもある。

るので、懲戒解雇を取り下げるか、正式に東京地方労働委員会へ提訴して欲しいというものです。そして第三は、今後、積極的に十字屋全店で行う組織化に対して妨害行為をせず、支店への東京全労のオルグの立ち入りや同伴を容認することです。

このほかにも、活動資金は不要であり、不当労働行為になるので便宜供与を考えるべきではない、活動のために労組の有志が有休の残余日数を使うので取得申請通りとする、などを求めました。

なお、川勝さんのこのときの活動資金は自弁でした。十字屋では、決算賞与の際に自社株を選択することができ、多くの労働者と同様に川勝さんも株券を持っていたので、その四分の一ほどを売却して資金に充当したのです。川勝さん自身が熱心なクリスチャンであり、強く清らかな心をもった人間だということがよく分かる話と言えます。

もともと十字屋はボランタリーチェーンですから各店の独立色が濃く、労組支部結成にも苦労します。そこで、店長などの管理職に対する人間関係の形成や説明などは川勝さんら十字屋労組の有志が引き受け、労組支部の結成や組合員の加入などといった実務指導や活動は東京全労側に分担して進めました。当初目標は労働者の三分の二以上の組織化でしたが、一九六四年八月の時点で、三八店舗のうち三二店舗で支部を結成することができました。

同時に、一九六四年八月に執行部を交代して巻き返しを図りました。まず、川勝さんが信頼する先輩が専従の書記長に選任されるように促し、川勝さんは副委員長に着任しました。そして、

91号内容ご案内

2頁　賃闘情報，通勤費実態調査報告
3頁　第12年度補正予算書と概要
4頁　百科事典あっせん販売

次号予告
賃闘情報，労働協約改訂
組合員所属移動一覧

めばえ

第91号　1972年3月23日

発行所　全日本労働総同盟
十字屋労働組合
東京都台東区蔵前1の5の11
KMビル5階（郵便番号111）
電話 03（866）3933番
編集責任者　伊藤晶

豊かな生活と健全な人間関係を築くために!!

今春の賃闘の成否は私たちの将来を決する
視野を広く、誤った愛社心を捨てよう

執行委員長　川勝章

めばえ九〇号ですでに述べたように、今年の賃金引上げ闘争は、例年と異なった面が多くあります。

日経連は昨年来『今春の賃上げは企業の生産性の伸びに見合った賃上げを行なえ』（生産性基準原理）と各企業の経営者に呼びかけてきましたが、年末頃からは、『賃上げは将来の生産性の伸びを予測した中において決定すべきである』（予測生産性基準原理）と主張しています。更に『この方式を用いるならば、労働組合の賃金引上げ要求に対しては、ゼロ回答もしくは賃金引下げを提示すべきである』とまでいっています。

流通業界にあってはここ三〜四年二〇％台の大巾賃金引上げを成功させてきましたが、これについても日経連は、流通関係の主要企業の経営者に対して『大巾な賃上げをするな！』という強いお達しを出しました。これを受けて、各社の人事部長級を中心に、再三会合を開いて、労働組合対策を行なっているようです。

生産性本部も大巾賃上げを指示

これに対して同盟をはじめ、日本生産性本部でさえ『過去の賃金引上げ率は、過去の生産性の伸びを下回っており、大巾な賃金引上げは可能である』という見解を出しています。

私たち流通関係労組は、数年来横の連携を密にすることによって、大巾な賃金引上げを勝ち取ってきた実績をふまえて、今年も同盟流通共闘会議を中心として、商業労連、チェーン労協中立会議と一層連携を深め、賃金闘争を進めてゆくことが確認されています。

ここで私たちは、今年の賃金引上げ闘争が持つ意味合を、広い視野に立って理解する必要があります。

現在の日本経済が直面している景気の停滞は、今までの不況とは異質のものです。それは、日本経済の力が弱いために起きた現象ではなく、逆に経済力が強すぎたために起きた現象です。

日本は池田内閣時代から経済成長第一主義の政策をとり続け、国民の福祉面の充実をおこたってきました。その結果、外資の保有高が大巾に増加し、日本円の力が強まったために、諸外国から強力な圧力がかかって円の平価切上げをせざるを得なくなりました。

現在の経済情勢は、その反動として、一時的に不況に落ち込んでいるものです。

景気回復のためにも大巾賃上げを

このように経済力の強い我国ですから、今の経済の落ち込みを回復する手段としては、大巾な賃金引上げによって、国内の消費需要を拡大するとともに、政策を経済成長重点政策から、福祉重点政策に転換することが重要です。

ギリシャ神話の中に〝シジフォス〟という人物が出てきます。シジフォスは、神から重い石を坂の上まで運び上げることを運命づけられ、毎日毎日石を引き上げますが、石は途中でころげ落ちてしまいます。それを下まで引返しては、また上まで引上げる作業を繰返した。という話があります。

日本も現状の政策を転換しなければ、――経済成長――外貨保有高の増大――円の再切上げ――を繰返す、世界経済の中における、シジフォスとなるでしょう。

国民総生産第二位は、労働者の犠牲による産物

日本の国民総生産は、自由圏諸国の中で第二位（世界第二位）といわれていますが、日本と肩を並べるフランス、西ドイツの国民生活の中身や労働条件をとらえてみると、大きな格差があります。社会保障制度や社会環境など、どれを取っても日本より数段上です。一つ労働時間をとらえてみても、一週四八時間働いた結果の国民総生産と、一週四〇時間の国民総生産とでは、その内容と位置づけは異なるように思えます。

ここでも富の配分（政策）を経済成長重点から福祉重点政策に変える必要があるといえます。

今の賃闘とは直接関係ありませんが、私たちは賃金引上げだけとか、労働条件の向上だけに目をうばわれることなく、私たちを取り巻く社会生活環境と社会保障の面なども含めた、政治の面にも目を向ける必要があります。

三月一二日の新聞で報道されましたが、三月一一日に、同盟、総評、中立労連、新産別、無所属の労組で話し合われて、民間一九単産による労働戦線統一民間単産連絡会議が、発足しました。

これは、全国の労働者が統一することによって、強い発言力と実行力が生み出され、働く者に有利な社会を築こうとする考えから成り立っています。今後の動向に関心を持つ必要があります。

将来のためにも企業体質改善が必要

前回のめばえの中で「今賃闘は経営論争をするには格好の機会である」と申し述べましたが、この問題も十字屋の企業だけがかかえている問題ではありません。

私たちが働く流通業界は、近年脚光を浴びていますが、経営の体質や考え方、労働条件などは、他の産業と比較してまだまだ遅れています。

私たちが、今後高水準の労働条件を目指そうとするならば、企業体質も高労働条件を獲得でき得るように変えなければなりません。

ちまたでうわさされるように、外国企業の進出が間近の情勢では、なおさら体質の強化や経営全般の再編成を急がなければなりません。

今賃闘で政策論争が行なわれ、どのように実行されるかによって、流通業界における順位の入れ換えや、業界地図そのものが、大きく変化するでしょう。一つの曲り角にあるように思えてなりません。

私たちも企業に対して、積極的に意見を述べる基本姿勢を確立するとともに、企業に癒着した誤った愛社精神を捨て、主張内容の正しさを堂々と示すべきときに来ていると思います。

賃闘を成功に導くためにさらに団結の力を固めよう。全国の商業労働者八九〇万の仲間も頑張っています。

執行委員に大江さん当選
執行委員補充選挙実施

大場、南雲両執行委員の辞任にともなう、執行委員補充選挙は、三月一二日投票（本社、仙台は一一日）し、一四日開票の結果、大江さん（写真）が圧倒的支持を受けて信任されました。

今回の補充選挙は、第三八回臨時大会の承認を得て、全組合員の直接無記名投票によって行ないました。

候補者の受付は二月一七日付で告示し、二五日に締切りましたが、届出が一名のため、一名は欠員のまま信任投票を行ないました。結果は次の通りです。

二月二五日現在組合員総数　二、七七一名

投票総数	二、二一八票
信任	一、九九一票
不信任	一〇九票
無効	一一八票
棄権	五五三票

（選挙管理委員会確定）

当選　大江源太郎　二六才

所属　太田店支部
経歴　昭和三九年四月入社
昭和四二年三月から
昭和四二年九月まで
高崎店支部書記長
昭和四二年九月から
昭和四五年三月まで
高崎店支部支部長
昭和四五年六月から
昭和四六年十月まで
太田店支部支部長

仙台店支部設置する
初代支部長に大島英男さん

仙台店の開店を四月下旬にひかえていますが、三月一一日仙台店に労働組合の支部を設置しました。

仙台店には二月五日付で二〇名弱の組合員が転動していました。

また、仙台店で直接採用した社員も男女合わせて一〇〇名を超えました。

従来は新規社員は三カ月経過後に組合に加入することになっていましたが、労働協約の改訂によって、入社後一四日を経過した者は組合員になります。

本来ならば、三月一一日に組合加入資格を持つ人が全員集って集会を開くべきですが、日程上の問題などから、既に組合に加入していた人だけに集っていただき、暫定執行部（当日は三役だけ選出）を発足させました。

今後の計画では開店後の業務が一段落する五月下旬に支部大会を開催して、改めて支部長以下全役員の改選を行なう予定です。さらにその大会を前後して、支部設置記念パーティを開催することも予定しています。仙台店支部に対して組合員一同のご声援をお願いします。

◉支部三役は次の通りです

支部長　大島英男
副支部長　大高義栄
支部書記長　山崎髙

十字屋労組の機関紙「めばえ」。川勝章委員長の賃上げに関する展望を掲載し、大幅な賃上げを求める（提供：川勝章氏）

一九六六年一〇月には川勝さんが委員長に就任し、同年一二月に専従となりました。執行部の交代を機に解雇通告をされていた前委員長は、会社側などとの話し合いの末に和解し、円満退職となっています。

十字屋労組は、全店の労働者の組織化を完了し、ユニオン・ショップ協定を締結しました。東京全労に加盟し、同盟が創設されると東京同盟へ継続加盟して、一般同盟の創設時には東京一般同盟に加盟しました。そして川勝さんは、一九六七年以降、産別組合づくりに入っていきます。

停滞する一般同盟

川勝章さんは十字屋労組の代表としてDILA《ディラ》の発足にも立ち会ったり、DILA主催のセミナーに参加したりと交流を続けましたし、特段の拒絶はしていません。ただし、DILAとは一定の距離を保ちながら、全ダイエー労組の松吉英男さんと同様に、同盟憲章を遵守した一般同盟による流通産別構想の実現に動きはじめました。とはいえ、川勝さんは、一般同盟は既存の労組の対策に力を入れており、新しい産業の労働者を組織化するほどの積極性はないと見抜きました。現在と同じく、一般組合は日本の労組の主流ではなかったのです。

その大きな原因は財政と人材の不足です。資金は常に不足しがちで、大企業労組が上納する組

column ⑤

日本では一般組合は少数派

国際的に見れば、労組の組織形態は、限定された熟練職種の強固な連帯を見せる「職業別組合（craft union）」、不熟練職種も含み職業の範囲を超えて産業単位でやや大きく集結する「産業別組合（industrial union）」、各職業、各産業に分散する労働者を広く含む「一般組合（general union）」の３種が大きな役割を果たしてきた。しかし、日本では「企業別組合（enterprise union）」が最も普及している。

このため一般組合は、企業別組合の組合員の典型例から漏れる労働者、すなわち新興産業、中小企業、非正規などの労働者を組合員とした地域密着型の労組となっている。

合費は、常に労使紛争の多い中小企業労組に回されました。この持ち出しによって、財政は常に逼迫していました。当時の一般同盟で、専従者を置いて自労組の対応で活動を完結できるのは、乃村工藝社労組、日本鉄建労組、フランスベッド労組、小涌園労組、法華クラブ労組など、かぎられたところだったのです。

また、一般同盟には専従者が少なく、同盟のなかに一般同盟と東京一般同盟が同居するという形になっていました。一般同盟、東京一般同盟ともに少人数の専従体制であったため、加盟労組の指導や支援で手いっぱいとなり、とても将来展望をもって組織化までは手が回らない状態だったのです。

ですから川勝さんは、常に松吉さんと話し合い、対処について考え抜きました。一九六八年に開催された同盟の定期大会では、代議員として発言する機会に「今後の同盟の労働運動を考えるとき、小規模労組の組織化と流通関係の組織化および産別組合化を考えるべきである」と主張しています。

その夜、早速、ナショナルセンター同盟会長の滝田実さんに呼び出され、一般同盟の今後に関する意見を聞かれました。川勝さんはとうとうと主張しました。

「一般同盟が現状から脱皮するには、資金と人材をつぎ込むこと」

「ゼネラルユニオンの産別組合をつくり上げること」

このため、のちに地方同盟の直轄労組が一般同盟に加盟変更することになりましたが、資金と人材が強化されることはありませんでした。なお、地方同盟から一般同盟へ移籍したのは、東京同盟から十字屋労組、兵庫同盟から全ダイエー労組、福岡同盟から渕栄労組と岩田屋労組ですが、そのほかにも、栃木同盟から東武宇都宮労組、兵庫同盟から関西スーパー労組と星電社労組、千葉同盟からサカモト労組などがあります。

思うようにいかない進捗状態に直面して、チェーン労協の活動に期待がかかるようになりますが、はからずもチェーン労協ではなく、同盟系労組が主軸となって当初計画から軌道修正された形の流通産別構想へと向かいます。これは、川勝さんが意識的にそうしたものではなく、強力に促され、流されていったと言ったほうが正しいと思います。

全繊同盟への抗議と反攻

仁義なき全繊同盟の参入

DILA《ディラ》が解散し、産別組合化を求める労組が集まって商業労連が結成されるまでに山本勝一（一四ページ参照）さんたちは、同盟や全繊同盟から協力を得ていました。とはいっても、直接に結成の指導や支援を仰いだわけではありませんし、特段の配慮や便宜を得たわけでもありません。産別組合としてのノウハウを学んだり、これまでの労働界について勉強をしたりする際に、全繊同盟の滝田実さんをはじめとして、幹部をセミナー講師として招いたりしていました。

もっとも、DILAや商業労連の加盟労組や労組役員の個人的な関係は当然ありました。たとえば、ほかならぬ伊勢丹労組は同盟とは親密な関係にありました。総評志向でなければ、当然そうなります。ところが、商業労連が同盟に加盟せず、総評加盟でもなくナショナルセンターに加盟しないことを表明したことで全繊同盟が反発し、自らが同盟の立場で流通労働者の組織化を開始することを内外に宣言しました。ただし、商業労連非加盟問題が直接全繊同盟を組織化に乗り出させたかどうかは疑わしいところです。ともかく全繊同盟は、「繊維の川上から川下まで」というたスローガンを打ち出してチェーンストア労働者の組織化を開始し、一九六九年の長崎屋労組の結成を皮切りに、次々と組織化に入りました。

チェーンストア労組が猛反発

長崎屋労組の結成にはじまったことではなく、小売業界にいれば、それ以前から全織同盟がチェーンストア組織化に参入してきたことを感知することができます。本来、チェーンストアとは関係のない全織同盟の動きは理解を超えるものでしたし、全織同盟の実績を見ればその組織化の力量、つまり一般同盟にはない財政と人材は脅威です。しかも、同じ同盟にいながらの組織化ですから、川勝さんや松吉さんは全織同盟のやり口は同盟憲章を踏みにじるものと判断しました。

松吉さんは、単独でもチェーン労協加盟労組の面々とも同盟を訪れて抗議したのですが、公式に大規模な抗議を行ったのは川勝さんでした。

川勝さんは、全織同盟への対抗措置として、まず一般同盟に加盟する労組を中心に、地方同盟や同盟内のほかの産別組合に加盟する労組に呼びかけて「同盟商業労組協議会」を結成し、同盟系の流通産別組合の結成へと取り組めるだけの土台をつくりました。

次に川勝さんは、同盟に加盟する小売業労組のほぼ全部をオルグし、賛同を得て「チェーンストア労働組合の加盟産別一本化に関する要望書」を書き上げました。川勝さんのオルグによって、要望書に賛同した全織同盟の加盟労組がありました。長崎屋労組がその一つです。

いよいよ一九六九年一〇月、同盟会長の滝田実さん宛てに、既存の産別組合の壁を越えたチェーンストア労組側の総意としてこの要望書を提出します。その内容を簡単にまとめると以下のようになります。

一般同盟、全化同盟、地方同盟、全繊同盟など同盟傘下のチェーンストア労組が別個に加盟している現状では、十分に産別組合の機能が発揮できず、各産別組合が入り乱れて労組の獲得合戦をしているから弱体化や分裂を招く危険性が高い。

また、将来の一本化に通じる補助的組織として一九六六年に結成した全国チェーン労協の活動には、チェーンストア労組にとって利点が多いという現状があり、それを同盟が傍観するのではなく、商業労連と他産別、他組織との二重加盟や同盟脱退の労組があることを含め、ほかならぬ同盟が主導権をもって大同団結に踏み出すべき。

さらに一転して、驚くべき壮大な具体的な方策の実行を求めています。

チェーンストア労組が真剣に産別組合への一本化を急ごうとしており、産別組合間の移籍も視野に入れている。だが、そうなると既存産別組合側には混乱が発生であろう。だから、その混乱を防止し、円滑に集合できるよう、また集合後も円滑に運営できるよう、同盟本部としての事前事後の組織調整の対策における立案と実行をお願いしたい。

チェーンストア労組側の腹は決まっているので、「同盟はきちんとしたナショナルセンターな

のでしょうからよろしく」というわけです。

川勝さんは、本当に恐るべきオルグです。これは全繊同盟への反抗という小さな戦術ではなく、全繊同盟組合員をも含めたチェーンストア労働者全員の幸福を求める、筋の通ったのるかそるかの大戦略なのです。別の見方をすれば、誠実な滝田実さんの人間性を見通して、川勝さんの全人格をぶつけた、誠に「実直な求め」であるようにも思えます。

しかし、同盟からの返事がなかなか来ませんでした。ようやく一九七〇年二月に滝田さんから同盟組織局発信文書が届きましたが、歯切れの悪いものでした。要するに、「もう少し待って欲しい」ということです。二月開催の同盟定期大会が終わってから、速やかに同盟本部の見解と方針を取りまとめるとのことでした。

同盟の内部では、「産別組織調整委員会」で同盟組織局の役員、各産別組合の書記長を集めて議論を重ねましたが、結論が出るわけがありません。川勝さんたちの要望は、既存の産別組合にとっては加盟労組を失い、上納される組合費が減ることになりますから当然です。思惑や事情が交錯し、少なくとも川勝さんの描くチェーンストア労組だけの産別組合に向けた前向きな調整へは発展しませんでした。

一九七〇年七月になってようやく、川勝さんは同盟側から「滝田さんと会ってもらいたい」との連絡を受けました。

同盟流通の結成

同盟流通は苦肉の策

指定された会談の場所は、滝田実さんが会長をしている全繊同盟の本部でした。そこでは、同盟側の幹部と、流通部会長の坪西辰也さんが待っていました。一方、川勝さんは、チェーン労組側の各委員長も同席させています。

話しはじめた滝田さんの言葉に耳を傾けていた川勝さんは、「民族自決」という言葉を聞いて瞬時に大要を理解しました。また、「産別組合の複雑な事情があり、方針の決定が遅くなった」とか「同盟の流通産別組合を発足させる前提が必要だ」などと話している間にも、これから実際にどのように動くかが楽しみになりました。そして、「民族自決の精神で、流通関係の労組の進む道を求めて歩んで欲しい」と言われたことで将来像が見えました。同盟側は、同盟内の流通労組が共闘する組織を発足させることを提案し、同盟からの交付金に代わる同盟組合費の減免措置についても触れたのです。

これで、チェーンストア労組が同盟の名の下に結集することができる。各労組は各産別組合に所属したままの、いわば「疑似的な」流通産別組合の段階だが、独立すれば「疑似的」が取れると考えた川勝さんは、早速、同盟系労組のリーダーたちで同盟流通の結成準備会を発足させました。これで、チェーン労組側主導で流通産別構想を進ませるためのスタートラインに立てます。

　こうして迅速に決定した同盟流通の運営方針案では、労組三役が出席する代表者会（毎月一回開催）と随時開催の幹事会が設置され、代表幹事として川勝さんが就任することになりました。ここがポイントですが、全国チェーン労協には引き続き参加すること、商業労連とはさらに協力関係を保つこととされています。すなわち、同盟流通には同盟の枠があるにせよ、将来の大同団結をにらんでいたということです。

　同盟流通の第一回会議は一九七〇年九月に開催され、結成準備会で検討された事案通りに決定されました。産別組合の役員の姿はなく、同盟本部役員と各チェーンストア労組の役員五三人が参加する盛会となり、幸先のよい出発でした。

　第二回会議は一九七〇年一〇月に開催され、一〇労組一四人が参加しています。流通産別組合に向けてさまざまな点を形にしていくための検討と決定ですから、非常に心楽しき会議であったと想像されます。事実上の「同盟流通結成大会」と言ってもよいでしょう。

　具体的な内容を見てみると、第一回会議後に同盟本部に対して同盟流通の位置付けを明確にするように要請していますが、同盟からは、「各産別組合の了解を得た自主的な組織」もしくは「同盟本部と各産別組合の代表を加えた部門別組織」という二つの案が出され、いずれかの選択を求められました。同盟流通は代表者会で検討し、前者なら完全独立で申し分のないものだが、後者のほうが産別組合移籍問題の調整が進むので、独立する速度を速めることができると判断しました。

また、同盟からは、「共闘会議」の名称は過去に使用していないため「協議会」を使用して欲しいとの要望がありました。しかし、チェーンストア労組が望むのは、協議会よりも性格の強い共闘会議であることを全員一致で確認し、同盟流通の正式略称を「同盟・流通共闘会議」とすることを決議しました。さらに、オブザーバー加盟労組の取り扱いや、同盟組織局内への書記局設置と時限専従制の導入を決定しています。

想定外の圧力がかかる

第二回の会議後、「こういう形で発足しました」と結成準備会のメンバーに入っていた全員で同盟に報告しました。ところが同盟側は、再び産別組織調整委員会を開催して検討に入ったのです。チェーンストア労組側が自立して組織を発足させたのに、ここで既存産別組合の代表者が集まって同盟流通のことを検討するというのは不思議な話です。案の定、もの凄い要求を出してきました。事実上の結成大会どころか、同盟が指示するように「やり直せ」というものに等しかったのです。

まず名称問題について、共闘会議の名称が好ましくないので再検討されたし、ということです。そもそも、滝田さんがチェーンストア労組側に同盟内の流通労組の「共闘組織」をつくれと言い出したのですから、「共闘会議」を名乗るな、とは理解に苦しみます。

それ以外にも、同盟流通のメンバーに同盟本部と各産別組合の代表を加えられたし、との指示が出ました。川勝さんたちも産別結成と独立の話を早めるということでそう判断していましたので、ここまでなら問題にはなりませんが、役員構成にも口を出ししてきたのです。議長は全繊同盟流通部会の坪西辰也さん、副議長は川勝章さん、事務局長は同盟本部からというように、すでに氏名が記載された文書が出てきたのです。

一見するとチェーンストア労組側の役員も入っているようですが、滝田さんが口にした「民族自決」でチェーンストア労組側が自主的に歩んで欲しい「流通労組の共闘組織」とはまったく違います。既存産別の役員たちが上部組合として主で、それらに加盟するチェーンストア労組が副と、優先順位が違っています。しかも、全繊同盟がリーダーになっていました。川勝さんは激怒し、チェーンストア労組の役員たちと議論を重ねましたが、結局、この同盟流通案で出発するという苦渋の決断を余儀なくされました。

こうして同じく一九七〇年一〇月には、改めて同盟流通（同盟流通労組共闘会議）の発足準備会が同盟で開催されました。運営方針の大事なポイントは書き換えられました。役員は全繊同盟の坪西辰也議長に改められましたし、幹事七人の所属産別組合の内訳は、一般同盟二人、全化同盟二人に対して、全繊同盟は三人とされました。

また、全国チェーン労協、商業労連との関係に関する箇所が削除されています。あくまでも同盟内の組織となり、公式的な外部交流は断たれたわけです。とりわけ、全国チェーン労協につい

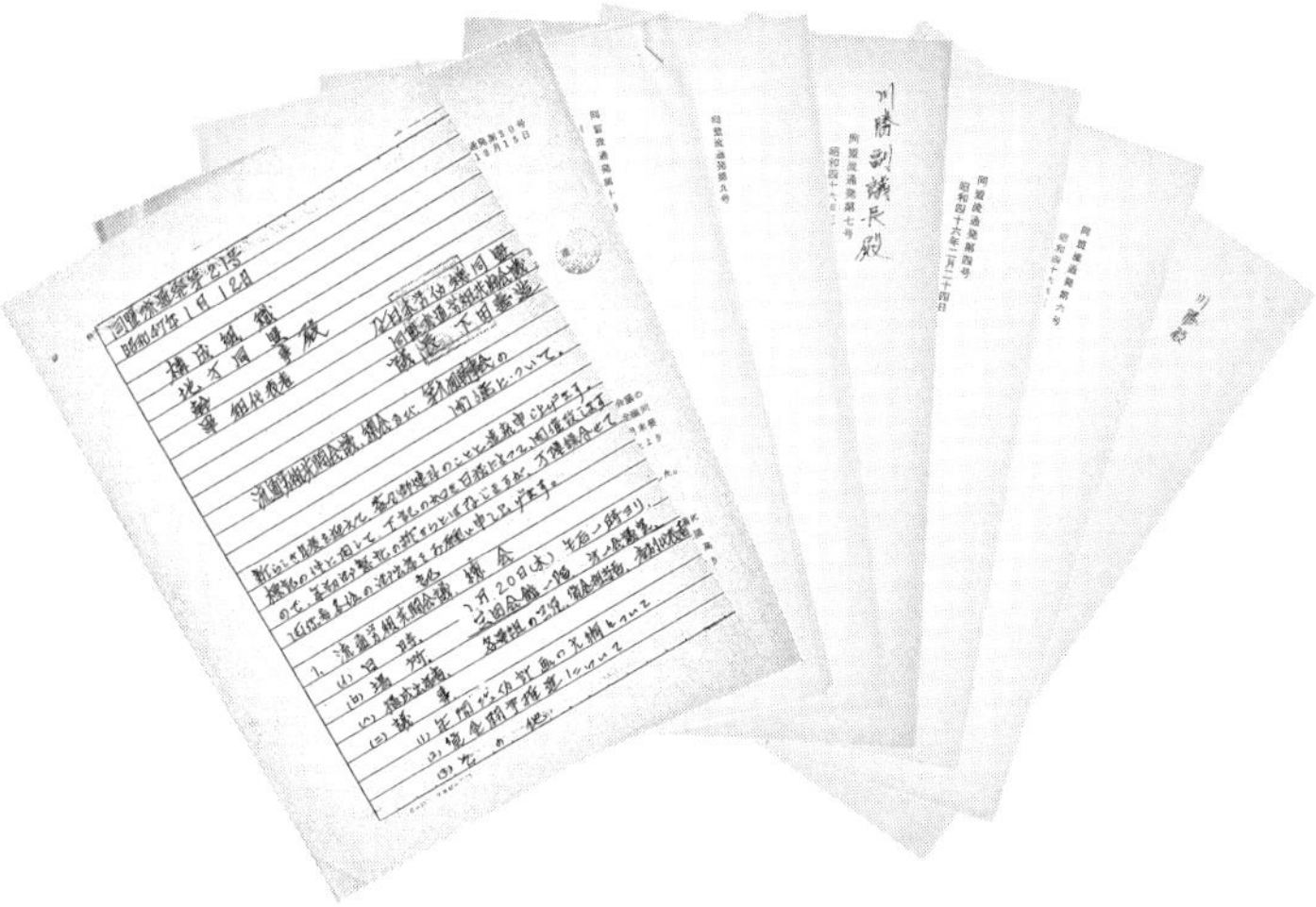

幻の同盟流通の公式文書。同盟流通発信文書番号や議長名が記され、公印が押されている（提供：川勝章氏）

ては川勝さんと坪西さんがやり合いましたが、同盟としての立場があります。チェーンストア労組が同盟に集結しているのだから、同盟に入らない労組との交流などよりも同盟の指揮下でしっかりやるべきことを優先すべき、という筋論で押し切られてしまいました。

一九七一年に同盟流通が結成されましたが、厳密には、当初のチェーンストア労組側主導の「同盟・流通労組共闘会議」と、同盟と産別組合に主導権が移った「同盟流労組共闘会議」とは別物です。これまで語られることのなかった歴史です。

これで一般同盟が主導するはずであった流通産別構想だけでなく、同盟系チェーンストア労組だけの産別組合の結成も現実性を失いました。それでも川勝さんは「ＧＯ

サイン」を出しました。一般同盟が主体となって実現することの現実性を考えれば前進することになりますし、これで終わったわけではなく、同盟流通を進化させればいつかは大同団結の道を掴むことができると割り切ったのです。

同盟流通の解散

同盟流通の力量

誰にも知られていないことですが、ごく短期とはいえ、チェーンストア労組側に主導権があった時期の同盟流通が、一九七〇年一〇月には早くも「八王子営業時間問題」に取り組んでいました。

八王子で店舗展開をしていた「忠実屋」の労働者リーダーから全国チェーン労協の全西友労組へ、ダイエーの八王子出店に関して相談があったのがきっかけでした。ダイエーは年中無休で夜八時閉店という営業形態を取っていましたから、当然、八王子でもそうなります。しかし、当時の八王子地区は、水曜日一斉休日、午後六時半~七時までの閉店という規律を正しく守っていました。ダイエーの進出が理由で地元商店街を中心に対応を迫られ、小売業労働者の労働条件低下につながるのではないかと危惧されたのです。

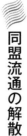

忠実屋のリーダーは、忠実屋労組を結成して初代委員長となった土橋正直さんです。土橋さんから相談を受けた全西友労組は、商業労連と同盟流通へ話をもち込みました。一九七〇年一〇月四日、同盟流通代表は川勝章さん、商業労連代表として山本勝一さん、伊勢丹労組の役員、関東地区の有志チェーン労組代表として、全西友労組の役員が参集して事前協議に入ります。

一〇月九日には三者が公式会合をもち、対策を決めました。同盟流通からは赤札堂労組、長崎屋労組、全ダイエー労組、十字屋労組、全繊同盟流通部会、また関東地区有志労組の立場で全西友労組、東光ストア労組、そして商業労連は東急百貨店労組、全松屋労組、全緑屋労組、伊勢丹労組といった各労組の代表者が参加しました。

その場で対策を決めますが、年中無休や夜間営業などの問題点も洗い出して議論をし、流通産業の近代化の促進について意見交換を行いました。八王子営業問題については、ダイエーの会社側、地元商工会議所、地元商店街、市長や市議会商工委員、労働基準監督署や労働省との懇談と要請の場を設定して進めることになりました。

一〇月一六日、全ダイエー労組の努力により、同盟流通、同盟、全繊同盟流通部会の代表者がダイエーの経営幹部と会合をもち、事情説明と要請を行いました。

ダイエー側は、年中無休については、生鮮食品を含めて全商品部門が直営のため早急に週定休制にすることは難しいとしながらも、営業時間は直ちに検討することになりました。その言葉通り、一〇月一九日早朝、会社側から八王子店の閉店時間を地元に合せて夜七時に修正する旨の回答を得ました。そして同日、商工会議所、商店街、八王子市役所幹部からも、商工会議所側は休日などについては現状維持を指導し、あわせて今後は商店街ごと、もしくは業種別に定休日の統一や夜間営業について指導をするとの意向を引き出しました。八王子営業問題はこれで終結したのです。

同盟流通自体が流動的ななかで川勝さんは、積極的にチェーンストア産業発展のために動いていたのです。チェーン労組側が主導するという同盟流通には結実しませんでしたが、産業政策に関しては、かぎられたエリアの問題とはいえ、チェーンストア労組側の力量が十分であったことが分かります。

残念ながら、同盟流通の労働条件の向上、たとえば賃上げ交渉に関する力量を総合的に分析することはできません。ただし、産別組合のしばりが強くなってからの賃上げについては、共同歩調を求めて取り組んだ結果、チェーンストア業界の賃金水準の決定に対して主導的な役割を果たしたことは間違いありません。その意味では、疑似的な産別組合の試運転には成功していたと言えます。

同盟流通の終末

しかし、その運営面については、チェーンストア労組側にはしこりが残りました。要するに、各既存産別組合の事情や思惑によって、流通の産別組合としての機能が十分に発揮できないという面があるのです。川勝さんが「よし、同盟流通としてやろう」と言っても、「いや、同盟流通は産別組合ではないから、産別組合の考え方を無視できないでしょう」と言われてしまうわけです。

一九七三年四月、ついに致命的な事件が起きます。同盟流通の会議の席上、「同盟流通は屋上《おくじょう》屋《おく》を架すものだ」と解散を求める動議が出され、議論の末、今後は情報交換の場をもつことにして同盟流通を解散することを決定しました。解散論を打ち出したのは全繊同盟でした。少なくとも全繊同盟には、疑似的な産別組合として発展させる道を選ばず、将来の流通産別へ向かって独立させる意図がなかったと言えます。

この間にも、全繊同盟のオルグは同盟流通にいた川勝さんに接近し、「流通部会長の椅子を用意するので、十字屋労組の移籍を考えてくれないか」ともち掛けていました。全ダイエー労組の松吉英男さんの場合と同様です。一般同盟を切り崩してでもチェーンストア労組の組織化を貫徹する全繊同盟の気概には凄いものがありますが、川勝さんには通用しませんでした。

川勝さんは真っすぐな志で、将来のロマンのために当初の計画から一歩譲ったり、いくつかの断念をしながらも同盟流通を育てようと粘ってきたのです。同盟流通が崩壊したあとに残されたのは、全繊同盟をはじめとする同盟に対する嫌悪感と、今後のロマンをどこでどのように実現するのか、あがきながら一筋の希望を見つけることでした。

同盟からの離脱と商業労連への移籍

同盟から十字屋労組が決別

川勝章さんは、同盟流通が解散した直後に一般同盟傘下の労組をまとめ、流通関係労組で商業同盟を結成することを目指します。「商業同盟結成準備会」を発足させ、規約、綱領、運動方針などを作成するのための検討を重ねました。

とはいえ、もともと一般同盟では難しい作業です。当面は、かつて設置していた商業労組協議会を復活させるのが精いっぱいでした。しかもこの商業労組協議会は、陽の目を見ずに終わっています。全繊同盟のチェーンストア組織化が激しさを増し、既存労組の移籍が発生するようになってきたからです。

そうなると、十字屋労組には一般同盟に留まる理由がなくなります。十字屋労組は今後の転換が必要と判断し、対外関係、つまり上部組合の再考について活発な議論をはじめました。その結果をとりまとめた文書が「産別組織に対する基本的な考え方」というものです。

十字屋労組と組合員の現実的な利益を考えたというこの文書は、当時の情勢を正しく物語っています。まず全国チェーン労協ですが、上部組合とのかかわりについて、考え方に大きな隔たりがありました。全国チェーン労協に留まる主力労組は、上部組合があるがゆえに新しい労組活動ができないとして、企業別組合の連帯こそが大切であると主張します。上部組合の有無の段階で差異が出ているわけです。

次に同盟ですが、全繊同盟の参入によって当初の一般同盟主導の流通産別とは違う形になり、それでも同盟へ提出した産別組合一本化の要望によってようやく同盟流通を編成しました。しかし、当初の意図とはまったく異なり、大同団結の方向へは行かず、友愛と連帯を深める役割すらも失い、他方で一般同盟の役割は完全に消えたとされています。

上部組合の有無については、全国チェーン労協の「上部無用論」とは違って、上部組合が必要と考えています。確かに、十字屋労組の組合員のためには、企業別組合の範囲に収まる活動なら財政負担もなく、労働条件の向上活動もある程度までは通用するでしょう。しかし、チェーンストア業界の発展過程においては、組合員の賃金など労働条件面だけでなく、福祉、文化、共済、能力開発などといった総合的なサービス機能や社会的水準の引き上げ、さらには産業レベルや国家レベルの産業政策面の整備に着手すべきとされています。

「新天地」商業労連へ

こうして十字屋労組は、一般同盟に見切りをつけて、具体的な上部組合候補である商業労連への加盟に関する分析に移ります。商業労連は連合会方式ですが、日本の企業別組合の歴史的な背景や労働者意識を考えるとやむを得ない面があり、当面は望ましいものとされます。また、商業労連は若くて新しい組織であり、組織規模の面やナショナルセンター未加盟であるため未完成である、と指摘しています。その半面、運動理念は十字屋労組と共通認識に立ち、また政策活動、企画調査活動、総合的な組合員サービス活動などは群を抜いていると評価しています。

これらの分析の結果、一般同盟を離脱後、商業労連へオブザーバー加盟を経て正式加盟を目指すことになりました。

もちろん、全繊同盟にも言及しています。流通部会結成の不純性を指摘するとともに、工場労働者型の運動であって商業労働者型ではないとされ、違和感のない指導という意味でも商業労連が優れているとされています。川勝さんの性格からして、不純だと念押しするのは当然でしょう。なお、百貨店とチェーンストアの業態の違いについては、店舗の大規模化によって差異は薄れると予測しています。

十字屋労組の商業労連加盟について、一つだけ追加したい点があります。この文書では、あまり目立たないように書かれているのですが、「いずれ離散統合」という言葉が使われているのです。また、「指導者間の相互理解」とも言っています。深読みすると、川勝さんはチェーンストア労組の大同団結については、まったく諦めていなかったと言えます。

こうして同盟側へ仁義を切ってから商業労連に移った十字屋労組ですが、川勝さんは早速副会長となって活動を開始します。川勝さんは、DILA《ディラ》時代から知人や友人が多く、地域でも商業労連側と交流を重ねていましたから、違和感や不安はありませんでした。十字屋労組は会社側と専従協定を結んで、十字屋労組副委員長を特別副委員長として専従で商業労連に出向させました。

川勝章さんは二〇年以上にわたって十字屋労組の仕事をしているわけですが、クリスチャンのオルグとしての行動軌跡を見ると、一貫して誠実さをもって活動していたと言えます。一方、滝田実さんは労働界で「誠実さを重んじる人物」と言われています。この渦中で全織同盟の会長は滝田さんから宇佐美忠信（一九二五〜二〇一一）さんに交代していますが、滝田さんが全織同盟本位の動きを指示していたとは考えられません。見方を変えれば、全織同盟は組織部、のちの組織局の権限が絶大であった時代を経験した産別組合であることを類推させます。この事実が、川勝さんの抱いた距離感、違和感なのかもしれません。

同盟組織局の仕事も経験していた川勝さんにとっては、ドロドロとした人間関係を重視する同盟よりも、現状分析や将来展望を熱く語って盛り上がりながらも、いろいろなコネには淡泊で、必要以上に酒が絡まないスマートな商業労連のほうが肌に合ったのかもしれません。ただ、川勝さんご本人は大酒飲みなのですが……。

川勝さんは商業労連に合流してから、重要な委員長ポストを歴任して委員会活動を充実させています。その活動のなかに「組織運営委員会」がありました。そこには、商業労連が地方を含めて百貨店労組の加入をほぼ完了し、地方のスーパーへ組織化の手を伸ばしはじめた時期のゼンセン同盟との競合も含まれます。いわば、アンチゼンセン活動です。

商業労連の面々からは、ゼンセン同盟とはいったいなんぞや、川勝さんはよく知っているだろうと問われ、今なお商業労連のＯＢたちがよく覚えている言葉を繰り返したそうです。

「ケンカするには面白い連中だよ」

第５章

無所属中立主義の実相―アンチゼンセンの労組

本章では、いわゆる「ゼンセン以外」について最後のお話をします。「ゼンセン以外」というのは、ほとんどが「ゼンセン以前」ですが、他方で「アンチゼンセン」ともなります。ゼンセンのチェーン組織化には決して合流しようとはせず、無所属主義を貫くチェーンストア労組のことです。

具体的には、非同盟系のアンチゼンセン労組として、全ユニー労組と全西友労組に着目します。これらの労組は全国チェーン労協に途中から合流し、ゼンセンがチェーンストア労働者の組織化を開始したあとも最後までチェーン労協に留まりました。互いに「兄弟労組」とか「親友労組」と呼び合う仲です。

もちろん、それぞれのリーダーに登場してもらいます。両労組とも重要人物が多いのですが、全ユニー労組は横江秀康さん、全西友労組は高崎満さんを追跡しながら、チェーンストア労組の分断の実相に迫っていきます。

全ほていや社組の結成

ユニーは「ほていや」と「西川屋チェン」が合併して誕生した会社ですから、全ユニー労組の結成についてお話をする前に、ほていやと西川屋チェンそれぞれの労組に関する経緯からはじめたいと思います。

ほていやの設立

まず「ほていや」ですが、一九二七年に古川政次郎（一九一四～？）さんと秀一（生没不詳）さんの兄弟が横浜市で創業した古川呉服店が起源です。戦後は「ほていや呉服店」に改称した店を政次郎さんが続け、秀一さんは実家のある名古屋市で呉服店を開業しました。その後、ほていや呉服店の創業メンバーが名古屋市大須《おおす》で開業して、本店、角店、中店、東店の四店舗が近隣に分立する派手な経営をしていました。いわゆる四頭体制です。

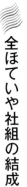

一九五〇年には横浜の店舗も統合して、一番商才のあった古川政次郎さんを社長に据えて「株式会社ほていや」を設立しました。その後は、名古屋にほていや本部を置いて、静岡、岐阜、神奈川へとエリアを拡大しました。チェーンストア体制を確立したのは、食品部門の営業をはじめた一九六一年で、中部地方におけるナンバーワンのチェーンストアになりました。

ほていやは急成長を遂げますが、就労環境が過酷で、経営者の強力な売上絶対主義の歪みを受ける労働者の不満は最高潮に達していました。たとえば、労働時間は、残業が多いというレベルではありませんでした。一週間くらい帰宅できないとか、帰宅できても翌朝五時に出勤するというのが普通でした。労働者の六割が勤続三年未満という記録がありますから、いかに離職者が多かったかが分かります。

ほていや労組vs全ほていや社組

小売業の他社でも徐々に労組が結成されている時期ですから、ほていやの労働者たちも労組の結成を画策しました。一九六八年一二月、この年に入社した労働者が主体になって「ほていや労働組合」（委員長青島雅昭、書記長前田泰男）が結成されました。ところが、結成自体はともかく、ほていや労組が頼ったのが「愛労評（愛知県地方労働組合評議会）」だったものですから、総評系の活動に陥ることが危ぶまれました。ただし、ほていやが総評系のターゲットにされたわけではなく、労組の結成について相談に行った先が愛労評だったということです。

とはいえ、総評系の階級闘争的な活動が心配なことは変わりませんので、ほていや労組の組合員は二六人に留まり、増えていきません。そこで、会社に対してやはり大きな不満をもっていましたが、「総評系は嫌だ」とか「職場に少数派労組があるのも正常ではない」、「もっと大きな労組が必要だ」などといった意見をもつ労働者たちが集まりはじめました。これが、同じく一九六八年一二月に第二組合として結成された全ほていや社組（委員長若林稔、書記長山田邦紀）です。

全ほていや社組結成直後に開催した第１回定期大会（提供：横江康秀氏）

委員長を務めた若林稔さんは一九三六年生まれ、多摩美術大学を中退したという異色の人で、販売促進や宣伝などの仕事をしていました。組合結成時には三二歳でしたが、「ほていやの労働者にとって労組は絶対に必要だ」と考えていました。つまり、「ブラック企業」だと実感していたのです（当時、こんな言葉はありませんが）。

実は、ほていや労組の結成を打ち明けられ、協力を求められていました。しかし、総評系だけはだめだと強く拒否していました。また、ほていや労組の結成を目の当たりにして、もう組織拡大はできまい、拡大するために無茶をするだろうと見抜いて、「別の組合をつくらねば……」と決意を固めたのです。

若林さんは全支部から結成賛同者を二〇人ほど集めて暫定執行委員を決め、「全ほていや社組」の結成宣言と趣意書を作成し、社長に手渡しで通知しました。そこから精力的にオルグして、組合員を一気に一八〇〇人以上に増やしています。

一九六九年一月には臨時組合大会を開催して、役員、規約、予算などを決めましたが、この時点で組合員数は約二六〇〇人となり、希望通り、圧倒的多数の従業員が加入する組合ができました。あわせて若林さんは、会社側へほていや労組の組合員の差別的待遇を行わないように申し入れ、その一方で組合員に全ほていや社組への加入をすすめました。これが理由で、短期間でほていや労組は活動を停止しています。

ここから、全ほていや社組は九支部すべてで支部大会を開催し、組織基盤を強化しながら団体交渉で賃上げや初任給改善の要求はもちろんのこと、チェックオフ協定(1)、組合の掲示板使用などを獲得しました。

こうして「株式会社ユニー」の誕生を一九六九年九月に迎えたのですが、ユニーになる前から全ほていや社組が結成されていたということです。この時点のユニーは、ほていや、西川屋チェーン、タキヒョーによる共同仕入れ会社という段階でした。同じ名古屋の繊維商社であるタキヒョーが、両社の仕入れ先の一つとして合併を取りもつことになったのです。

(1) 労働組合と使用者との間の協定に基づき、使用者が組合員である労働者の賃金から組合費を控除して、それらを一括して組合に引き渡すこと。

全西川屋チェン社組の結成

西川屋チェンの設立

一方、西川屋チェンはというと、もともとは一九一二年に西川長十（一八九〇～一九七四）さんが名古屋市中川区で開業した履物店「西川屋」で、一九二八年に「西川呉服店」を開店しました。履物に見切りをつけて呉服販売が有望だと判断した西川さんは、呉服問屋で修行していたのです。転業して名古屋市港区に店舗を出し、呉服だけでなく洋品や雑貨も扱いながら営業を拡大していきました。戦争で一時廃業しますが、戦後は一九四七年に同じ港区内に移転して、長男の西川義雄（一九一六～二〇〇四）さんと営業を再開しました。この時点では、三男の西川俊男（一九二五～二〇一五）さんは西川呉服店にかかわっていません。

西川俊男さんが参加したのは一九五〇年、株式会社「西川屋」にしたときです。製薬会社で勤務していましたが、父親の長十さんに説得されて西川屋と掛け持ちで働くようになりました。西川俊男さんは医者の娘と結婚していて、将来は病院を開業して院長になるのが夢だったようです。しかし、徐々に西川屋の商売のほうへ傾いていき、一九五二年に会社を辞めて専任となりました。

西川屋は新規出店や店舗拡張により拡大しはじめ、経営は順調に見えましたが、一九五九年の伊勢湾台風で店舗は大きな打撃を受けました。そこで、多店舗化を主張したのが西川俊男さんなのです。これ以後、チェーン志向を強めるとともに衣料品を拡張し、また食品販売にも乗り出したのですが、すべては災害経験に基づくリスク分散という考えによるものでした。

一九六一年、アメリカの小売業を視察した西川俊男さんは、日本の「車社会」や消費行動の変貌ぶりを確信して、名古屋市内だけでなく小牧市、犬山市、半田市などへチェーン展開を本格化させます。そして、一九六三年に「西川屋チェン」と改称しました。

このように、ほぼ同じ時期に、中部地方の第一位チェーンのほていやと第二位チェーンの西川屋チェンが誕生したわけです。両社は、ライバル企業として激しく競合することになりました。

西川屋チェンでも、労働組合の結成の動きがありました。しかし、会社側が労組に否定的で常に目を光らせていたので結成できない状態でした。結成を目論んだ有志たちは、不本意な異動などで退社していってしまうということが何度もあり、労組の結成は立ち消えになっていました。

ユニーの誕生が後押しした組合結成

一九六九年、両社が合併して「株式会社ユニー」が設立されると事態は急変しました。ほていやの労働者は「全ほていや社組」の組合員として着実な活動を続けて労使関係を形成しているのに、西川屋チェンには労働組合がないのです。否応なしに、劣位な情勢であることが労使の目に映ります。

西川屋チェンでは、未遂とはいえ労組が希求されていたのですから、急成長中のチェーンストア職場の就労実態や待遇に大きな不満があったことはほていやと同じです。また、ほていやとの合併だけでなく、他の関係会社の合併があったため、会社の激変状況にただ手をこまねいているだけでなく、労働者集団としてまとまっておきたいという意識が強くなりはじめました。

西川屋チェンの労働者たちは、この好機を見逃さず、一気に組合結成へと動き出しました。また、若林稔さんが率いる全ほていや社組は精力的に結成の支援を続けました。そして、一九六九年一二月の結成準備大会を経て一九七〇年一月に組合結成大会を開催し、全西川屋チェン社組（委員長加藤大喜、書記長横江康秀、一三五〇人）が誕生したわけです。

最初の専従者となった書記長の横江康秀さんは、一九四五年に山口県下関市で生まれ、名古屋市で育ちました。笠寺小学校、本城中学校、明和高校を卒業後、早稲田大学商学部へ進学しました。大学公認の珠算研究会に入っていたのですが、先輩の関係で学生健康保険組合に参加するようになりました。この学生健保では、三年生から学生理事という任務を果たしています。

就職は地元名古屋と決め、流通企業ならマーケティングの授業で習ったＳＳＤＤＳ（六八ページ参照）こそが若さをぶつけてのし上がる企業であり、産業だと思い定めていました。奇遇ですが、最初はほていやを希望したのです。しかし、一次募集を終えたばかりであったため、ちょうど一次試験をするという西川屋チェンを受けて合格しました。ちなみに、運輸会社や建設会社の大手からも内定が出ていたのですが、西川屋チェンに入社しています。

横江さんが入社した一九六九年時点では、西川屋チェンは一三店舗でしたが、配属されたのは従業員の福利厚生、社会保険、社員寮、レクリエーション、食事関係などを扱う総務部厚生課でした。厚生課で忙しく働きはじめて、一年を待たずに組合結成を迎えることになります。

水曜日の夜になると、社員会館の会議室で開かれる結成有志グループの会合に出て、先輩たちが労組について熱く語るのを聞いていた横江さんは、やがて結成準備委員になりました。また、支援のために全ほていや社組から出てきた若林さんの発言を聞くと、時期尚早論や親睦会論は後退しはじめ、「やはり労組結成へ進もう」ということになりました。

「合併後の将来を見越すべきだ！」

「新会社の設立でも労働者側が参加を求めよう！」

ところが、結成日の前日に異変が起きました。結成大会では役員候補、しかも書記長候補が尻込みをして辞退すると言い出したのです。委員長が、「お前が書記長をやれ」と横江さんを口説きはじめました。横江さんは、この期に及んで後戻りはできないと腹をくって素直に引き受け、翌日の結成大会で、まったく新人の全西川屋チェン社組の専従書記長が誕生したわけです。

全ユニー労組の結成

一九七〇年八月二一日、この日は両社の合併、つまり「ユニー株式会社」が誕生する日であり、このスケジュールは公表されて新聞報道もされていました。会社側は一九七〇年二月に両組合の三役に対して正式に合併について説明していたため、合併日を迎えることを視野に入れて両組合は合同で動きはじめました。

一九七〇年五月に二回の合同会議を開催したあとにＮＨ（西川屋・ほていや）協議会に移行させて、新労組の結成に向けた具体的な検討や準備を続けました。三回目のＮＨ協議会を経て労組役員を人選したところで、一九七〇年七月、労組結成準備委員会を発足させました。

そして一九七〇年一〇月に愛知県勤労会館で結成大会を開催し、両組合が合同して全ユニー労組（委員長若林稔、書記長山田邦紀）が誕生しました。このとき、横江さんは執行委員に着任しています。

このように簡略化して言ってしまうと歴史が埋没してしまうのですが、実は、全ユニー労組は前代未聞となる労組結成なのです。というのは、一九七〇年八月の予定日を迎えても両社は合併しなかったのです。合併に向けた調整をするなかで、合併比率、業績、役員構成などをめぐって相互の調整が進まなかったのです。

合併というものは、有り体に言えば、互いの会社の内情が分かると相手の粗探しがはじまり、自社にとって有利な合併にしようとするものです。まず、表面上は前向きに、しかしテーブルの下では足を蹴飛ばしあいながら合併の延期が発表されるのです。延期というのは方便で、取りやめという可能性が非常に大きかったと言えます。

しかし、その間にも「全ほていや社組」と「全西川屋チェン社組」は予定通り合同に向けて着々と準備を進めました。一九七〇年九月には泰然自若として、両組合がそれぞれの定期大会で全ユニー労組の結成を機関決定しています。

全西川屋チェン社組の結成準備期に若林稔さんが支援に入ったときに主張した、「会社の合併にも労働者側が参加しよう」ということが現実になったわけです。会社側が振り上げたユニーという旗を勝手に降ろそうとしているのを許さない、両社の労働者の生活はどうなるのだ、合同して大規模なチェーンストアとして成長してもらわねば困るのだ、と労組が求め、合併をご破算にすることはできなくなりました。

会社間の仲違いを両組合がつなぎとめたわけです。全ユニー労組がなかったらユニーそのものがなかったわけですから、チェーンストア業界の歴史も変わっていたはずです。その意味で、全ユニー労組は結成時から非常に大きな役割を果たしたと言えます。

また、このときの旧二社による確執はユニー誕生後にもさまざまな影を落としましたから、全ユニー労組は仲違いが収まるまでさんざん苦労することになりました。長い委員長時代を通して、横江さんにとっての全ユニー労組での仕事とは、この対処に追われ、火を消し、地ならしをして、一つの会社としての職場環境をつくり上げることで会社を健全化することに費やされたといっても過言ではありません。

実は、渕栄労組のケースでは、ユニードと九州ダイエーの合併に対する労組の大きな貢献がありました。会社合併というものは、労組にとってもしんどいものなのです。恐らく、ジャスコのケースでも同じだと容易に想像がつきます。

全西友労組の結成

西友ストアーの設立

ほぼ同じ時期に結成された全西友労組のケースも取り上げたいと思います。一九五六年、西武百貨店のスーパー部門を独立させた「西武ストアー」が設立されました。東急グループが東横興行、つまりのちの東光ストアを設立したときと同じ理由で、百貨店の規制強化から逃れるための百貨店法対策です。

ちなみに西武百貨店は、もともと一九四〇年に西武鉄道の前身となる武蔵野鉄道が「菊屋デパート」を買収して設立した「武蔵野デパート」でした。菊屋デパートというのは元京浜百貨店池袋店のことで、池袋の有望性に賭けた堤康次郎（一八八九～一九六四）さんの決断によって買収したものです。山手線なのに京浜では不調法なので「菊屋」としましたが、一九四九年に「西武百貨店」に改称しています。

有名な話ですが、一九五四年にこの西武百貨店に堤清二（一九二七～二〇一三）さんが入社して、一年間は知らない顔をして働いたのち、一九五五年に取締役店長に就任して、積極的な改革で西武百貨店を成長軌道に乗せています。

一方、西武ストアーの実態はというと、西武グループの不動産事業や観光事業に付随するサービスを引き受けることを優先した赤字経営でした。チェーンストア志向でもなく、流通革命をしようとしていたわけでもありません。しかし、危機に瀕して転機が訪れました。

まず、アメリカ進出を果たしていた西武百貨店ロサンゼルス店が不振で赤字を積み上げて撤退し、大きな損失を出しました。また日本では、西武百貨店池袋店で火事が発生し、七人が犠牲となって約三〇億円の損害賠償が発生しました。ともに一九六三年のことで、この多重危機で多額の借入金処理に追われた堤さんが出した答えが、本格的にチェーンストアとして進出することでした。

こうして一九六三年に、東京都中野区の江古田で「西友ストアー」を発足させました。実はいったん「西興ストアー」となりましたが、すぐに西友ストアーに改めています。西武ストアーの赤字店舗を清算したあとの一〇店舗を引き継ぎ、上野光平（一九二四～一九八七）さんを支配人に据えました。離陸期のダイエーと同様、百貨店とは完全に決別したセルフ販売実験店であった高田馬場店の運営を経て、ＳＳＤＤＳ業態の開発と展開に努力した結果、西友ストアーは急拡大をはじめ、ダイエーのライバル企業になったわけです。

少し横道にそれます。

つい見落としてしまうことですが、西武百貨店のトップが堤清二さんであることを忘れてはいけません。堤さんの決断と行動は、百貨店を経営しているその人自身が、百貨店のアンチテーゼから生み出されたチェーンストアの創造に血道を上げていることです。これは強烈な「自己矛盾」でもあります。

堤さんは、ダイエーの中内㓛さんからの評価が高かった人物です。実際、「西のダイエー、東の西友」の時代が続いたのも事実です。しかし、ダイエーとは全然違ったのです。西友は、何かしら文化的な産業創造みたいな要素ばかりが強調されがちなのですが、実は西友が発展した原動力は、この自己矛盾の力ではなかったかと思っています。流通関係の研究者はそんなことをおっしゃらないので間違いなのかもしれませんが、私はそう確信しています。

労組の結成

西友ストアーの労働者が労働組合を結成するのは、設立五年にして従業員数が三〇〇〇人を超えた一九六八年でした。一九六八年、総評系のオルグが組合結成の動きを見せはじめます。その動きを察知した会社側は、「これは、いただけないなー」と考えましたが、結局放置する形になります。その直前には、ダイエー労組委員長の松吉英男さんが西友ストアーの経営陣に接触して民主的な労組結成を盛んに促す活動をしていましたが、会社は動かなかったのです。

西友ストアーは、労組嫌いではなく、むしろ労組に理解のある活動経験豊富な人材が経営者のほうに偏っている点で異色と言えます。それゆえ、会社が働きかけることはなかったのですが、だからといって総評の労組はどうなのかな、と経営陣は考えていました。

では、西友ストアーの社内はどうかというと、創業期がゆえに膨大な仕事量を若者たちがこなし、大晦日も深夜〇時まで仕事をするくらいの過重労働で、不満を蓄積させ、労働条件の改善が必要と考えるグループができましたが、労組結成までには至りませんでした。そんななか、どこからか堤さんの言葉が漏れてくるようになりました。

「自分たちの職場で労働組合もつくれないのか」

「オレは西武百貨店でつくったぞ」

この嘆きのような、激励のような噂話で決心を固めた一人が高崎満さんでした。人事部に勤務していた高崎さんは、「人事を飛び出して労働組合を結成する」と突然言い出して、同僚や上司を驚かせます。

高崎さんは一九四三年の生まれで東京都出身（ただし、出生地は満州）です。幼少期には父親の縁故疎開で和歌山県にいました。その後は世田谷区や中野区で育ち、明治大学政経学部に進学し、在学中に林周二先生（東京大学名誉教授）の『流通革命』（中公新書、一九六二年）を読んで触発されます。百貨店が君臨しているように見えるが、もうすぐ「流通革命」によって日本の複雑な流通構造が解決されるぞ、と心を躍らせたのです。

高崎さんは、流通革命の旗手こそが量販店なのだと、林理論にかぶれていきました。ですから、

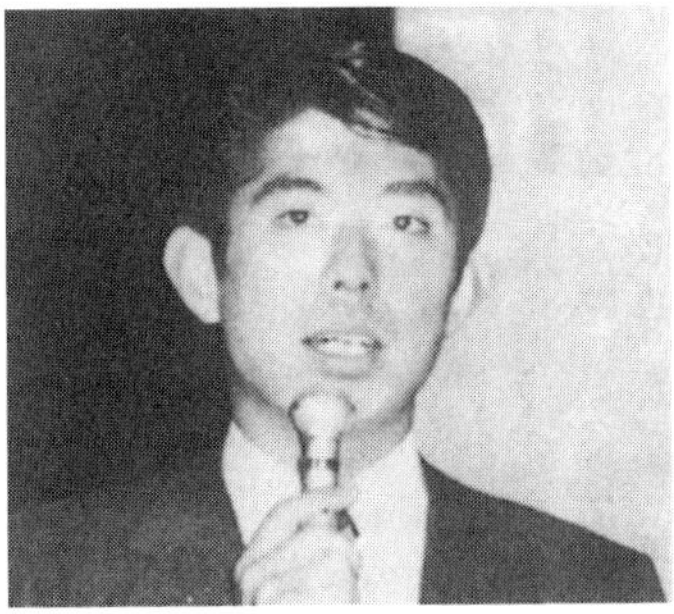

高崎満さん（提供：西友労組）

就職活動の際には百貨店は眼中になく、最初からチェーンストアを希望していました。また、自宅の近所にできたばかりの西友ストアー沼袋店を見ていたこともあり、セルフサービス店の有望性を実感していました。

いろいろと調べているうちに、堤さんの言動に優れた感性を感じて西友ストアーを希望し、一九六八年に入社を果たしました。面接では、「こちらには労働組合はあるのでしょうか？」と質問して、「面白いことを聞くね」と面接官に言われたようです。

それが関係しているのでしょうか、入社すると人事部に配属されました。入社時、すでに出店ラッシュで大量採用がはじまっていました。約二〇〇〇人の会社なのに、一九六八年の新卒採用者は高崎さん含めて約一〇〇〇人で、前年の一九六七年に開始された中途採用も、この年の夏に約二〇〇人を採用しています。もの凄い成長というか、まさに膨張です。

「まるで銭湯のようだ」――これは配属後の高崎さんが、西友ストアー本部の各部署を見て回ったときの感想です。狭い部屋の中、入りきれないほどの労働者が忙しく働いている熱気で暑い、そしてとにかく若かったのです。

トップの上野光平さんが五〇歳で最年長、その下に西武百貨店からの出向者である管理職がいるのですが人数は少なく、会社設立以来の多くの労働者が家に帰るだけの余裕がなく、寝る間もなく働いていたのです。すべての労働者が、堤さんの革命理想に燃える戦士のようだったのです。

労組の結成を決心した高崎さんは、まず同期入社の仲間を引き込もうと盛んに誘いますが、なかなか乗ってきません。人事部に所属しているという理由のほか、新入社員という理由もあったのでしょう。しかし、高崎さんはめげずに、同じ言葉を繰り返して誘い続けます。

「今が組合結成のチャンスだ。会社がマッチを用意しているようなものだ、マッチをすろう！」

ようやく賛同者が集まり、まずは同世代の労働者たちが入り、人望の厚い先輩たちを引っ張り込むことに成功すると、一九六一年の第一期採用以来の大卒や高卒の労働者たちを加えて軌道に乗せました。このときの賛同者と高崎さんが、歴代委員長を務めました。

こうして、各店舗で有望なリーダー候補と目された若手労働者が集まる「職場改善委員会」を舞台にして動き出しました。委員会で労働組合の話題を出して話し合いを重ねた結果、労組が必要という意見が多く、結成準備委員会が設置されます。ここで組合の結成が決定され、その直後から加入届を集めはじめました。

一九六八年九月、まず日本青年会館で総会を開催して、西友ストアー従組（のちに西友ストアー労組、委員長佐藤孝信、事務局長高崎満）の結成を決定し、一週間後、江古田にある本社の屋上で委員長の任命で役員を決めています。

高崎さんは専従の事務局長になりましたが、書記長ではなく事務局長としたのは、総評でも同

組合機関紙
創刊号

昭和44年1月31日

くみあい新聞

発行　西友ストアー従業員組合
豊島区南池袋1―18―21
電話直通 983―6136～7
郵便番号 171

団結と躍進と調和

これからの組合が進む道

昨年秋、正確には九月に誕生した従業員組合も、規約作成やボーナス交渉を進めるうちに、四ヵ月が過ぎてしまいました。

激戦の流通業界の中でしかも激動の労働界の嵐の中で、われわれの組合はどういう方向にむかって何をなさねばならないかを、もう一度考え直す必要があるのではないでしょうか。

定義しますと、わが組合は企業内組合であります。上部団体と現在は関係を持っておりません。自分達のことは自分達で解決したいからです。

今年度は発足後まもない組合として、もっとコミュニケーションのパイプを太くして各店各部の組合員の声がスムーズに事務局に伝わるようにしたい。次に組織を整備拡充し全員に親しまれる組合にしたいと思います。こういった案件を解決するため、職場委員会の設置やディスカッションの場、およびそのための執行部キャラバンを考えています。新聞も可能な範囲で発行したいし、背伸びをしない程度にサークル活動も考えたい。こういった活動の中から各店各部に発生する小さな問題を解決し、同時に基本的な背景を衝いて改善していこうと思います。

給与、時間、合理化の各委員会をすでに発足させてありますが、これを充実強化し会社の経営に反映させていきたい。高い給与と定時の勤務等労働条件及び労働環境の整備は、ただ単に組合員の社会的経済的地位を高めるのみならず、高度な内容をもつ一流企業としての西友ストアーの成長を意味しよう。昨今市場をさわがせている人手不足による労務倒産などということは、わが社においては絶対にありえなくなり、成長街道を驀進することができます。（ここは会社幹部に読ませたい）

組合の経営参画も労使経営協議会のような形で実現させようと思っていますが、われわれも意見識見において対等であるよう十分勉強する必要があります。

組合は西友で働く人すべての味方であると共に憲法で保障された社会公器であることを一人一人が自覚してもらいたい。全員が経営に参画するのだという自覚と、それに伴う責任を意識した時、良い職場作りは半分以上完成されたといってよいだろう。組合活動にどんどん参加してもらいたい。と同時に今後の組合に期待してください。

全組合員の心の糧となれ

取締役社長
堤　清二

組合の機関紙は大勢の組合員の意思を互いに通わせる場である。よい機関紙は、会社の政策や組合の意志が活字によって表現されることを通じて相互に啓発を行ない得る土俵である。ことに西友ストアー従業員組合の場合、魅力的な、指導性を持った機関紙の発刊は喜ばしい。なぜなら、組合結成直後であるから、これによって最少限の連帯感、組合意識を作ることができるからである。

第二に、今日の日本で西友ストアーぐらい新しく急速に発展している会社はないといっていいから、それだけに烈しい条件の変化のなかで発生する矛盾を、常に適確に採り下げ認識してゆくことが重要だからである。全組合員の討論の場として、これぐらい機関紙の必要を感じている組織はめったにないといってもいい。それだけに今度の発刊は時宜を得たものである。会社の急速な発展と、社員、幹部の能力の向上とのあいだにズレが生じた場合には重大な困難が発生するのである。急速に成長するということは経営にとっても、マネージメントにとっても、社員一人一人にとっても危険が多いことなのである。この危険を協同して乗り越えてゆく船を前に進める上で、機関紙は有力な櫂にならなければならない。

第三に、西友ストアーの組合と会社が創り出そうとしている経営理念は、まだ日本の経営史上になかったものであるという情況がある。

それだけに機関紙の指導性にかけられる比重は重いのである。現場での実態を、すべての矛盾困難を解決する場として捕え、社員諸君の声を直接経営に反映させ、われわれが共通に仕えるべき消費者の意見を経営の意志決定に組入れさせて行く、いわゆる経営共和主義の理論的、感覚的指導は、組合員に支持される機関紙によってなされなければならない。その意味ですぐれた機関紙の存在は、経営共和主義の勝利にとって強力な武器であり、西友ストアーと社員諸君の将来を約束する心の糧とならなければならないのである。

身の回りの不合理を一掃しよう

中央執行委員長
佐藤孝信

今年は西友ストアーにとって本当に大変な年であります。なぜならば業界における西友ストアーの実力が公然とさらされるからです。今までの西友ストアーはまったくの幼年であり、今年は初めて大人になる年でもあるからです。私たち社員の実力も西友ストアーの危機とまったく同様であります。昨年の九月に私たちの組合が結成され、組合の実力もまた同様であります。

さて、私は年頭にあたりまして今年私たち組合の行なうこと、組合を今後どのような方向に持っていくべきかということについてここで述べたいと思います。

今年の方針は、

一、西友ストアーの過去の因襲を敢然と打破する。
一、組合の体質が経営に参与すべき力を持つこと。
一、組合員のすべての人が組合の場を借りて自分の意見を述べられる組織を作る。

以上三点であります。

私たちは組合が誕生したからといって、すべての困難な問題が解決されるものでないと認識して欲しい。一つ一つの店舗における共通の悩みを共通の意見として具体的に表現して初めて、すべて平等に解決されるものです。また、各店舗間のアンバランスも同様であります。みなさんが毎日の仕事を進めていく過程において困難に直面した時は、勇気を持ってその問題に立ち向かい、逃避されることのないように期待します。真剣に物事をとらえることがいかに未来の発展に役立つか計り知れぬからです。

私たち組合はいつも本当の自分たちの実力、環境、問題を把握して、正しく表現しなければならぬ義務が存在しております。正しい意見が堆積されて初めてわれわれが経営に参与する力が培われるのです。

さて現在の問題、将来も続くであろう問題として合理化があります。ここで私たちは合理化を企業が好き好んで実施してはいないことを理解しなければなりません。日本の人口に反比例して、日本の生産能力は日々拡大して止まないのです。日本人が勤勉な国民であるかはみなさん十分自覚されていることでしょう。しかし単にまじめに働くだけでは日本の発展、西友ストアーの発展は存在しません。いかに合理的に働くかにすべての問題が集約されます。いまだどの企業（小売業）も正しい意味の合理化がなされておりません。西友ストアーの組合はこのいずれもなされなかった合理化の問題に勇気を持って向かって行きたいのです。自分の身の回りの不合理を一掃する気持で今年一年を吟味しましょう。

西友ストアー従組の結成を伝える「くみあい新聞」（提供：西友労組）

盟でもない、政治も思想も中立で、純粋に組合員のための組合にしていくという心意気の現れです。全西友ストアー労組になってからも中立主義を貫くことになりますが、西友ストアー従組結成時にその原点があると言えます。

ちなみに、西友ストアー従組の結成や以後の運営では、西武百貨店労組からの支援はなく、ずっと無関係でした。高崎さんらが頼ったのは、労組の運営や会社に対する姿勢などで共感を覚えていた伊勢丹労組でした。また、丸井労組の坂田貞夫さんも支援を惜しみませんでした。

全国チェーン労協への加盟

全ユニー労組も全西友ストアー労組も、ほぼ同時期に全国チェーン労協に加盟しました。全ユニー労組は、結成時に全国チェーン労協に継続加盟しています。つまり、旧全ほていや社組が結成された直後に、全国チェーン労協から強い働きかけを受けて加盟したのです。組合結成にあたって、若林稔さんたちが全ダイエー労組を訪問して松吉英男さんの助言を仰いでいるくらいですから当然と言えば当然です。

一九六九年五月の第八回会議に参加してオブザーバー加盟し、一九六九年一〇月の第九回会議で正式加盟しました。一方、旧全西川屋チェン社組は、結成支援を受けた全ほていや社組との関係から、一九七〇年二月の第一〇回会議への初参加で正式に加盟しています。

全西友ストアー労組は、全ほていや社組と同じく第八回会議でオブザーバー加盟をし、第一〇回のときに正式加盟を果しています。オブザーバー加盟にもかかわらず、全然萎縮することなく、全国チェーン労協の運営に注文をつけるなど、伸び伸びとした活発な発言が目立ち、関係者に強烈な印象を植え付けました。

「ギャーギャー、うるさいやっちゃな」というのが松吉さんの印象で、「全西友労組はまだオブ加盟なんだろ。しかし、なかなか元気のよい連中だな」と言ったのは十字屋労組の川勝章さんです。

余談ですが、同時期に開かれた全西友労組の定期大会に招かれた長崎屋労組委員長の川野正男（第8章参照）さんは、来賓の挨拶をはじめた途端に、「ゼンセンに加盟するやつらなんか呼んでくるな！」とか「今すぐ帰れ！」などと大声の野次を浴びて驚いたという体験をしています。野次を飛ばした組合員に、「失礼なやつだな。君は退場だ！」と議長の処置が下り、組合員が連れてゆかれる姿を見た川野さんは、ますます戸惑ったということです。

全国チェーン労協の第八回会議開催当日には、別室に全西友労組と全ほていや社組の幹部役員が集まり、両労組の幹部役員で座談会を開催しています。まさしく、全西友労組と全ユニー労組の固い結束を象徴する催しだったと言えます。

全ユニー労組の初期活動

苦難のスタート

全ユニー労組の話に戻りましょう。「ユニー」が誕生してからも全ユニー労組は合併の影響を強く受けました。合併というと「すべてが統一される」といった誤解をしますが、実は社名はユニーでも、店舗に関しては運営会社を新たにつくり、旧ほていやの「関東ユニー」と「中部ユニー」、そして旧西川屋チェンの「東海ユニー」という三つの販社に分かれていたのです。それぞれの看板をはずして新しくユニーの看板をかけても、中身は以前の会社のままということです。

ほかならぬ労働者たちがそう思っています。ユニー以後に入社した労働者には広域にわたる人事異動がありましたが、それ以前の労働者にはないということです。「人事異動こそが人材育成の生命線である」というチェーンストアでは、非常に変則的と言えます。ですから、ユニー労組は一本化して同じ組合員なのですが、交渉相手はそれぞれ違い、交渉は難航することになります。しかも、会社側に対する要求事項に関しても労組内部では大揉めとなりました。

たとえば、夏期一時金交渉でも暗礁に乗り上げました。統一要求は「三・三五か月」でしたが、労組結成の前年となる一九六九年には、全ほていや社組は「三・八五か月」を獲得していました。一方、全西川屋チェン社組は結成されていなくて「二・三か月」です。旧全ほていや社組の組合員からすればダウンとなりますので、当然非難が集まります。言うまでもなく、このときの大会は荒れに荒れました。

また、全西川屋チェン社組には年間で五か月という協定があったので、当時副社長であった西川俊男さんは「三・三五か月でも出しすぎだ」と怒りました。確かに、旧ほていやの三・八五か月は出しすぎと言えます。どうしても、あの総評系のほていや労組のことが念頭にあるものだから、会社側は全ほていや社組の高めの要求をのみがちとなっていたのです。

それが見えるだけに旧全西川屋チェン社組側は苛立ち、また危機感が先行してうまく調整できないのです。結局、旧ほていやは三・三五か月の満額で、一方旧西川屋チェンは、それとの差を勘案した三・一三か月の回答を出して、全ユニー労組はそれぞれ妥結しました。

なお、西川俊男さんは当初、労組にあまり理解がありませんでした。もともと労組の結成を阻んでいたこともあり、全西川屋チェン社組が結成された直後には、なぜチェックオフをしなければならないのか、なぜユニオンショップなのか、なぜ君たちに労組事務所を貸与しなければならないのかなどと問いかけ、書記長であった横江秀康さんを唖然とさせています。

横江さんは、一九七一年の臨時大会で全ユニー労組の書記長に選ばれ、一九七二年の第三期から着任しました。全ほていや社組でも書記長として若林稔さんとコンビを組んできた山田邦紀さんは、持病の神経痛のために無理が利かなくなり、交代せざるを得なかったのです。

この交代で、再び横江さんの針路が変わります。山田さんが、やはり体力面が理由で退任が見えていた若林さんの後継候補だったからです。急遽、第四期から横江さんが第二代の全ユニー労組委員長に就任しました。

大もめの営業形態統一

結成直後には、一時金交渉にかぎらず、次々と大波が押し寄せてきました。その一つが、営業形態統一という問題でした。省略して「営形」と言いますが、営形問題も旧二社時代の労働時間制度の後始末と言えます。ダイエーと同様、ほていやの店舗は年中無休の営業を続けており、閉店時間は夜七時でした。一方、西川屋チェンには毎週水曜日という定休日があるうえに、閉店時間は六時半です。これらを統一しようとすれば、一方は労働条件の「悪化」、他方は「向上」となります。

一九七一年四月から団体交渉をはじめて、二〇回ほど団交を重ねて調整しました。月二回の定休日や、繁閑に応じて月ごとに閉店時間を変える方式を原則として、店ごとの事情を加味することで一九七一年八月に労使で合意しました。ところが、労組内部では紛糾したのです。

四か月間ぐらいで収まる問題ではありません。横江さんは、「労働条件を悪くするな！」と西川屋チェン出身の支部長たちに詰め寄られ、吊し上げられました。営形問題は完全に収束できるわけもなく、協定化は妥協の産物でしかありません。議論は尽きず、問題が発生するごとに対処に追われ、営形協定は毎年のように改定されていったのです。

営形問題が深刻であることを示す、象徴的な事件が一九七二年一一月に発生しました。横須賀市の店舗でのことですが、業績不振を心配した管理職たちが定休日に営業をしていたことが発覚したのです。全ユニー労組と関東ユニーで締結した営形協定を無視したことになります。しかも、臨時営業していた管理職たちは、当初は営業した事実を否定したのです。

また、一九七四年一一月には、北陸地区の店舗で時間外勤務協定違反が労組の調査で発見され、全ユニー労組が対応を余儀なくされています。会社側は、謝罪表明、協定違反回避宣言、顛末書を労組に提出し、多くの処分者を出しました。また、二年前にさかのぼって時間外不払い分、休憩時間や食事手当分などを支給しています。

一九七五年二月には、労使関係が危機的になったという事件が発生しています。度重なる団交渉の際、前年の営形協定の期限切れ間際に全ユニー労組が譲歩案を提示しても、会社側が強硬で、要求を曲げずに交渉決裂になって協定は失効しました。全ユニー労組は暫定協定を提案しますが、会社側が応じませんし、その後の労組提案もすべて拒否されたのです。

その一方で、六時半の閉店となっている店舗で七時までの営業が強行されました。それでも労組側は、前年の協定を凍結したまま暫定協定を提案しましたが、会社側が拒みました。これで全ユニー労組は、組合員の六時四五分退店と時間外就労の拒否を指令して紛争状態に入りました。

全ユニー労組は、最後の営形協定交渉が決裂した直後に愛知県地方労働委員会に提訴したために地労委からの聴取がはじまり、七時閉店を強行した店舗の復元とかシフト制勤務の解決など、労組側の主張が認められた斡旋案を労使が受け入れました。そして一九七五年七月には、大筋合意のうえで営形協定が締結されています。

社長の交代を迫る

これらの根本的な原因は、やはり三販社体制の実態、もっとはっきり言うと、ユニー本社は大幅黒字、東海ユニーは黒字、関東ユニーはとんとん、中部ユニーは赤字、といった業績のばらつきにあったと言えます。

一九七六年二月、三つの販売会社をユニーが吸収して、ようやく一つのユニーになりますが、また波乱がありました。しかし、横江さんの決断で乗り切っています。

三販社の吸収合併を控えて、会社側は全ユニー労組へ不況対策の協力を要請しました。会社側は正月営業、定休日営業、出張催事などを求めたのですが、労働条件の低下は許さないと拒否しました。しかし、業績の振るわない中部ユニーの問題がありますから、中部ユニー限定の正月営業を含む臨時営業を承諾しました。

この過程で、これまでも実感してきた経営体質の弱さに対する懸念が一気に噴出しました。それでまず特別労使協議会の開催を求め、全ユニー労組の見解を出しました。出店戦略の欠如、既存店舗の失敗のほか、人員政策、商品政策など経営責任を問う内容となっていますが、一番の問題点である合併後の経営政策の不統一を追求しています。

企業合併は、本来は経営者が強力なリーダーシップを発揮してこそメリットがあるのですが、無策で労組へお鉢を回していたのですから、怒りに火が付くのも当然です。このあと、全ユニー労組は社長交代を提案し、当初は拒否していた会社側も、新社長を西川俊男さんとして労組側の意見を取り入れることを発表しました。

ご承知かと思いますが、西川さんは「利益の鬼」と呼ばれ、迅速なスクラップ・アンド・ビルド（scrap and build）を得意とする優秀な経営者との評価が高い人です。しかしながら、いかなる研究書、経営書も、全ユニー労組の働きかけで西川社長が誕生したことには触れていません。困ったものです。全ユニー労組がなければ最初の合併もなく、西川社長の就任もありません。つまり、現在のユニーの姿はなく、業界の構図も明らかに違ったものとなっていたはずです。

全西友労組の初期活動

残業代未払い事件

全西友労組の初期活動の話に移ります。まず、西友ストアー従組が結成されて間もなく、一九六八年一一月に社会党の参議院議員であった大森創造（一九一八〜一九九九）さんが国会で西友ストアーの時間外手当の未払いを問題にしました。西友ストアーでは三〇分以内の残業代が支払われていない、と責任を追及したのです。労働基準法違反をもっと取り締まれ、という趣旨だったのでしょう、完全に西友ストアーを狙い撃ちしてきました。

　西友のルールが、「開店前と開店後の三〇分は、それぞれ余裕をもった出社のため、仕事の片付けや準備をするため」となっているのはおかしいのではないかと指摘してから次々に、A君は何時間、B君は何時間、というようにタイムカード上の残業時間と実際の支払い時間を差し引いた不払い時間数を大森議員は述べました。高崎満さんがあとで調べて分かったことですが、久米川店の組合員のタイムカードが紛失して、なぜか大森議員の手に渡っていたということです。

　大森議員はさらに不払い賃金の平均値を算出し、人数を乗じて「年間一億四四〇〇万円の不払いだぞ！　さらに開業後からの年数を掛けたらどうなる」とたたみかけました。労働基準局長が調査に乗り出すことを約束し、数日後には労働省、東京労働局、中野労働基準監督署が共同で西友ストアー本部と一八店舗のタイムカード記録の洗い直しをしています。中間報告では、不払い金額は約三〇〇〇万円とされました。

　西友ストアー従組は、調査結果の最終金額の入手と団体交渉を申し入れ、支給についての交渉を開始しました。そして一九六九年三月、約一億円の現金支給、時間外手当の五分単位算出などで決着しました。この労使交渉の間に総評系労組が接近したり、社員寮では大量の会社批判のビラまきなどがありました。高崎さんはすべての外部勢力を拒んで、労使交渉での解決姿勢を崩すことはありませんでした。

職業病対策を先導する

この直後の一九六九年三月、「西友ストアー労組」へ、さらに早くも一一月には西友ストアーのみならず関連会社の労働者にも組合員範囲を拡大した「全西友労組」に移行しています。

全西友労組は、業界でもっとも熱心に職業病対策に取り組んだことで知られています。一九七〇年の組合員調査で、チェッカーの約一割が腱鞘炎に類似する症状を経験していることが分かると、積極的な労使交渉を開始しました。ところが、会社側は終始対応が遅々として不十分なままでした。

会社側の態度を非難しながら、それでもチェッカーの打刻時間、休憩時間と回数、昼食時間の交代制などを整備し、以後も一九七〇年代を通じて、腱鞘炎調査の実施、職業病意識の向上、未然防止対策、相談窓口の設置、補償条件の整備などで常にチェーンストア労組の先頭を走っていました。

多難な賃金交渉

さて、ここからは、全西友労組の初期活動として、賃金交渉についてお話しします。大手であるとか、経営者や会社のイメージからしてさぞかし円滑な賃上げ交渉をやっていたと誤解する人が多いのですが、実は苦労の連続だったのです。

高崎さんたちが組合員の賃金調査に乗り出した際、西友ストアーの賃金水準はかなり低く、大手チェーンストアのなかでは最低であることが判明しました。そこで、交流のあった伊勢丹労組を目標として設定しました。伊勢丹労組と言えば業界最高水準の賃金で知られているので、あえてここの活動を手本にしたのです。会社側も理解を示し、支配人の上野光平さんは一九六九年の春には、「五年後は業界トップの賃金を目指す」と宣言しました。

労使交渉の資料をつくってみると、目も当てらない格差がついていました。たとえば、一時間換算の賃金を算出してみると、当時の西友ストアーの入社直後の男性賃金は、高卒であれ、大卒であれ、伊勢丹の七割だったのです。西友ストアーの二二歳男性の賃金は一八歳の伊勢丹女性と同じ、二三歳男性は一九歳の伊勢丹女性の九割ほどだったのです。しかもその差が開いていき、三〇歳では半分以下になっていました。

女性賃金もほぼ同じでした。全西友労組は勇ましく労使交渉に入っていきましたが、その後も大きすぎる格差の解消は困難でした。一九七一年、上野さんは一転して、「目標達成は絶望的」と発表しました。

この一九七一年の賃上げ交渉では、全西友労組は非常に苦い経験を強いられました。上部団体の全国チェーン労協では、綿密に賃金交渉の申し合わせ事項を詰めていき、影響力の大きなナショナルチェーンとして、高賃金の獲得を先導する労組（パターンセッター）を決めるのですが、全西友労組は、全ダイエー労組、長崎屋労組とともに指名されたのです。いつも大幅賃上げを獲得する両労組に挟まれて、全西友労組では大きな飛躍が期待されました。

全西友労組は、まず各支部の役員へ、長崎屋労組、ニチイ労組、イズミヤ労組の賃金水準を公開します。長崎屋労組のモデル賃金のグラフを見た役員たちに衝撃が走り、その賃金の高さを見てため息が漏れます。全西友労組の低賃金が強く認識され、最低でも四〇パーセントの賃上げが必要といった意見で統一されました。

ところが、一九七一年三月の要求書提出直後、堤さんの激しい拒否反応によって思うようにいきません。というよりも、散々な経過を辿りました。いくら決意を新たにして団交を重ねても、回答は予想に反して半分の二〇パーセント程度の低額でした。猛抗議をしても、全面拒否をしてもダメでした。団交も遅れがちとなり、延期されるようになったのです。

四月に入り、全西友労組はバッチ闘争を宣言し、一部の店舗で残業拒否を開始したほか、各店舗でアピールしました。それでもダメで、ワッペン闘争に切り替えて残業拒否指令店舗を拡大しました。すでに全ダイエー労組、全長崎屋労組は先行して高額回答を獲得して、妥結してしまっています。

いよいよ、全西友労組はストライキ決行を確認しつつ、当初要求にとらわれない上積み交渉に切り替えました。五月に入り、一律一万円の上積み提示を受け入れ、四か月にわたる賃上げ交渉が終結しました。

全西友労組が、西武グループでは異例とも言える戦術を使って、果敢に一四回もの交渉を試みたのは事実です。しかし、全ダイエー労組や長崎屋労組、それに産別組合に加盟する同盟系の他の労組と冷静に比較すれば、無所属組合の賃上げ効果を疑問視しないわけにはいきません。全西友労組は当初から賃上げで苦労していましたが、この弱点の克服に踏み出すことはありませんでした。

チェーン労組・中立会議から新生チェーン労協へ

無所属中立労組が集まる

全西友労組が賃上げ交渉で苦い経験をした直後、いよいよ全国チェーン労協に分裂の危機が訪れます。一九七一年七月、同盟流通加盟労組、つまり同盟系チェーンストア労組が一斉に全国チェーン労協から脱退し、あれほど熱心に共同実施してきた労働条件調査に参加しないことになりました。この同盟系チェーンストア労組による断絶の意味は二重になっていて、無所属主義を排して早く流通産別をつくりたいという願いと、全国チェーン労協内部での動きを見て、産別組合を結成するのは不可能であるという判断が重なっています。

全国チェーン労協内部での動きとは、チェーン労組・中立会議のことです。すでに一九七〇年一一月の第一二回会議の前日、全西友労組が発起人労組となって、同盟系でも商業労連加盟でもない一〇労組で立ち上がっています。無所属のまま結束して、上部組合に加盟せず、一緒に行動することが確認されました。主力労組は、全西友労組、全ユニー労組、イズミヤ労組、神戸灘生協労組で、中立会議の初代議長に全ユニー労組委員長の若林稔さん、第二代議長は全西友労組委員長の富沢司郎さんが就任しました。

中立路線はその後も揺るがず、全国チェーン労協を体質強化するという名目の下、また、あくまでも企業別労使関係を形成する労組が連帯するという自主性の追求の下、無所属志向のチェーン労組が相次いで集まりました。その根底には、とくに全繊同盟からの組織化には絶対に応じないという固い決心で結ばれていたという事情があります。

仕切り直して新しいチェーン労協へ

ごっそりと同盟系が脱退すると、チェーン労組・中立会議が全国チェーン労協と一致します。これで全国チェーン労協は収まったと言えば収まったのですが、その生みの親である杉本尚さんの東光ストア労組は、もちろん同盟系にはついていきませんが中立主義にも飽き足らず、脱退して新天地を求めて商業労連へ移籍しました。これも一つの決断と言えます。

一九七四年、全国チェーン労協は、新生のチェーン労協に改称し、第三極の勢力をつくって固めることを目指します。この間には、全ユニー労組にも、全西友労組にも、ゼンセンオルグの手が伸びていました。横江秀康さんは、ゼンセン同盟組織部のエースである中川弘さんから執拗に追われていました。また高崎さんは、ゼンセン繊維の部会役員をしていた高校時代の先輩から、

「アンチゼンセンを辞めて加盟を検討せよ」と説得されていました。両人とも、もちろん応じるわけはなく、かえって拒絶感を強めてチェーン労協の結束はさらに固くなりました。

労働組合の役割が非常に大きいことを語る際、全ユニー労組のように鮮やかなケースはほかにないでしょう。正面から経営者の交代を迫るといったチェーンストア労組は、ほとんど見られません。全ユニー労組の初期活動、あるいは横江秀康さんの労組リーダーとしての行動のほとんどは、会社の発展への貢献であったと言っても過言ではありません。

一方、全ユニー労組や全西友労組が主力であったチェーン労協は、ゼンセンのチェーンストア組織化の参入によって、発足時の構想とは異なる道を歩みはじめました。ただし、あとから検証してみるとよく分かるのですが、チェーン労協加盟労組も一枚岩ではなく、それぞれベクトルが違っていたのです。

ある労組はほとんどゼンセン同盟に対する憎しみだけですし、製造業の産別組合が小売業労組をオルグすることに納得できないという労組が存在します。そうかと思えば、単独でゼンセン同盟に入るのは許さないが、上部組織としてすべての労組がゼンセン同盟と合同するのならばそれもよい、という労組もあります。そこに、上部組合は絶対にダメだ、という強硬な経営側の事情も折り重なります。あるいは、反対にゼンセン同盟側から拒絶される場合もあります。

いずれにしても、分断が受容されたことになり、チェーンストア労組がすべてまとまる「流通産別構想」は潰《つい》えてしまいました。果たして、その後はどうなったのでしょうか？

次章からは、オルグの実体を含め、ゼンセンが組織化したチェーンストア労組の話に入ります。

第６章　ゼンセンとオルグ―前編

これまで、チェーンストア組織化に乗り出して「流通産別構想」をかき回し、消失させた張本人として全繊同盟を取り上げてきました。あくまでも脇役であって、「ゼンセン以外」の労組が主役でした。

あえて「ゼンセン以前」とか「ゼンセン以外」と呼んできましたが、それはチェーンストア組織化をはじめる前であり、あるいは「アンチゼンセン」ということが理由です。しかし、ゼンセン自体はチェーンストア労組より長い歴史をもっています。

ゼンセンとはいかなる産別組合なのか。どのようにチェーンストア組織化へ後発参入してきたのか。そのベールをはぐのは決して容易ではありません。第1章の冒頭で宣言しましたように、当事者を主役にしてそれを描いていくことにします。つまり、ゼンセンオルグの活動に焦点を当てるということです。

ゼンセン三大オルグ

私の大学院時代の指導教授、つまり師匠の小池和男先生(1)(もう一人の師匠は、自動車産業の研究で著名な下川浩一先生(2))も、東京都の労働研究所時代の先輩である中村圭介先生(法政大学教授)も、研究者人生の初期にゼンセンを対象とした研究業績があります。私と同様に、「足しげくゼンセン会館に通っていた」とゼンセンOBの方々が言います。小池先生は「全織同盟」を分析し、中村先生は「ゼンセン同盟」を取り扱うというように時期の違いはありますが、両先生はゼンセンの組織化能力の高さ、つまり産別組合としての組織拡大の凄まじさを特筆大書しています。

その組織化主体はゼンセン組織部(のちに組織局)のオルグたちですが、ゼンセンが誇るオルグ、つまり組織畑の現場経験が長く、膨大で輝かしい組織化の実績があるだけでなく、オルグを束ねる「長」として数多くの後進を育て上げたオルグがいます。私も五〇代に入っており、ゼンセンとのお付き合いが長くなりました。その内部の各方面へ聞いて回った結果、すでに退かれていますが三大オルグの存在が分かりました。もちろん、素晴らしいオルグがほかにもたくさんいますが、ゼンセン専従の職業的オルグ、つまりプロのトップ3はほとんど共通するようです。

そのうちの一人は、元ゼンセン組織局長の二宮誠さんです。ようやく縁ができて、私自身がゼンセン会館を訪ねてお目にかかったのは二〇〇一年です。二宮さんのお話を聞いているうちに、生意気な感想ですが、ゼンセン組織部やオルグがほんの少しだけ分かったような気がしました。

二宮さんが三大オルグのなかで一番若く、残る二人は三ツ木宣武さんと佐藤文男さんになります。三ツ木さんは、かの山田精吾(3)さんの薫陶を受けた天才的なオルグで、ゼンセンのみなさんから尊敬を集めています。

山田さんは佐藤さんのよきライバルで、「伝説のオルグ」と呼ばれている人です。ただし、ゼンセンの書記長や全民労協の事務局長などを歴任するほどですから、現場のオルグとは違う意味で大きな仕事をされたという経歴がありますので、あえて本書では「三大オルグ」とは呼びません。しかし、佐藤さんと四つ相撲ができるくらい桁外れに凄い技量のオルグであることは間違いありません。

(1)（一九三二〜）法政大学名誉教授。東京大学、名古屋大学、京都大学、法政大学、東海学園大学で教鞭を執る。独創性の高い「小池仮説」を展開する日本有数の労働経済学者。

(2)（一九三〇〜二〇一六）法政大学名誉教授。富山大学、法政大学、東海学園大学で教鞭を執る。自動車産業の経営史研究の第一人者。

(3)（一九三〇〜一九九六）宮崎県延岡市生まれ。旭化成に入社後、労働運動に身を投じ、旭化成労組幹部を経て、全繊同盟に転じた。組織部長、大阪府支部長、ゼンセン書記長を経て、労働組合の統一を推進。一九八二年、連合の前身となった全民労協（全日本民間労働組合協議会）の結成を主導して事務局長に就任。

ここでは、三大オルグで一番の年長者である佐藤さんにもっとも注目することにします。年齢からするとゼンセン同盟やナショナルセンター同盟の会長をされていた宇佐美忠信（一一九ページ参照）さんとほぼ同じですから、全繊同盟にはじまり、チェーンストア組織化までをトータルで語ることができます。また、ゼンセンの遺伝子に迫るためにかなり深いところまで入っていくことを、あらかじめお断りしておきます。

佐藤さんは、半生を回顧した講演録を、五〇年以上運営されているOB団体である「UAゼンセン友の会」のウェブサイト内で閲覧できる『歴史を語りつぐ』のなかに残しています。「運動家としての心（「佐藤先輩と語る会」における佐藤文男さんの講演録）」というものです。オルグとは何かを知りたい人にとっては必読のものとなっています。

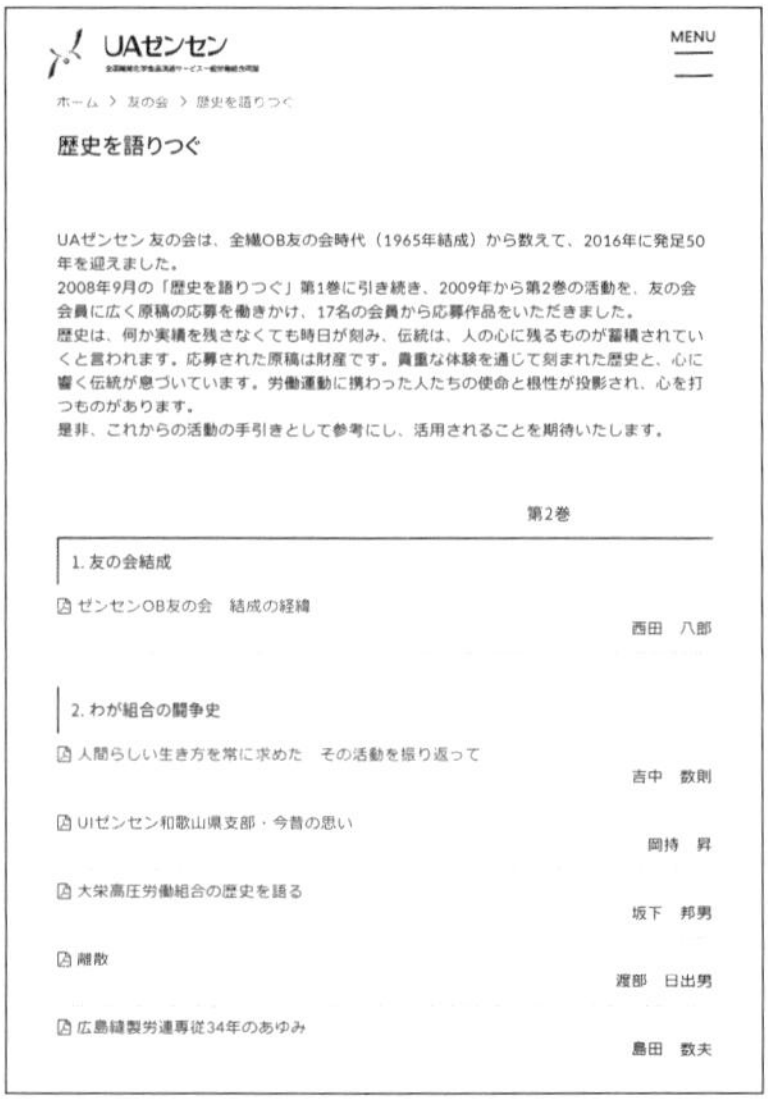
UAゼンセン
MENU
ホーム ＞ 友の会 ＞ 歴史を語りつぐ

歴史を語りつぐ

UAゼンセン 友の会は、全繊OB友の会時代（1965年結成）から数えて、2016年に発足50年を迎えました。

2008年9月の「歴史を語りつぐ」第1巻に引き続き、2009年から第2巻の活動を、友の会会員に広く原稿の応募を働きかけ、17名の会員から応募作品をいただきました。

歴史は、何か実績を残さなくても時日が刻み、伝統は、人の心に残るものが蓄積されていくと言われます。応募された原稿は財産です。貴重な体験を通じて刻まれた歴史と、心に響く伝統が息づいています。労働運動に携わった人たちの使命と根性が投影され、心を打つものがあります。

是非、これからの活動の手引きとして参考にし、活用されることを期待いたします。

第2巻

1. 友の会結成

ゼンセンOB友の会　結成の経緯　西田　八郎

2. わが組合の闘争史

人間らしい生き方を常に求めた　その活動を振り返って　吉中　数則

UIゼンセン和歌山県支部・今昔の思い　岡持　昇

大栄高圧労働組合の歴史を語る　坂下　邦男

離散　渡部　日出男

広島縫製労連専従34年のあゆみ　島田　数夫

「UAゼンセン友の会・歴史を語りつぐ」のホーム画面

ゼンセンの実態

中小企業労働者の救済を最重視

全繊同盟が結成された一九四六年当時、

繊維産業は中心産業の一つとなっていました。その労働者を握るという点で、全繊同盟は産別組合の王者でした。一九五〇年代を通じて、労働者ベースで化繊では一〇〇パーセント、綿花紡績（綿紡）[4]でも九割以上など、大手はほぼ一〇〇パーセントの組織化を実現しています。

となると、残るは繊維の中小組合ですが、もちろん中小組合を一〇〇パーセント組織化というわけにはいきません。それでも、他の産別組合に比べると中小組合もカバーしていて、いろいろな手法で組織化を進めていました。それらは地織部会（地方繊維部会）にまとめて加入していました。私は、極度に難しい中小労働者の組織化にも乗り出し、成果を上げていたことがゼンセンの実態を理解する鍵であると思っています。

なぜ、中小労働者なのか。これは結成以来の根底にある思想ですが、中小労働者を含めて産業全体を規制してこそ産別組合の名に値するというわけです。労働運動で弱者の救済ができているかどうか――全繊同盟の結成時に際して、初代会長の松岡駒吉[5]さんなどをはじめとして、戦前から活動していた先人たちが強力に主張したのです。

「大手の自分のところだけがよい、という活動は許さない」

（4）綿花を原料として連続工程により綿糸をつくる。全繊同盟は、東洋紡、鐘紡などいわゆる十大紡をはじめとして綿紡績会社に労組を結成して、綿紡部会（他に化繊部会、羊毛部会、麻部会、地方繊維部会）を設置していた。

（5）（一八八八～一九五八）第三九代衆議院議長。戦前日本の、右派労働運動の代表的存在。

ゼンセンの「ビジネスモデル」

大手企業の労組の集合体から脱却して中小企業の労組を増やすには、ビジネスモデルが必要となります。中小だけを組織化するのでは失敗してしまいます。また、大手だけを組織化する産別組合では、中小の組織化はかけ声だけになります。どちらにも陥らないためには、常に組織拡大に全力を投入し、組合費を積み上げて中小の活動に回すわけです。これこそが、

全繊同盟↓ゼンセン同盟↓UIゼンセン同盟↓UAゼンセン

と、いつの時期にも組織拡大が最優先される「大産別主義」の最大理由となっています。

大手の活動が、財政も安定し専従者を置いて十分にできる一方で、専従を置くことのできない中小労組ではゼンセンの世話活動が不可欠となります。一本化した産別内部での、いわば大手から中小への財政の移転が必要です。要するに、中小労組の育成と独り立ちが必要で、集権的な本部、都道府県支部との連携、教育研修を重視した体系と施設などが必要なのです。加盟単組の緩やかな連合体ではなく、一枚岩の同盟体であること、つまり「内部統制」が求められることになります。

内部統制の強さは、「本部集権性の高さ」と言い換えることができます。それは言葉遊びではなく、企業別組合との違いを考えてみればよく分かります。日本では企業別組合がもっとも普及していますが、そこには良し悪しがあります。まず、産業別組合の組織は理想ですが、企業のな

かの労働者の細かいところまでは手が回りません。つまり、小回りのきく世話活動は期待できませんし、決めたことをちゃんと守るというようなことについても目が届かないという弱みがあります。

それでは、企業別組合には欠点がないのでしょうか。御用組合は論外ですが、最大の弱みは、定年まで委員長を続けるわけではないという点です。会社と対峙しても、いずれ戻るであろう会社の理屈がよく分かるだけに粘りきれないのです。だから、ゼンセンのように、企業別組合が産業別組合たろうとするためには、本部の集権化を進めざるを得ません。

たとえば、中央統一賃金交渉をしたり、争議資金の投入を含め本部からの指令で整然としたストライキを打ったりと、本部の強さがあってこそ、一つの企業別組合以上の交渉力を発揮させることができます。単純に、企業別組合が連合しているわけではなくて、産業単位の大規模な発言力を手に入れることができるのです。「ゼンセンはどんな産別組合か」と問われれば、「ゼンセン運動をしているのだ」と答え、「そのゼンセン運動の推進力は何か」と聞かれれば、「大産別主義と内部統制だ」というわけです。

組織化の幕開け

先人たち

全織同盟の初期の名物組織部長と言えば山口正義さんです。また、組織部長にはなっていませんが、山口さんと名コンビでならした竹内文義さんがいました。竹内さんは大阪府支部長を長らく務め、最後はゼンセン副会長になります。二人とも戦前からの活動家です。

山口さんや竹内さんが活躍した時代、つまり一九六〇年代までの組織部長は、全織同盟の専従ではなく加盟労組の幹部で、部会長や副会長をしている役員の肩書が組織部長だったということです。

いざ、労組の結成や統合などでは、手が足りなくなると宇佐美忠信さんや滝田実さんまでが駆け回っていたぐらいですから、混乱のなかでも規定路線のように次々と労組ができたり、全織同盟に加盟したりしていました。つまり、組織化といっても、戦後のGHQの民主化政策のもとで追い風を受けたときからの延長線上にあって、トルーマン大統領（Harry S. Truman, 1884～1972・第三三代大統領）の声明や、それを受けてのマッカーサー（Douglas MacArthur, 1880～1964）総司令官の指示によって労組の結成が奨励され、活動が促進されたわけです。

この時期の特徴はというと、組織化だけに専念していたというわけではない、ということです。

もちろん組織化もやっていましたが、争議対策が主な仕事でした。これらの仕事で存分に能力を発揮したのが山口さんと竹内さんで、記録の表舞台にほとんど現れませんが、ゼンセン関係者には「暴れん坊の実力者」と記憶されています。

たとえば、「山口さんは髭を生やしていて、体格がしっかりしていたから、あだ名が『ライオン』でした」と宇佐美さんは言っていました。戦前から活動し、のちに東京市(6)の市会議員も務めた山口さんを、戦後の全繊同盟の活動を開始するにあたって、初代会長の松岡駒吉さんらがスカウトしたのです。

山口正義さんは一九〇四年の鹿児島県生まれですが、主に関西にいました。一六歳のときに働きはじめ、労働運動をスタートさせました。戦前はというと、産業別組合が発達していたわけではありませんので、繊維に特化したものではなく、大阪紡織労組や大阪総同盟で紡織や化学の労働運動において活躍していました。一九三〇年、鐘紡争議の五七日ストのときには山口さんが争議団長を務めています。

最初、山口さんは関西事務所に配属され、のちに本部の争議対策の主事になりました。主事とは現在の副書記長のことで、総主事が書記長です。こんな山口さん、近江絹糸争議（二九ページ

(6) 旧東京府（現東京都）東部に一八八九（明治二二）年から一九四三（昭和一八）年までの間に存在していた「市」で、最終的な市域は、現在の東京都二三区に相当する。

参照）のときには事実上の総大将として、竹内さんとともに争議を解決に導いています。

竹内文義さんは山口さんより年下ですが、ほぼ同世代で、背中に日本刀で切られた傷があるという兼業ボクサーです。一九七二年五月一三日、大阪市千日前（現・中央区）の千日デパート火災(7)の後処理で、暴力団関係者に手を引かせたというのがゼンセンのオルグたちが大切にしている武勇伝です。

竹内さんも総同盟で戦前から労働運動をやり、戦後は山口さんと同じ全繊同盟の関西事務所に入りました。戦前、松竹歌劇団の争議として有名な「桃色争議(8)」は竹内さんが指導しています。終戦直後には、小松製作所の争議解決に奔走していて自分の結婚式に出席することができず、ゼンセンの幹部役員が花婿代理を務めたという信じ難い話も残っています。総同盟時代には、「腕力がなければ仕事にならん」という金正米吉(9)さんの教えもあってボクサーになり、資金のないときは試合に出て稼いでいたと言います。

山口さんが派手なだけに、竹内さんはあまり目立たない存在となりがちですが、それは見た目だけです。実質的な争議の指導者として活躍し、関東で何か起これば山口さんが出張していきますから、その間は竹内さんが関西を守っているのです。ちなみに、一九七一年に全繊同盟の会長が長期就任した滝田実さんから宇佐美忠信さんに交代しますが、この滝田さんが退かれた大会で竹内さんも副会長を退任しています。最後の挨拶が「ケンカしたら勝て！」だということで、ユーモアのある人であるということが分かります。

「組合づくり」がはじまる

山口さんは、一九五五年から一〇年間にわたって組織部長を務めました。ゼンセンに加盟させるのではなく、組合をつくる仕事を専門にやるという意味での組織部のはじまりは、山口さんが組織部長、山田精吾さんが副部長という体制を経て、山田さんが一九六五年に組織部長になってからです。ただし任期は短く、一九六七年、その後長きにわたって組織部長を務めた佐藤文男さんと交代しています。

山田さん以降の全繊同盟組織部の組織化については、一九五四年の近江絹糸争議が解決するに至ってゼンセンの名声が一気に高まったことが大きくかかわっています。「全繊同盟を怒らせたらどうなるか、いや全繊同盟はきちんとした労働運動をしているなど、勝手に経営者がさまざまに判断するので、ずいぶん組合づくりが楽になった」と、宇佐美さんは言っていました。

一方、中小企業は、組織化しようとしてもあまりうまく進みません。ある程度まで実現した大

（7）死者一一八名、負傷者八一名を出す、日本のビル火災史上最悪の大惨事となった。
（8）一九三三年、松竹少女歌劇部・松竹楽劇部で発生した労働争議のことで、中心人物であった水の江滝子さんの愛称にちなんだ「ターキー・ストライキ」という異称もある。
（9）（一八九一～一九六三）一九一七年、友愛会大阪連合会に入り、一九二二年に大阪合同労働組合を創立。西尾末広らとともに右派指導者として活躍。戦後は日本労働組合総同盟副会長を経て、一九五二年に会長就任。一九四八年から国家公安委員も務めた。

手の組織化を詰めると同時に、本腰を入れて中小企業の組織化作戦に出ました。そのときに、ゼンセン史上もっとも多くの組合をつくった佐藤文男さんが登場します。佐藤さんは、一九六一年から山口さんの下でオルグに就任し、山田さんが組織部長の時期は中小企業対策部長に着任していました。

オルグの聖地――全繊同盟静岡県支部浜松事務所

ゼンセン史上最強オルグの生い立ち

佐藤文男さんは、一九二五年に山形県南陽市で生まれました。地元の小学校を卒業して、一六歳のときに先輩たちが数多く働いていた東洋紡に就職して、富田工場で働きはじめました。現在の三重県四日市市です。郷里をあとにして、列車で二〇時間以上もかけて富田駅に到着すると、駅前に聳え立つ巨大な工場に驚きました。

配属先は電気課で、工場内にある機械のモーターを点検するという仕事でした。電気の仕事は資格が必要で、勉強熱心でないとついていけません。実は佐藤さん、数多くの国家資格をもっているオルグなのです。

一九歳のときに召集されて中国大陸に渡り、終戦直後まで満州で戦闘していましたが、ソ連軍に包囲されて捕虜となりました。佐藤さんの労働運動、とくに自分を犠牲にしてでも労働者を思いやる気持ち、手段を選ばず、何が何でも組合をつくり上げるという熱意の背景には、戦争経験とシベリアでの抑留経験があると思います。ダイエーの中内㓛さんが戦争現場の経験を原動力にして日本最大のチェーンストアをつくり上げたのと同じです。佐藤さんは胸にしまっていて断片的にしか話しませんが、非常に鮮烈な経験を重ねています。

三年間の捕虜生活を経て、一九四八年四月に復員して東洋紡富田工場に戻ると、戦前にはなかった労組ができていました。佐藤さんは、寮の放送案内に従って労組の賃上げ要求の集会場所である会社の野球グランドに出てみると、一生を左右するような衝撃を受けます。約四五〇〇人の組合員による人垣ができた集会の壇上には、同期入社であり、復員の早かった先輩が役員の一人としてどっかと座り、佐藤さんたち組合員と向き合っていたのです。

それ以上に、役員が労組提案に対する意見を求めると、女性労働者たちの手が次々に上がり、意見や要望を述べる姿勢に衝撃を受けました。そのなかには、小学校を卒業したばかりで、親元を離れて働きに来ているという一三歳の少女もいたのです。信じられない光景でした。というのは、工場では黙々と働き、上司の指示に対して言いなりになっている姿を知っているからです。

佐藤さんは、驚きの直後に、組合は素晴らしい力をもっていると見抜きました。目の前の出来事は事の一端でしょうが、組合には人間を変える、しかもよい方向へ変える力があると確信したのです。戦地に赴く前には想像すらできなかったことで、労働組合には身を捧げて働く価値があると決意したのです。それから、東洋紡労組富田支部に積極的にかかわるようになり、青年対策部長、支部執行委員を歴任しました。

佐藤さんは、青年対策部長のときにもう一つ大きな衝撃を受けます。全繊同盟のオルグ養成講座の第三期生として参加したときのことです。各自が米を持参して、東京都港区三田にある木造の友愛会館に集まって一週間にわたってみっちりと研修をしたのですが、そのとき、全繊同盟の主事で青年対策部長だった宇佐美忠信さんに初めて出会っています。

講師には、初代会長の松岡駒吉さんのほか、民主社会主義の有名な運動家や学者がずらりと並びました。その席上、全繊同盟の歴史を語りながら、ゼンセンの魂を教えよう、これからゼンセンを担う幹部を育てようとする、宇佐美さんの態度に心を打たれました。このときの研修生の連帯は強く、のちに近江絹糸人権争議が発生したときには宇佐美さんの下で強く団結しました。

一方、富田支部では、佐藤さんが大々的に正義を発揮することを煙たく思う勢力が出てきました。富田工場にもいた民青（民主青年同盟）の左翼活動家が、支部役員が会社側と飲み食いすることを問題にしたとき、「そりゃ、その通りだ」と発言する佐藤さんに注意をしたりしてこじれてきました。しかも最後は、人事部や本社の労務担当者までが出てきて、「レッドパージで二週間の出勤停止処分だ」と言われたのです。

本当にひどい濡れ衣です。民青を排除したいだけで、本社の労務担当者は何も見ていないのです。見渡してみれば、執行委員ではない組合役員の仲間は転勤となったり、佐藤さんを支持していた青年たちも出勤停止となっています。

嫌気がさした佐藤さん、いよいよ浜松工場へ転勤となります。再び執行委員になりますが、男女問わず「文《ぶん》ちゃん」と慕われ、人望が高く、もの凄い票が集まっていた富田工場とは環境が違います。佐藤さんを「危険視」する申し送りが浜松工場に来ていたため、初めて対立候補が出てきました。しかし、どこへ行っても佐藤さんが変わるわけではありません。人心を集めて当選を繰り返しました。

のちに、専従の支部書記長にもなっています。その書記長選も、強力な対立候補が阻もうとしましたが、今度は富田支部の婦人部から「佐藤さんを支持せよ」との申し送りがあって、大差で書記長に当選しました。

ところが、大規模労組の専従役員として、浜松工場の労働者だけでなく近隣の労働者たちと接するようになり、佐藤さんの関心は、大工場の労働者ではなく、地元で劣悪な就労環境で働く中小工場労働者の救済に移っていきました。

そこへ、一九五四年五月、近江絹糸人権争議が起きます。一〇六日間にわたる大争議の一つですが、全織同盟にとっては、一九四六年に御用組合ができた直後に組織化対象になって以来の案件となります。近江絹糸人権争議の話は今回の講義の主眼ではありませんので省きますが、ここでは、佐藤さんが全織同盟に加盟している東洋紡労組の静岡県内の支部役員として参加したという事実が重要です。尊敬する宇佐美さんが出向いてきた近江絹糸富士宮工場の争議へ参加したの

近江絹糸人権争議。全織同盟史上最大規模、106日間の闘いであった（提供：朝倉克己氏）

です。宇佐美さんだけでなく、のちに大活躍する幹部たちとも出会い、連日一緒に活動しました。

安定した地位をなげうって全織同盟へ

　東洋紡労組の専従役員という経験と中小労働者への目配り、激動の労働争議に身を置いた正義の現場体験、全織同盟の猛者たちと交流した経験などが渦巻きのようになり、佐藤さんはプロになる決心をします。一九五四年一二月、周囲の反対を押し切って退職し、全織同盟静岡県支部の常任に転じました。このときの静岡県支部長は田代新一さんです。

　田代さんは一九〇〇年の生まれ、大東紡労組三島支部の出身で、戦前から地元で活動してきました。一九四六年六月に復員したとき、松岡駒吉さんから「静岡県の繊維労組を連合せよ」と命じられ、全織同盟のなかでは早々に静岡県繊連を立ち上げ、迅速に静岡県支部に転換させました。清水村の村会議員も兼任していたために何かと忙しいこともあり、県支部の実務はほとんど佐藤さんの担当となりました。

　早速、佐藤さんは組織化に動きはじめます。退職金で浜松市内に自宅を構えて、そこを全織同盟静岡県支部浜松事務所にしました。事務所は、表向き労働相談とか共済事務の手続きのための場所ですが、やがて解雇されたり、争議で行き場のなくなった労働者の起居寝食の場となっていきました。数か月間にわたって労働者の面倒を見るということも稀《まれ》ではありませんでした。

当時は全織同盟からではなく、現地の静岡県支部の財政で支払われていた給料は東洋紡時代の半分です。もちろん、奥さんには全織同盟から給料が出ませんから、奥さんは洋裁の仕事をしながら事務員兼活動家として働きはじめました。それでも活動費や労働者支援の支出が大きくてまったく収入が足りず、奥さんの実家の土地を売って凌いだこともあります。「夫婦労働運動」の開始です。

「夫婦労働運動のスタート」全織同盟入り直後、自宅兼浜松事務所の前で妻の繁子さんと。（提供：佐藤文男氏）

加盟労組の出身者が全織同盟に転籍して役員になったり、県支部の仕事に就く場合や本部採用者なら分かりますが、自ら志願して県支部採用者となった人物が本部役員になるというのは、おそらく佐藤さんが最初で最後でしょう。六〇年以上が経過した現在から振り返れば、ゼンセンオルグの遺伝子の一つはこの浜松での活動にあることが分かります。浜松事務所は、ゼンセンオルグの「聖地」と言えます。

「佐藤方式」の模索と確立

多数のオルグ失敗のなかで

東洋紡労組時代もそうですが、正義と不正義をすぐに見抜いて直言直行する佐藤さんですから、浜松地区でも正義感旺盛に、また潔癖そのもので組織化を進めていきました。

静岡県西部のいわゆる遠州地区は、紡績、機屋、染色、縫製など繊維産業の中小企業が密集する産地で、ほとんどの中小企業労働者は未組織でした。佐藤さんと奥さんは、毎日、二人で協力してつくったガリ版刷りのビラを工場の前で朝夕二回配り、労組が必要であることを主張しました。このように労働者たちに接近する方法を探り、あらゆる方法を試みました。

「雨の日も風の日も、お二人でビラを配っているのはどうしてですか？ 私たちの工場が労働基準法違反と書いてありますが、どんな意味なのか説明してもらいたくて来ました」

約四〇〇人規模の織物工場で働く一七歳の女性労働者が二人で訪ねてきました。ここからオルグを開始し、一か月後には労組結成となっています。そのときの社長の言葉は、当時の状況を正直に物語るものでした。

「どんな要求でものむから、どうしても組合だけはやめて欲しい。ほかの経営者たちに顔向けができなくなる」

もちろん、拒絶しましたが、これが佐藤さんの組織化第一号です。しかし、ほとんどの場合はビラを配っても会社側が監視しているためうまくいかないので、会社の外で労働者と接触する必要があります。その場所は、男性労働者なら会社近くの居酒屋、女性労働者なら溜まり場となっている駄菓子屋とか、場合によってはそば屋やうどん屋でした。

現在の居酒屋でもそうですが、酒が入っていると他人と話しやすいものです。会社や上司の悪口を言っている人に狙いを定めてきっかけをつくり、数回居合わせれば知り合いになります。頃合いを見て、別の会社ではこうだ、会社と話し合いをしているようだ、興味があれば、どうなっているのかお話ししましょうか、ともちかけるのです。一人か二人つかめば、だいたい話は進みます。

駄菓子屋でも基本は同じです。女性労働者と言っても少女たちですから、出身はどちら？　働いていてどう？　困っていることはない？　などと話し、警戒心が少し解けたところで「興味があれば」と労組のことを説明するのです。そうしてリーダー格の女性に、「私が言うことが本当かどうか、面白半分でいいから他の会社の労組の様子を見に行かないか？」と水を向けます。次の休日に数人でゼンセン加盟の労組を訪問し、女性役員に蕩々と語らせると賃金に差があることが分かります。つまり、組合のある企業とそうではない企業の違いだ、と分かるわけです。

寮や食堂の食事も見せます。うちの会社はごはん、みそ汁、タクアンとおかかだけなのに、ここの会社はおかずが多いねとか、休憩時間が長いとか、労組で話し合って要求した結果なのだと、

浜松地区の不況対策の要請活動。中小工場の労働者たちの先頭に立つ佐藤文男が鋭い視線で市長と対峙する（提供：佐藤文男氏）

会社と交渉することで労働条件がよくなることに気付かせるのです。こうして労働者の塊ができていくのです。そして、佐藤さんの事務所や別の場所で集まって結成の準備をし、「いざ、結成」というわけです。

一方で佐藤さんは、全織同盟に加盟している労組の組合員証や委員長の証明書で映画館の割引入場ができるよう働きかけました。いつの時代でも、若者が休日に出掛ける先は映画館です。映画館では学生割引があるのに、学生と同じか年下であっても労働者だというだけで割引がありませんでした。佐藤さんはしっかりと交渉して、割引扱いにさせました。映画を観る頻度によって割引があると、組合費の元を取れたり、組合費を支払うという心理的な障壁も低くなります。

このように記しますと、労組結成も簡単だとと思うかもしれませんが、実はそれほどうまくいきませんでした。経営者の労組への抵抗は手ごわく、とくに中小企業では経営者の目が行き届いているほか、採用は縁故ですし、労働者全員の家庭のことも知っていますし、誕生日まで覚えています。それゆえ、佐藤さんは手痛い目に遭っています。

典型的な例は、労組結成の寸前で中止になってしまうことです。中小企業で、いざ結成大会を開いて経営者に通告するというときに、「社長がびっくりして何をするか分からない。こじれてしまうから、佐藤さんは来ないでください。我々を信じてください」と委員長候補のリーダーに言われます。そして、待っている佐藤さんに、「申し訳ないけど、やっぱり結成は辞めます」とお詫びが入るのです。

どういうことかというと、「労組の結成は分かったけど、そんなに不満ならその分賃金を出すから不満を収めることはできないか」とか、「これまでの関係があるのに、全繊同盟なんて外部を入れなくてもうまくできるじゃないか」と説得されてしまうのです。人間というのは、揉めるよりも穏やかに収まるほうを好みますし、みんな、その社長に多かれ少なかれお世話になっていると思っているからです。佐藤さんは歯ぎしりをします。その後、ほとんどの場合、そのリーダー格の人は退職に追い込まれます。

時には、労組の結成をくい止めたり、結成した労組を白紙に戻すよう経営者に依頼された暴力団までが出てきます。事務所に呼び出されて、両脇を固められ、応接室で組長から「おい佐藤、すぐに労働組合をやめさせろ」と脅され、拒絶して言い争いになるということがしばしばありました。

「開眼」までの日々

労組の結成を阻まれ、首謀者が報復される。こうした苦難が繰り返し起こるので、この組織化の方法が本当に正しいのかと佐藤さんは自問自答します。一方で、こうした脱落は男性ばかりで、女性労働者は絶対に最後までやり遂げる、裏切らない、ということを発見します。

冷静に考えてみると、会社側が監視するなかでビラを配って、労働者のリーダーをつかんで説得し、秘密裡に準備して、経営者の猛烈な抵抗を上回る努力をして、これまで組合の結成に漕ぎつけてきました。そうすると、労使に大きな対立構造が生まれてしまいます。組織化に成功した場合であっても失敗のほうが多く、イジメや解雇などという犠牲者が出てしまうのです。浜松事務所を構えて、思い定めた中小労働者の救済とは全然違っていることをしているのではないか……と佐藤さんは思い悩んだのです。

また、佐藤さんはこうした動きの中心人物として地元で認知されましたが、それと同時に、シベリア帰りの経歴も尾ひれがついて曲解され、「佐藤文男は隠れ共産党員ではないのか」とか「ゼンセンは総評の地区労より始末が悪い」といった噂やデマが立ちました。

確かに、佐藤さんにはオルグの師匠がいたわけではなく、自分なりに情報を集めて勉強する自己流を貫いてきました。最初に頼りにしたのは、かの産別会議執行部にいた「全日本の労働者よ団結せよ」の亀田東伍(10)さんが書いた本『労働組合ノート』(真理社、一九四八年)ですから、少数派をつかむ共産党系労組の組合づくりそのものです。全繊同盟を代表する佐藤さんが、当初こうした動きをしていたことは非常に興味深い事実です。

しかし、それが間違いであったというだけでなく、ヒントを得た事件が発生します。地元の染色工場で組合ができる直前まで来たところで、佐藤さんは説明会を開催しました。最後は、大会で組合を承認してもらわないと結成できないからです。中小企業ですから全員が集まりましたが、一人の労働者が立ち上がり、「みんな、上部組合の甘い誘いにだまされてはだめだ、俺を見ろ」と猛然と抗議して、組合に反対したのです。

「九州の大企業の下請けで働いていたが、共産党のオルグが、労組ができればよくなると言って組合をつくった。ところが、ストライキばかりしてついに会社が倒産した。そのとき、総評の指導者というのが来て、ひどいことを言って去っていった」

と、大声でたたみかけてきました。佐藤さんが「ひどいこととは？」と水を向けると、信じられない話をしはじめたのです。

「残念だが、君たち三五〇人が働く会社が倒産した。しかし、労働組合というものは革命のための学校なのだ。これから全国に組合をつくるリーダーが誕生したのだ。しっかりやっていこう」

失業したら明日から生活に困る労働者たちと、労働組合の定義が全然違うのです。声を上げた

(10)（一九一〇〜）一九四〇年に保土谷化学工業に入り、一九四七年、全日本化学労組委員長、産別会議副議長となる。その後、共産党の入党し、一九五二年北京へ密出国し、アジア太平洋地域連務委員会副会長を務めて、一九五六年に帰国。

労働者は、実際に地元で駆けずり回ったけど再就職ができず、家族を残して単身で浜松まで来て働いていました。故郷を捨てて独り暮らしを続けているのだ、同業者で組合がないところは順調にいっている、だから組合には断固反対するというのです。

そこで佐藤さんは、生涯の持論となった「枯れた井戸から水は汲めない」を実感したのです。この持論からスタートして、労働者の救済になる組織化はどんなものになるのかを考え抜き、実践的な方法の模索を続けました。

その一方で勉強を怠りませんでした。たとえば、浜松事務所の時代には、当時は東海大学教授だった竹本孫一（一九〇六〜二〇〇二）さんに密着して勉強を続けました。佐藤さんは普段、午前は静岡の県支部へ通って事務作業などをこなし、午後は浜松事務所に戻ることが多かったのですが、その間、沼津から帰ってくる竹本さんと静岡駅で待ち合わせて、マルクスの著作に関して個人講義を受けていたのです。竹本さんが静岡より先に移動するときには、浜松までの一時間半、車中でみっちり教わりました。もちろん、竹本さんがいる東海大学へも足を運んでいます。

竹本さんは一九〇六年の山口県生まれで、東京帝国大学法学部の卒業です。戦前は一九三五年から内閣調査局に勤務し、その後企画院、満州国務院で活躍しました。戦後は、社会党候補で選挙に出て、一九五九年の社会党分裂後に西尾末広(11)さんたちと民社党に移りました。のちに衆議院議員も務めていますが、このときは東海大学教授に就任していました。

「佐藤君、敵を知らなきゃだめだが、原著は読めないだろう。解説するよ」と言う竹本さん、当然、全織同盟の佐藤さんに好意的でした。

浜松事務所に帰って、午後からは組合づくりです。このような毎日ですが、突発的なことが多々起こります。しかも、午前中に起きるとどうなるのでしょうか。

たとえば、労組を結成した直後に「会社側から切り崩しにあっている」と中小労組から連絡があります。佐藤さんが急行しなければならない場面ですが、携帯電話どころか固定電話すらあまりない時代ですから、繁子夫人が静岡支部へ「スグカエレ」と電報を打ちます。その一方で、労組の支部長に連絡をとって現場に行ってもらって一時つなぎをしてもらう。そこへ佐藤さんが到着するというわけです。繁子さんは、まさに有能な事務員であり、夫婦労働運動のパートナーだったのです。

「佐藤方式」に手応え

さて、いよいよ佐藤さんはオルグの手法を大転換させます。初陣は、一九五五年の遠州織物協同組合（遠織）、静岡機械染色経営者協会（静岡染色）などといった地元の経営者団体との懇談会です。このほかにも、遠州経営者協会、浜松の労政事務所、労働基準監督署、職業安定所が加

---

(11)（一八九一〜一九八一）香川県生まれ。一五歳のときに大阪で旋盤工となり、労働運動を開始する。総同盟へ参加して、争議を指導した。戦後は日本社会党の結成に参加し、一九四七年、社会党内閣で官房長官に就任。一九六〇年に民主社会党（民社党）を結成し、初代委員長に就任する。

わった懇談会の席上で佐藤さんは、組合の役割、左翼労組との違い、全繊同盟の活動、組合づくりの態度や姿勢、生産性の重視などを熱心に説明し、組合を避けるのではなく、協力関係の形成を主張しました。

多かれ少なかれ発想自体は認知されたと見た佐藤さんは、素早く組織化の目標を決め、少数の労働者をつかむのではなく、経営者との接触の場を求めつつ話し合いを続けます。約二〇〇〇事業所の遠織、約五〇〇事業所の別珍・コールテン工場を束ねる天龍社織物工業協同組合（天龍社）のうち、五〇人以上という規模の事業所と、静岡染色の全二五事業所を対象としました。

経営者との懇談が終わると、佐藤さんは労組の結成を視野に入れた会議の設置に移ります。たとえば、遠織なら遠織労組結成推進会議を設置します。週一回の会議、半年後に結論を出すというもので、一〇〇事業所の経営者を集めました。労組結成のレールを敷いてしまうわけです。

当然、労組が好きな経営者はいないので軋轢が生じます。しかし、それは経営者が知らないところで労組をつくるのではなく宣言してからつくるので、同じ軋轢でもまったく内容が違います。佐藤さんは、熱心に組合が必要であることを説くと同時に、組合を拒絶する経営者は排除するふりをします。

「よし分かった。ほかのみなさんのところには労組ができるが、おたくだけは全繊同盟に入らないわけだな。それじゃ入れてやらない。出ていけ！」というオルグになるのです。このように佐藤さん主導で話は進み、合意がとれたところで実際に各社の組織化に入るのです。

誤解してはいけません。もちろん、佐藤さんに脅されたから遠織が労組結成に至ったわけではありません。佐藤さんは、経営者にメリットになることも提案し続けたのです。一例として、東洋紡のような大手の下請け構造がどうなっていたのかということを説明しましょう。

東洋紡にかぎらず、大手の支社や出張所から遠織の加盟企業に割り振って発注が来ます。その都度に発注が来るから、受注する側の中小企業は効率がよくありません。そのうえ、ロットが小さくて広いので、短い期間の仕事の寄せ集めとなっててんてこ舞いとなっていました。

「もし、遠織が自主的に窓口をつくったのなら」と、佐藤さんは熱心に説得しました。遠織で受注分をまとめて各社へ割り振れば、ロットが大きくなって長期のやりやすい仕事になるはず、というわけです。そうすれば、単価のなかから十分に人件費を拠出して、事務員を数人雇用することもできるので、もっとうまく運営することができます。このまま大手紡績が言う単価やロットである必要もなくなるはずだ、というわけです。しかし、この提案は「大手が許すはずもない」と、遠織の役員たちはにべもなく拒絶しました。

そうかと思えば、佐藤さんは、最新鋭の機械を共同で購入して活用したらどうですか、ともちかけました。遠織の経営者たちが人を安く使うことばかりを考えていることを見抜いてのことでした。すでに人を安く使えない時代が間近に迫っているのに、このままでよいのですか、という提案です。佐藤さんの提案がすべて受け入れられるわけではありませんが、そんなことまで考えてくれるのか……という気持ちにはなります。組織化の途中、佐藤さんに信頼を寄せて労組結成に心が動く転機が訪れました。

一九六一年五月、浜松市民会館で遠州織物労組結成大会（四六労組、約四〇〇〇人）が開かれました。これが新しい佐藤式オルグの第一号です。また、別珍やコール天の織物工業協同組合である天龍社に加盟する中小企業の労働者は佐藤方式を試行錯誤していて、「瓢箪《ひょうたん》から駒が出た」という組織化でした。

午前、佐藤さんがいつものように静岡駅に到着すると、浜松事務所を訪れたことのある労政事務所の課長とばったり会いました。

「おや、今日は佐藤さんも行かれるのですか？」

と声をかけられ、何かあるなというオルグの直感に従って、「はい、そうです」と同行しました。すると、電車で磐田駅まで行って、バスに乗り換えて福田に到着し、恵比寿別珍の工場に入っていきました。そこには五〇人ほどの地元の工場経営者や幹部役員が集まっていて、すぐに労政勉強会がはじまりました。労働情勢などを話し終わった課長が誤解して、「それでは次に、全繊同盟静岡県支部の佐藤さんから労働組合関係について話してもらいます」と振ってきたのです。

佐藤さんは小躍りする気持ちで、いつもの通り労組の素晴らしさや労働条件の改善について、繊維産業全体のこととして説明しはじめました。この機会を佐藤さんが逃すわけはありません。最終的に、天竜社に加盟する中小企業に労組が続々とできました。だまされた格好になった労政事務所の課長は、この件で上司から叱責されて賞与カットになっています。

「クビになりかねないくらいだ。ひどいじゃないか」と、県支部を訪れて文句を言いに行ったのですが、「佐藤さんは、あんなやり方で組合をつくっているんだ。労働者のことを考えて、熱心に打ち込んでいるんですね」と付け加えています。このようなことが言える課長ですから、のちに所長になっています。

佐藤方式で次々に労組を結成し、大量の中小組合員が全繊同盟に加盟しはじめました。通常の数倍ものペースで静岡県支部から組織拡大しているのですから、佐藤さんの功績は全繊同盟本部で話題になり、県支部長の田代新一さんも、佐藤さんが常任のままの給料では釣り合わないなと気付きました。また、県支部の大手紡績からも声が上がり、県支部加盟費の値上げを決めて佐藤さんは昇給されました。まだ全繊同盟が都道府県支部を集権的に統一して、財政を中央一本化にしていない時代の一コマです。

集団組織化の完成

最大のライバルの生い立ち

佐藤さんの活動そのものが地元で有名になるに従って、労働分野の新聞記者たちも出入りするようになりました。遠織の経営者との労組結成についての話し合いも注目され、早速、記者会見となったのですが、その際、顔なじみの記者から「佐藤さんの組織化方法は日本では見たことがない。どう呼べばよいのですか？」という質問が出ました。佐藤さんはとっさに「集団組織化とでも呼ぶべきかな」と答えたのがきっかけで、「集団組織化」なる組織化方法と命名されて流布するようになりました。

また、佐藤さんは、この集団組織化で業種別の経営者協会や協同組合を通じて、それぞれに労組を結成していきますが、それが別の第一級オルグに伝播してさらに注目されました。さて、集団組織化を使って佐藤さんに匹敵する業績を叩きだしたオルグというのは誰なのでしょうか。

そうです、山田精吾さんです（一五七ページ参照）。連合の前身となる全民労協の初代事務局長になるほどの日本労働界の立役者ですから、山田さんの話だけでもシリーズの講義ができるくらい傑出した人ですが、今回は簡単にお話しします。

山田精吾さんは旭化成労組の出身です。一九三〇年に宮崎県延岡市で生まれ、佐藤さんより五歳下です。延岡中学校に通っているときは戦時中で、中学生で勤労動員になり、農作業、飛行場で砲撃や爆撃から守るための掩体壕《えんたいごう》(12)の造成や、火薬工場で機関砲用の綿火薬をつくったりしていました。この間に、延岡市の土々呂《ととろ》から東海《とうみ》へ転居しています。そして終戦は、動員先の火薬工場で迎えました。

中学卒業後にいったん上京しますが、すぐ延岡に戻って建設会社の「西松組」で働きはじめます。ところが、左官をしていた父親が病気で亡くなり、転勤を命じられた際に母子家庭では転勤できないと判断して、延岡にある旭化成の火薬工場へ転職しました。旭化成労組は一九四六年に結成されていたのですが、当初はレーヨン、ベンベルグ、薬品、火薬など別々になっていました。のちに、各部門労組を連合した旭化成延岡工場労働組合連合会（旭連）となっています。

山田さんは火薬労組に所属して青年部の活動をしていましたが、一九四七年に上部組合の合同によって合同先の産別会議の影響を受けるようになり、左傾化してストライキも打ちはじめます。しかし、それについていけない勢力が出はじめたので、左翼指導部は対抗策として部門労組の連合ではなく、統一を図って強引に旭化成延岡工場組合（延労）につくり替えてしまいました。ただし、全繊同盟に加盟している火薬労組は延労には入りませんでした。

その後、各労組の左翼活動の対抗勢力として第二組合ができていきます。山田さんが青年部長であり、激しく活動した火薬労組にも第二組合のダイナマイト労組ができ、一九四八年に双方が争議のピケやデモで激突し、第一組合に所属する組合員の脱退が相次ぎました。なんと、第二組合が約一八〇〇人、第一組合が三人という状態になってしまいましたが、この三人のうちの一人が山田さんで、書記長になりました。

このころの第一組合の写真は、一人が撮影者になるためどの写真にも二人しか写っていません。

---

(12)　装備や物資、人員などを敵の攻撃から守るための施設。通常はコンクリート製で、少ない資材で大きな強度が得られる蒲鉾型をしている。

少数派となった山田さんたちは、思うような活動ができず、また仕事もボイラー清掃などの雑作業を続ける結果となりました。なお、次々に結成された第二組合が連合した全旭化成労働組合連合会（全旭連）が全織同盟に加盟しています。

山田さんのあだ名は「火薬のハッパ」で、先頭に立って大暴れをしていました。しかし、山田さんからすれば左翼活動をしているのではなく、最初に決められた通り筋を通しているだけで、共産党からの誘いにも応じることなくレッドパージにもなっていません。「ワシは赤でも白でもない。ピンクじゃ」という有名なセリフが語り草になっています。疑わしき、で罰された佐藤さんとは対照的に、旭化成には相応の理解があったようなので幸運だったと言えます。

組合活動の敗北という状況に浸っていた山田さんですが、激しく行動しても人望がありますから、一九四九年には反対者を抑え、過半数の賛成をもってダイナマイト労組に迎えられました。当然、ダイナマイト労組でも頭角を現して執行委員になり、一九五一年には書記長に選任されました。その直後には、全織同盟の化織連合会、つまりのちの化織部会へ出向して、主に大阪で活動し、西尾末広（一七九ページ参照）さんと出会っています。

一九五二年にはダイナマイト労組に戻って、全旭連の中央執行委員で初代青年部長に着任しました。その翌年、一九五三年には総評脱退の攻防があり、全織同盟は総力をかけてようやく僅差で左傾化が激しくなった総評から脱退しました。大阪の貝塚市で開催された臨時大会のときでした。山田さんは病気欠席でしたが、脱退反対だったというのですから、火薬労組のときと同じ行動です。山田さんらしいというか、やっぱり規格外れの人物だと言えます。

一九五四年に全労が結成され、前述の近江絹糸人権争議が勃発し、山田さんら全旭連の役員たちは大垣工場へ応援に入りました。工場正門前にある倉庫の二階で三か月間過ごすことになった山田さんは、スト中の女性組合員たちの面倒を見たり、第一組合の切り崩しで活躍しました。宇佐美忠信さんの不当逮捕に怒ったり、争議のリーダー格で、大阪のボスであった竹内文義さんと遭遇したのも近江絹糸争議でした。

争議が終結してダイナマイト労組に戻って副委員長に選任されましたが、本当に山田さんらしいというか、全旭連では反主流派の旗頭になっていきます。そんなとき、同世代の東レ労組書記長で、のちにゼンセン組織内の参議院議員として活躍する藤井恒雄（一九二八～一九九一）さんがやって来て助言したことがきっかけとなり、山田さんは全繊同盟の活動に生涯を賭ける決心をします。

「君ならもっと広いところ、全国の舞台で思う存分労働運動をすることができるはずだ。やったらどうだ」

ライバルの競演

さて、一九五九年に延岡をあとにして全繊同盟入りした山田さんは、組織部長の山口正義さんから言われた「プロの活動をしたいのなら東京にいてはだめだ」との言葉通り、早速、愛知県名古屋市の東海事務所に配置されました。東海は、東海《とうみ》と字が同じで縁があります。きっと、山田さんも同じことを思っていたと私は思っています。実は、山田さんの東海事務所行きに際して、山口さんはもっと具体的に指示していたのです。

「静岡県支部に桁外れの組織拡大をしているオルグがいるが、俺も経験したことのない新しいやり方のようだ。見てきたらどうだ」

こうして、最強オルグの「ライバル」と呼ばれる佐藤文男さんと山田精吾さんが出会ったのです。二人は中学校卒で就職経験があり、いわゆる学卒エリートとは違う、恵まれない人たちの目線をもっています。それだけでなく、濃厚な職業体験や労組活動の経験をもっていました。

愛知県蒲郡市では、安宿を探した末にビジネス旅館に泊まったり、時には短期借り上げのアパートに転がり込んで、県内の繊維産地の集団組織化を実践するという二人の姿がありました。数か月にわたって四畳半に二人ですから、じっくり話をして、お互いの将来に大きく影響えた濃密な時間であったと思います。

山田さんは、三河地区の繊維経営者団体との交渉を通じて一九六一年一〇月に三河織物労連を立ち上げて組織化に成功したのを皮切りに、佐藤さんの協力も得ながら知多織物労連の結成をはじめとして知多半島一体の組織化、尾張地方各地区の組織化をブルドーザーのように推し進めました。

佐藤さんにとっては、集団組織化を共有しながら愛知で組合をつくるという経験は、そのまま集団組織化を仕上げ、磨きをかけて完成度を高めることになり、静岡での組織化をさらに進めています。一方、山田さんにとっては、直伝された集団組織化を体得した貴重な時期となりました。もちろん、ほかの手法でも組織化できるオルグが、集団組織化もできるということです。

数多くの組合をつくった歴戦のオルグたちからは、「佐藤方式」とか「山田方式」といった言葉が口をついて出てきます。あるオルグは、前者を「上からの組織化」、後者を「下からの組織化」といった意味で使っています。また、別のオルグは、「名刀村正のような佐藤方式」、「大ナタのような山田方式」と表現しています。

同じ集団組織化でも、一気に網をかけてまとめてつくってしまうのが佐藤方式で、一つずつつくってからまとめるというのが山田方式という説もあります。それでも、集団組織化に応じない経営者を徹底的に叩くという点だけは共通しています。

二人ともお互いの方式ができるわけですからステレオタイプにする必要はないと思いますが、特徴を言い得ているような気がします。佐藤さんも山田さんも後進の育成に余念がありませんでしたから、オルグの遺伝子はきっちりと伝授されて、現在のオルグたちにも受け継がれているはずです。

一九六一年、山田さんは全繊同盟本部の組織部で中央オルグとなり、名古屋から東京へ戻りました。中央オルグとは、功ある手練れた即戦力の「上級者オルグ」のことです。のちの全国オルグより格上で、全繊同盟の規則では職階ではないとされていますが、現実には都道府県支部長に相当し、「花の中央オルグ」と呼ばれていました。佐藤さんも同年、同じく中央オルグへ就任するよう要請を受け、浜松をあとにして山口組織部長の下に集まっています。

佐藤さんが去ったあとは静岡県支部が事務所を引き継ぐことになりましたが、前述したように、ゼンセン関係者の間では「ゼンセンオルグの聖地」として記録や記憶のなかで息づいています。

佐藤さんは、ご家族とともに東京行きの三等車に乗り込むために浜松駅に向かうと、改札口の近くには全繊同盟加盟労組旗がはためき、人垣ができていました。顔なじみの面々と抱き合い、別れを惜しみました。組合員や住民など約三八〇〇人分の餞別が入った大きな袋は、硬貨がぎっしり詰まって持ち上げるのもひと苦労だったということです。

東京駅に到着すると、交流のあった全繊同盟の人たちが迎えに来ていました。その案内で池袋駅に着いた佐藤さんが真っ先に見つけたのは、十数人のゼンセンマンの中央で微笑んでいる「引っ越し隊長」の山田精吾さんその人でした。

第７章 ゼンセンとオルグ―後編

三大オルグの一人として紹介した佐藤文男さんは、組織部長になってから全繊同盟がチェーンストア労働者の組織化へと舵を切った張本人です。自ら組織化するだけでなく、組織部のチームを編成し、部下のオルグを育て、「佐藤方式」の伝授を通じて多くの労組を結成し、組織化の拡大を達成しました。ここでは、佐藤さんとともに全繊同盟流通部会の結成に向かったオルグたちに焦点を当て、どのようにチェーン組織化へ比重を移していったのかについてお話しします。

集団組織化の切れ味

難攻不落の播州へ

一九六一年に佐藤文男さんと山田精吾さんが全繊同盟組織部に揃いましたが、山田さんは副部長を経て一九六五年に組織部長として二年間就任したあと、大阪府支部へ転じます。繊維の中心地だったこともあって、独立独歩になりがちな大阪府支部に入り込んだ山田さんは鍛えに鍛えて、さらに独立国家のようにしました。

一方、佐藤さんは、山田さんが組織部長であった二年間は中小企業対策部長でしたが、山田さんの後任として一九六七年から長期にわたって組織部長を務めています。組織部に来たばかりの佐藤さん、山口正義さんに「遠慮するなよ。お前の集団組織化でやりたいだけ日本全国の中小企業労働者を組織化しろ。できなきゃ、東京に帰ってこなくていいぞ」と送り出されました。「もちろん、そうします」と言って出た佐藤さんの足跡を追うと、まず組織部に来た一九六一年の冬には、早くものちに播州労連の中心となる兵庫県の西脇地区で約四〇〇〇人の集団組織化に成功しています。

西脇地区は綿スフ織布の産地ですが、交通の便が悪く、遮断されていることもあって労働運動不毛の地でした。しかし、浜松での経験をもとに、組織部から同行したオルグとともに、また現地で兵庫県支部の協力を得ながら半年間で組織化に成功したのです。

一九六二年七月、播州労連が約六〇〇〇人で結成されました。以前は現地で三社の中小企業労働者の組織化に着手したあとに難攻不落となっていましたが、佐藤さんの登場で一〇年がかりの悲願を達成したわけです。

四国二か所を同時に攻める

この業績にあぐらをかくことなく、単身、無期限、待ったなしの全国オルグ旅の決心を固めた佐藤さんは、一九六二年に入ると今度は四国へ渡ります。出発日の夜、佐藤さんは東京駅でまずコルゲンコーワを飲みます。風邪を引いたからではなくて、飲めば長時間の乗車となる列車で熟睡できるからです。長旅になるときにはたっぷりと眠る、これが佐藤さんの習慣です。延々と一〇時間以上をかけて大阪へ、そして尾道へ。尾道から乗船して到着した今治港では、愛媛県支部の人々が出迎えてくれました。

しかし、愛媛県支部は、見知らぬよそ者の佐藤さんを、「若造オルグよ、お手並み拝見だ」といった感じで遠巻きにしていました。また県支部側では、「集団組織化？　ここじゃ絶対ムリ」と内心思っていたそうです。

それでも今治に常駐することを宣言した佐藤さんは、翌日から県支部の雑用をはじめとして何でも進んでこなし、足繁く地元を動き回ることにしました。こんな姿に県支部もだんだん信頼を寄せ、地元の詳細な情報を伝授するなど協力的になってきました。早速、毎日のように今治タオル工業組合を訪問して、労組の必要性や業界への提案を繰り返し主張しました。

佐藤さんは、県支部の会社リストをもとに主要企業の近藤繊維工業（現コンテックス）社長で工業組合の有力者と関係をつくり、突破口にします。この社長には、学生時代に同志社大学でボート部にいたという経歴があります。同じ同志社のボート部で、同期だった人のなかには東洋紡労組の委員長がおり、全繊同盟に加盟している労組役員たちの線が見えてきます。

だんだん親しくなり、社長が松下幸之助（一八九四〜一九八九）さんの秘書をしていたことが分かり、佐藤さんは松下さんに会うように進言します。佐藤さんは、松下さんも動かしました。同席した松下さんから社長は、「全繊同盟か。よい組合じゃないか。君の会社と知り合ったんなら、よかったじゃないか」と言われ、それを同業の経営者たちに話しました。

また、今治タオル工業組合の役員たちに、浜松市の遠織への見学会も計画し実行しました。現地で佐藤さんの悪口が出てくるわけがありませんし、浜松のみなさんから、「変な組合ができて苦労する前に全繊同盟の組合ができてよかった」と聞いて安心します。

着々と今治タオルの集団組織化の準備が進みますが、驚くべきは、佐藤さんが今治と同時に夜間は香川県の高松に移動して、大川郡にある白鳥町の手袋縫製工場の組織化に手をつけていたことです。今治のタオル工場は一直制で夜は休止するので、夜間の遊休時間がもったいないと思った佐藤さんは、「手袋縫製は忙しいから、夜もずっと仕事しているぞ」と言われたのがきっかけで香川県支部に目を向けたのです。大川郡の白鳥地区は県支部が着手していましたが、成果が出ないままでした。

こちらも、佐藤さんを中心に全力で集団組織化を進めて、順次各労組の結成が続きました。一九六三年二月に今治タオルよりも先に香川県手袋労連が結成され、二五労組約二〇〇〇人が全繊同盟に加盟しています。今治のほうも一九六二年の年末から労組の結成が相次ぎ、一九六三年四月、今治タオル労連が一七労組約二〇〇〇人で結成されました。この時期に、経費の精算作業を通じて全繊同盟本部の財政局から「佐藤オルグの経費が怪しいぞ」と指摘されていますが、実は、今治と白鳥の同時集団組織化という信じ難いことをやっていたのです。

このあとも愛媛県で別の集団組織化を遂げ、それから他県に渡ってからのオルグもありますが、このあたりでお話は終わりにしておきます。佐藤さんの集団組織化の切れ味が最高レベルに達したのは全繊同盟にとって大きな財産です。とはいえ、他方では全繊同盟に危機感が漂いはじめており、当然、佐藤さんや山田さんもそれを敏感に察知していました。

繊維産業の衰退と八王子争議

八王子で争議が勃発

最大の懸案事項は繊維産業の将来でした。経済成長を経験した多くの国では、農地改革によって多くの農民に農地が開放されて農業の効率化が進みました。このため、余剰となった農業労働者が繊維産業に代表される軽工業に移ったのです。これにより、繊維産業は国内の消費財市場を満たすとともに代表的な輸出産業となり、次の重工業化の準備に入るというパターンを多くの国が経験しています。しかし、その展開には国ごとに差があります。日本の繊維産業が世界の繊維産業地図を変えたように、またイギリスのマンチェスターを沈ませたように、韓国などが日本にくらいついてきました。

一九六〇年代から日本の繊維産業の先行きに対する懸念がだんだん強くなります。全繊同盟は、加盟している繊維産業の国際組織の大会に参加するたびに、先進国の繊維労組の数や組織人員が減っていくのを目の当りにしたからです。

勝者必衰の理のごとく、恐らく日本の繊維産業の将来性は安泰ではないと感じたのですが、その予測は当たりました。全繊同盟は、輸出先別の繊維製品政策、設備投資のコントロール、合理化対策などあらゆる繊維産業対策による安定化で抵抗しました。しかし、大手企業では、繊維を見切るように他産業への多角化を図り、繊維工場の閉鎖が相次ぎましたし、中小企業では廃業がはじまりました。こうして全繊同盟は、繊維以外の労働者を組織化することが将来に備えることになるという認識が強まっていきます。

そんな最中の一九六四年、懸念を大きくする事件が発生しました。自信満々のゼンセンオルグたちが「失敗」と認める憂鬱な「八王子争議」です。奇しくも、全労の第一二回臨時解散大会と同盟の結成大会があった、つまりナショナルセンター同盟が誕生した年のことでした。

敗北と引き替えの財産

八王子争議は、全繊同盟が一九六三年に東京都下地域に狙いを定めて組織化に入ったのがきっかけでした。現在の八王子はネクタイやマフラーなどで有名ですが、当時は全国でも有数の絹織物産地だったのです。しかし、組織化の動きを察知した地元の織物工場の経営者たちは、俊敏に一〇〇労組八労連で約三五〇〇人の八王子織物労働組合連合会（八織労連）を結成し、全繊同盟へ加盟させない方針を決めました。言うまでもなく御用組合です。そこへゼンセンが割って入って、三労組を結成して約三〇〇人が全繊同盟に加盟しましたが、一向に進展しませんでした。

一九六三年八月に八織労連が全繊同盟への加盟促進の申し入れを正式に拒否したところで、本格的な組織化へ切り替えました。しかし、経営者側の言いなりになっている労働者たちをオルグすることは至難を極め、八織労連および経営者vs全繊同盟という構図になって、衝突は激しくなる一方でした。全繊同盟はオルグ団が現地入りして、旅館を借り切って現地に張り付いて活動しました。ほとんどの工場を調査し、労働基準法違反の情報を集約して八王子労働基準監督署へ監督強化を申し入れたことでゼンセンオルグが逮捕されるという事件が発生して、それに対する抗議活動が加わったことで争いが大きくなりました。

全繊同盟八王子地区織物組織化闘争の現地対策委員会が発足し、委員長になった東京都支部長がオルグ団を増強したことで、紛争はさらに激しくなります。この渦中で、八王子近隣の青梅地区の組織化に成功したことを突破口にして八織労連との話し合いがもたれ、共同声明を出したり、定期大会へ特別招待組合として八織労連役員が出席したりしました。

ところが、肝心なところになると経営者側の横やりが入り、八織労連が取り込まれてしまうのです。ですから、話し合いは継続中と言いながらも、ゼンセンが力づくで制圧しようとしてもうまくいきませんでした。

最後は、八王子が東京オリンピック（一九六四年）の自転車競技会場になっていて、「派手な街宣がオリンピックの支障になる」という警察や公安からの自粛要請を受ける形で退くことにしました。ゼンセンは、退くべきときは見事に退きます。

山田さんと佐藤さんが直接指揮をしなかったこの争議は失敗に終わりましたが、全繊同盟は貴重なものも獲得しています。それは、組織化や争議体験という共有です。横のつながりがほとんどなかった全国各地から、多くの若手を含むオルグ団が編成されたのです。情勢ごとの教訓や失敗を含めた将来につながる体験が刻まれたほか、「同じ釜の飯」を食べるという強固な人間関係ができました。争議が多い全繊同盟ではすでに同様の事態になっていましたし、労組結成時の一斉オルグでは大規模動員をかけます。その一コマが、八王子争議にあったのです。

「組織部な」オルグたち

精鋭のオルグたち

この八王子争議のオルグ団には、のちに組織部長となる佐藤さんの下でチェーンストア組織化を担うオルグたちが参加していました。その意味では、「佐藤一家」で活躍するオルグたちの集結を先取りした争議であったという見方もできます。ちょうどよい機会ですから、これらのオルグたちを紹介しておきましょう。

まず和田正さんですが、新潟県支部から八王子争議へ参加していました。和田さんは一九三四年の新潟県西蒲原郡吉田町生まれです。今の燕市です。地元で育ち、巻井高校を卒業したあと一年間小学校の教師をしてから法政大学へ進学しました。また、大学卒業後の二年間は中学校の教師をしていました。

一九六〇年、和田さんは同郷であり顔なじみで、のちにゼンセン会長、連合会長（二代目）になる芦田甚之助（一九三四～二〇一一）さんから熱心に口説かれて、全繊同盟に入りました。「学校も労働運動も相手は人間だろう。労働のほうは、子どもではなく大人でもっとスケールが大きくてやりがいがある。それに、土俵は日本だけではなくて世界だぞ」

芦田さんは組織部への配属というか組織部預かりであったのですが、ちょうど故郷の新潟県支部に転じたところでした。全繊同盟は、新卒採用者をまずは組織部で徹底的に鍛えてから、県支部へ配置させるという慣習があったのです。たとえば、ゼンセン三大オルグで拓殖大学出身の二宮誠さんも、また明治大学出身で和田さんの下で優れたオルグとして活躍した徳田孝蔵さん（現友愛歴史館長）もそのような経緯を辿っています。

芦田さんの場合はやや変則的で、組織部預かりには違いないのですが、本部ではなく近江絹糸人権争議のときに大垣工場へまず派遣されたあと、静岡県支部浜松事務所で鍛えられました。佐藤文男さん夫婦と同居しながら、県内外のオルグに同行していました。実は、芦田さんと同期の学卒採用者も浜松事務所に寄宿していましたが、半年ほどで脱落して退職をしています。

芦田さんは、一九六〇年一月に病気で亡くなった新潟県支部書記局長の後任として新潟県支部長代行として就任したところでした。当時の全繊同盟は、チェーンストア用語で言うと、ボランタリーチェーンだった自律性の高い各県支部を直営のレギュラーチェーンに切り替える段階だったのです。戦前から支部長が君臨している県支部へ全繊同盟本部が任命した支部書記局長を配置し、それを県支部長にスイッチさせるところでした。

和田さんは、①組合員の多数を占めている女性に手を出さない、②組合員が出した大切な組合費を大切にする、③サラリーマン根性は禁じる、の三つの掟を教わり、何度も念押しされてから中小労組の活動に身を投じます。繊維産地としては、十日町の絹織物中心の和服、栃尾の合織、見附のニットと合織、賀茂の絹織物、亀田の合織加工などが守備範囲となります。

労組としては、静岡のような連合会とは違って合同労組の形態でした。早速、和田さんと芦田さんが、当初は中立であった五〇労組約三五〇〇人の十日町繊維労連を一九六一年三月に全繊同盟へ加盟させています。この実績により、十日町と同じ織物産地で組織化するということで八王子入りを要請されました。三〇歳で独身だった和田さんは、父親から「結婚については一任してくれ」と言われて送り出されました。

和田さんは、「十日町にいた者なんだけど……」と言いながら、八王子の中小工場に接近して内情を探ったりしましたが、父親から「相手が見つかったから結婚しろ、すぐ帰れ」と、八王子の争議中なのに呼び出されました。恐る恐るオルグ団に報告してみると、意外なことにみんなから祝福され、お祝い金までもらって、「落ち着いたらまた戻ってこいや」と送り返されています。

しかし、八王子争議が収まったあとのことなので八王子に戻ることはありせんでした。ただし、山田精吾さんが、新潟県支部を訪れた際、豪快な活動をしている和田さんに目を付けました。一九六七年に本部への異動を打診されましたが、「田舎の長男だから、新潟から出られないです」と断りました。その後、佐藤さんから二回目の誘いがあったのを受けて決心を固め、一九六九年に全織同盟の本部組織部へ移っています。

さて、毎日のように宣伝カーを繰り出して、ガンガンやっている八王子争議のオルグ団のなかに学生服の若者が混じっていて、「どうして学生のお兄ちゃんがいるのだろう」と注目を集めていました。菅井義夫さんです。

菅井さんは、一九四二年、愛知県春日井市の生まれです。終戦直後の三歳から両親の出身地である新潟県に移り住みました。地元の三条高校に進学しましたが、中退して兄のいた名古屋へ移っています。菊里高校の定時制へ編入して、通学しながら一九六〇年から東レ名古屋工場で働きはじめました。

お会いすればすぐに分かりますが、菅井さんは理路整然、頭脳明晰で英語も堪能という非常に優秀な人です。そんな人ですから、東レ労組に入っていきなり投稿した原稿が機関紙に掲載されたり、弁論大会で一位になったりして目立っていました。そんな学生労働者が、労働歌を歌うために共産党の活動家が溜まり場としている歌声喫茶に行ったり、怪しい映画サークルに入ったりしているので余計に目立ち、誤解されました。

尾行がついていることにも菅井さんは気付いていました。非常に有能だが左翼っぽい人材が東レ名古屋労組にいる、という噂話を聞いて、全繊同盟の幹部が「ぜひ会いたい」と言って名古屋にやって来ました。

「労働運動をやりたいなら本格的にやれ。全繊同盟でやれ！」

そう言われたあと、入れ替わるように滝田実さんが来て、「労働運動がやりたいなら、東京の全繊同盟へ来ないか」と誘われました。「ただし、来るなら思想だけはきちんとしてくれよ」と言われて複雑な気持ちになりましたが、それじゃ放り込まれてみるか、と決心したのです。

東レでまったく労組の経験のないまま、一九六四年、慣例通り組織部に配属になりました。若者ということで、「青少年の活動をやれ」と言われ、午前、午後と真面目に仕事をしたあと、夕方になると副部長であった山田精吾さんに新宿や渋谷、新橋の飲み屋に連れ回されます。「酒が飲めないし、そもそも未成年です」と断るたびに、頭から日本酒をぶっかけられていました。

また、組織部長の山口正義さんに連れていかれた新橋では、山口さんがいきなり倒れ込んで困ったこともありました。山口さんは高血圧症で、「酒は厳禁」と医師に言い渡されていたのです。

「お前はどうしてオヤジに飲ませたんだ！」とみんなに詰め寄られ、また無理やり飲まされてしまうという日々でした。

菅井さんは、その年の八月からいきなり八王子争議のオルグ団に加えられ、全国から動員されたオルグたちと一緒に過ごし、一一月の撤退まで現地にいました。

他の産別組合のオルグも参加

余談ですが、ほかの産別組合のオルグも八王子争議に入っていたことを話しておきます。早矢《はや》仕不二夫《しふじお》さんです。早矢仕さんは、一九二一年の東京都江戸川区生まれです。復員後に総同盟に入り、全進同盟（全国進駐軍労働組合同盟）を経て、東京金属の組織部長になりました。実は、全進同盟は解雇されているのですが、その理由は、早矢仕さんが全繊同盟の機関紙に掲載した論考が「右寄りだ」と追求されたためです。松岡駒吉（一五九ページ参照）さんや鈴木文治(1)さんと接し、尊敬しているのですから当然なのですが、滝田実さんや宇佐美忠信さんには共感していました。オルグ同士では、山口正義(2)さんとの交流もありました。

全金同盟の東京金属は、高野実さんが率いる総評全国金属の関東金属とはライバル関係ですか

（1）（一八八五～一九四六）友愛会の創始者で、日本の労働運動の草分け的存在と言われる。
（2）（一九〇一～一九七四）日本の労働運動家。元日本労働組合総評議会（総評）事務局長。

ら、早矢仕《はやし》さんの輝かしい組織化の多くは、総評と同盟との対立の下で競り勝ったものと言えます。金属工場で飛び散る火花だけでなく、総評オルグと渡り合って散る火花のなかで、圧倒的多数の労組を次々に結成させたという伝説のオルグと言えます。

早矢仕さんから実戦的な話を聞いて驚いたのは、非常にゼンセンのオルグに近いということです。決して対立から入るのではなく、経営者に労組を理解させることを優先しています。早矢仕さんの足跡を追っていくと、生産性本部をうまく使い、労組を否定しない経営者の意見や好意的な意見を別の経験者に伝わるようにしていました。

また、できるかぎり統一協約の締結を目指すとか、労働協約に必ず平和条項を入れるとかという点も重視しましたが、その雛型は全繊同盟の書面を参考にしたものでした。そういえば、一九七一年の全金同盟の組織統一も、財政や人材など、本質的には全繊同盟の中央集権化と酷似しています。もっと驚いたのは、早矢仕さんは、全繊同盟のオルグが感じていたとしても絶対に使わなかった言葉「経営者教育」を広言して、信条としていたことです。

そんな早矢仕さん、全繊同盟に頼まれて東京金属のオルグを進めながら、時間を見つけてはせっせと八王子に通っていたというのです。近江絹糸争議でも、全金同盟が役員派遣、動員、カンパなどの応援を惜しまなかったので不思議な話ではありません。さすがというか、早矢仕さんは違和感なく全繊同盟の輪に溶け込んで争議活動を続けました。

八王子には、繊維労働者たちに労組の役割を熱心に説明する早矢仕さんの姿がありました。ただし早矢仕さんは、八王子争議に関して、「全繊同盟はやりすぎた」とか「最初の出会いが悪く、ボタンも掛け違えていた」、「労働者が怖がっていた」などと回想しています。

話を戻しましょう。和田さんはオルグとして、菅井さんはオルグたちの後方を固めて内部を束ねる内勤者として、それぞれ「佐藤一家」のチェーンストア組織化の快進撃を担うことになります。この佐藤一家の、ほかのオルグたちを年齢順に紹介します。

坪西辰也さんは一九二七年生まれで、帝人労組の出身です。帝人労組から化繊部会の執行委員になり、組織部へ移って山田精吾部長のときに副部長に就任しました。同盟流通についてお話ししたと思いますが、流通部会の初代部会長に就任しています。

平田太郎さんは一九二九年生まれで、大阪の帝国産業の出身です。関西を含めて西日本を広域に担当した豪快なオルグです。

中川弘さんは一九三一年生まれです。もともと兵庫県の西陣地区にいて、佐藤文男さんが集団組織化で結成した播州労連の出身です。佐藤さんの組織化を眼前で見ていましたし、佐藤さんも中川さんのことを知っていました。

その後、兵庫県支部へ移って働いていましたが、県支部長が引退する際、「頭が切れる有能な人材なんだが、少々素行がよろしくない問題児だから鍛えてくれ」と佐藤さんに預けられたオルグです。

ゼンセンの歴戦オルグたちが集まった貴重な１枚。佐藤文男（２列目右から３人目）、山田精吾（前列左から３人目）の姿も見える（提供：佐藤文男氏）

東京に出てきてから、佐藤さんが組織化を手取り足取りで伝授したあとに、北陸地区のオルグを任せたりして鍛え上げました。佐藤さん直伝の素晴らしいオルグとして組織部で活躍します。八王子争議にも参加して、営業マンに扮して会社側の情報収集を行いました。

坪西辰也さんが副部長、平田太郎さん、中川弘さん、和田正さんが中央オルグ、竹山京次さんと山川治雄さんが一般のオルグです。

竹山京次さんは、和田さんと同じ一九三四年生まれです。東レ労組出身のオルグで、流通部会の創設のときに部会書記長に就任して、坪西さんとコンビを組みました。山川治雄さんはさらに若く、旭化成労組の出身で、竹山さんの跡を継いで第二代流通部会書記長に着任しました。

のちに和田さん、中川さん、平田さんは全国でチェーンストア組織化を進め、「三羽ガラス」とも呼ばれました。とにかく酒の武勇伝が多い組織部にあって、佐藤さんと中川さんはまったくお酒を飲みませんでした。もちろん、これらのオルグにはそれぞれ薫陶を受けた優れた後任オルグたちがいるのですが、ここまでにしておきます。

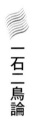

一石二鳥論

マルサ労組解散事件

考えに考え抜いて集団組織化を発明した佐藤文男さんですから、組織部長になって、いや中央オルグ、中小企業対策部長の時期もずっと全繊同盟の将来について考えていました。

──石炭の衰退と炭労の辿った道を目の当たりにしているので、半面教師にすべきであろう。炭労は石炭にしがみつき消えてしまったが、全繊同盟も同じではないのか。松岡駒吉先輩たちが求めた全繊同盟が、労働運動を牽引することは実現できなくなるのではないのか。

──繊維が衰退していくのは間違いない。時計の針は反転できない。理屈で考えれば、繊維産業と心中するつもりで縮減するか、それが嫌やなら繊維以外に手をつけなければならない。

佐藤さんが選んだのはもちろん後者です。だからといって、すぐにチェーンストア組織化に得心がいったわけではありません。実は、のちの広大な組織化対象の種が天から降ってきたのです。佐藤さんは、即座にその種をつかみました。

佐藤さんが浜松でつくった労組のなかに、一九四七年創業の衣料卸売と専門店を営む「マルサ衣料」があります。組合員三五〇人のマルサ労組の結成は、全繊同盟がチェーンストア組織化へと衣料部門から切り込む前に取り組んだ偶然の話です。浜松時代に、過酷な労働時間を訴えてきたマルサの女性労働者から相談を受けてつくったものなのです。

一九六八年、佐藤さんはマルサ労組の委員長から一通の手紙を受け取ります。その手紙には、「最近、岡田屋に買収される話がもち上がり、財務状況から考えてマルサの将来にとっては有利なので買収されますが、岡田屋には労組がないのでマルサ労組は解散いたしました」と記されていました。そして、「佐藤さんにはお世話になりっぱなしで申し訳ありませんが、組合員一同感謝しております」と結ばれていました。

苦労して労組を結成し、労働者を救済できたはずなのに、いとも簡単に未組織セクターへ吸い込まれていく。佐藤さんは中川さんを呼んで命じました。

「オルグとしてどう思う。許せないよな。すぐに岡田屋に行け。つくって来い。マルサのことは内密に。バレたら、元組合員がどうなるか分かるよな」

のちに全繊同盟がジャスコの労働者を組織化することになりますが、この時点で佐藤さんは、未組織セクターの恐ろしさを感じる一方で、拡大しはじめたチェーンストア産業に目を向け、その有望性を確信したのです。しかし、流通業ということになると、破壊的な全百連の左翼活動の残像が消えないなかで立ち上がり、滝田実さんや宇佐美忠信さんが協力していたDILA《ディラ》が動き出していました。いずれ産別組合になる流れ、つまり商業労連への道ができつつありましたし、その岡田屋自体は商業労連から誘いを受けていました。

それでもマルサのことがあるほか、商業労連の力量に関しては未知数です。「やるかやらないかどちらだ」と問いかける佐藤さんに、「よし、徹底的にやるぞ」と集まったオルグたちが、全織同盟の将来を託すために火を点ける決心をしたのです。

抵抗勢力を跳ね返す

オルグたちの結束は固まりましたが、ここから内憂外患がはじまります。佐藤さんは組織部長として流通組織化を提起しますが、「全織同盟は繊維の産別組合だから、歴史と伝統を考えなきゃ」と、色よい反応があるはずがありません。繊維の最終製品まで組織化する目的や、組織拡大や財政好転の実利には賛成できても、会議になると異論が出るのです。いつの時代も、ダイバーシティの受容には大きな障壁が現れます。

山口正義さんの時代から組織部の権限は大きく、また滝田さんや宇佐美さんもオルグの大切さを理解していますから、表立って反対する内部勢力は出てきませんが、常にブレーキがかかるのです。そこで佐藤さんは、後々までしつこく主張することになる「一石二鳥論」をぶちはじめます。

――産別組合として求められる産業政策の遂行という「建前」、全織同盟のもっとも大切な力と政策を維持するための懸念解消と組織拡大という「本音」。流通の組織化にはこの二つが重なっているんだよ、というわけです。

組織化する対象が何であるかよりも、繊維限定の産別組合では規模が縮小し、ナショナルセンター同盟でもどこでも全繊同盟の役員はお呼びではなくなるよ、力と政策を捨てなきゃならなくなるよ、と耳の痛いことを言い続けます。

しかし、静かな反対派は消えることがなく，流通の組織化に着手した佐藤さんの前に顔を出すようになりました。最初は、中部地区で開かれた繊維の会議でした。大手労組の専従者は、県支部の活動に積極的にかかわるという慣行があるのは現在も同じです。その専従者が集まる会議から組織部長として要請されて参加してみると、珍しく正面から反対が出たのです。

「流通の組合員を迎えても、繊維の仲間とうまくいかないのではないか」とか「産別組合の活動はできるのか」、「選挙は無理だろう」などといった異論が次々と表明され、「全繊同盟に入れてもらっては困る」とか「流通がないと財政がもたないなら、値上げをするという手もある」というストレートな拒絶まで出ました。

「全繊同盟の伝統を守って欲しい」という声を聞いたとき、佐藤さんは改めて危険を感じ、流通の組織化が間違っていないことを確信しました。これらの意見に耳を貸したら、全繊同盟は消滅すると見抜いたのです。

大手労組が加盟する他部会発で同様の苦情とも言える苦言のような意見が寄せられましたが、佐藤さんは一石二鳥論を繰り返しながら、次々とチェーンストアに労組を結成させました。

外患《がいかん》のゆくえ

敵対感情が生じなかった一般同盟

内憂だけでなく外患のほうもあります。まずは一般同盟です。ダイエーの労働者は松吉英男さんがまとめ上げ、一般同盟の力を借りて労組を結成しましたが、実は全繊同盟兵庫県支部が目をつけていました。あれこれ画策したのですが、全繊同盟には流通大手労組の受け皿はなく、業種いかんにかかわらず、組織化できる一般同盟に渡した格好になりました。

ちなみに、「流通組織化を開始した直後から次々に大手労組の結成と全繊同盟への加盟が相次いだのは、全ダイエー労組が加入していなかったから」という話がありますが、そんなことはないと私は思っています。潜在的にせよ、全方位へ競争を仕掛けていたダイエーに対する敵視の感情を緩和することになりうる点は否定しませんが、計算されていたわけではなく結果論でしょう。

いずれにせよ、それ以降の一般同盟の組織化が目覚ましいわけではないため、全繊同盟組織部は財政や人材の問題からすれば萎んでいくだろうと傍観していました。また、いざ流通組織化を決心してみると、一般同盟や緩やかにつながるだけの全国チェーン労協の流通産別組合へは遅々として進まないので、とりたてて対立感情もありませんでした。乱暴な表現をすれば、全繊同盟の固い決心とハイテンションからして、無視ではないとはいえ軽視していたと言えるでしょう。

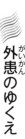

商業労連との決別

むしろ、外患と強く意識されていたのは商業労連です。こちらも、既存の百貨店労組がつながる連合体というだけで、流通組織化をどれくらい行うのかは不確実で未知数です。商業労連にはオルグがいそうにもありません。いたとしても、佐藤さん自身や部下のオルグたちのように、足を棒のようにして夜中まで動き回って労組をつくるとは思えません。

しかし、同盟に入って商業同盟となり、流通の組合員を増やしていくのなら、全繊同盟には大義名分がないために手が出せなくなります。また、実際に商業同盟にしようと仕掛けていました。そもそも滝田実さんは、DILA《ディラ》や商業労連の中枢にいる伊勢丹労組の結成で協力していますし、DILA発足後も要所で助言したり、ゼンセン幹部を派遣したりして産別組合に関する指導を行ってきました。

極めつけは、全繊同盟が商業労連結成グループへ、流通産別組合にあるべき路線内容を突き付けたことです。具体的には、広範な情報収集能力、政策の企画立案能力、政策の実行基盤・実行能力、未組織の組織化能力、中小企業組織の世話役の五点です。要するに、産別組合ならこれらをやってもらわねば困るのだ、という基準のようなものです。商業労連からすれば大きなお世話とも言える内容ですが、同盟側からすれば商業同盟を視野に入れているということです。

ところが、その外患は図らずも消え去りました。商業労連が結成されると、同盟に加盟することなくナショナルセンター無所属でスタートしたからです。同盟側への感謝や敬意を表しながらも中立主義を志向したのは、もちろん全百連の後遺症です。その後遺症の克服は産別組合の結成までであり、上部ナショナルセンターへの加盟には至らず、見送りとなりました。

その半面、これも産別アレルギーのせいなのでしょうが、商業労連はこれまでとは違う考え方や手法をとり、もっと新しく自由な労組活動を求めると表明しました。このようにはっきりとは言いませんが、同盟とも、全繊同盟に代表される同盟加盟の既存産別組合とも、一線を画する志であったことは間違いありません。

内憂は残ったままですが、商業労連の選択によって少なくとも外患は消え、「そんな弱腰の中立主義は叩き直す」を旗印に、正々堂々と歩調を早めてオルグ合戦に進めるという情勢になりました。

全繊同盟が総力を挙げて闘いの気勢を上げる日を迎えました。数日後に商業労連結成大会を控えた一九六九年一〇月、商業労連初代会長になる松屋労組委員長の鈴木健勝さんら商業労連結成準備委員会の幹部が同盟を訪問したあとに、同盟役員と一緒に結成報告と挨拶のために全繊同盟を訪問しました。そこには、副会長で事務局次長になる丸井労組委員長の坂田貞夫さんも同席していました。

出迎えた全繊同盟組織部長の佐藤文男さんが開口一番、「将来の組織の拡大を目論んで、あえて現段階では同盟入りを見送るのかどうか」と真意を質しました。しかし鈴木さんは、「そうではなく、同盟への加盟を考えていなくて、無所属の商業労連を結成したのだ」と明言しました。

「今後の流通労働者の結集を考慮すると納得できない。これまで同盟傘下の商業同盟を当然視してきた見解を改め、当方が引き取り、流通労働者を結集させる」と即座に佐藤さんが反応して、早々に会談は打ち切られました。

これは、佐藤さんのオルグ人生のどこかで見た構図です、集団組織化に応じない経営者に対しては、「もう全繊同盟に入れてやらない」と強く出るのです。つまり、「もう同盟に入れてやらない」ということです。

商業労連はもともと同盟加盟など想定していないのですから、佐藤さんの取った態度は意外なものであり、大きな隔たりを感じたはずです。言い分はあるでしょうが、全百連後遺症から立ち上がってこれから発進する産別組合が民主的なナショナルセンターに所属せず、しかも過渡的な措置ではなく永久に加盟しないというのでは、どうしても敵意や誤解がついて回ります。

流通部会結成「定説」の再検証

流通だけでなく化学も狙っていた

流通部会の結成が説明される場合の定説は、「繊維の川上から川下まで」といった産業構造の変化や広がりへ対処したかのような組織化戦略の変更です。ほかならぬ全繊同盟がこのように表明して、マスコミもそう報道しました。つまり、組織化対象を探していて、繊維に近いところに鉱脈を見いだしたのです。それまで組織化していた繊維メーカーの製品を販売する主体に目をつけ、台頭してきたチェーンストアの多くが衣料品を扱うチェーンストアだったのです。つまり、繊維産業の川上から川下までを組織化するという方針は間違いないでしょう。

しかしながら、繊維以外の組織化という場合には別の案あったのです。それは化学です。化繊メーカーと同じ原材料を使い、製品が違うだけのため、化学繊維を組織化しているのならその延長線上で別の化学製品も、という案です。

とはいえ、こちらのほうはチェーンストアほど本格的にはいきませんでした。もし、大々的にやっていたら、同じ同盟系の全化同盟のみならず、同盟会長の滝田実さんと何かと比べられていた総評議長の太田薫（一九一二〜一九九八）さんの出身組織である合化労連と競合していたことでしょう。

こういう事実を糸口に考えると、「川上から川下へ」という平板な解釈は怪しいものとなります。繊維衰退への対応、商業労連の選択への反発などは、全繊同盟の意思決定の素晴らしさを示していています。間違いではないと思いますが、それらの背後にあるものを見落としてはいけません。

どうしても私は、全繊同盟の組織化能力が仕上がったことのほうに目が向くのです。せっかく抜群に切れる刀を手に入れたのに切るものがない、あるいはせっかくスーパーカーを買ったのに車庫に入っているだけなら、やってられない、ということです。

誰もこのように言わないのですが、繊維の衰退を受けての川上から川下への転換といった環境面から来る適応論ではなく、ゼンセンの組織特性から来る主体としての適用論とでも言うべきロジックでチェーンストア組織化を見なければならないと思っています。

主体性に注目すると

ゼンセンとは何者かという主体を起点にして考えてみれば、偶然ではなく必然で、極端な話、繊維の衰退がなくても組織は拡大していたのです。それは、現在のUAゼンセンの組織化対象の広がりを考えるうえでもまったく同じです。組織化能力のない産別組合が劣勢のまま棄権して、それがあるゼンセンが組織拡大の独走を続けているという現実が物語っています。

それでは、結成以来の全繊同盟にとって、チェーンストア組織化はどんな位置づけになるのでしょうか。私は、「歴史的転換点」と言ってもよいと考えています。

第一に、集団組織化による大規模な組織拡大という実績の上に、組織化できる組織部を確立したことです。もちろん、組織部だけではできないのですが、財政や人事の集権化だけでなく、組織部が組織化する集権性も極度に高まったということです。

第二に、主力となる組織化手法を確立しました。佐藤文男さんが発明した集団組織化は、労働者にとって被害の大きい不毛な敵対的な労使関係をつくり上げないために編み出されたもので、個々の企業ではなく、経営者団体や協同組合などの結節点を攻め落とします。いわば「センター」

が標的になります。チェーンストアはまさに各店舗を束ねる「本部」というセンターが中枢ですから、集団組織化を援用できます。この援用経験で組織化手法が確立されるわけです。

この手法のほとんどは、いわゆる「公然型」が多くなります。つまり、どこかの段階で経営者に理解させたり、説得したりする見極めと能力が問われることになります。学会や研究会では、この「公然型が労働組合としてはいかがなものか」と批判され、「ゼンセンは経営者をオルグしている」と揶揄されることが多いのですが、まったくもって的外れだと考えます。

このような見方は、佐藤さんがどのようにして集団組織化をつくり込んでいったかの経緯に目を向けていないから生まれるのです。敵対的になり、労働者の被害が大きい手法をあえてとる。たとえ玉砕しても、それが労働組合というのであれば美学の問題となります。

たとえば、チェーンストアなら、どこかの店舗の労働者を数人つかまえて労組を結成し、それで敵対的な活動をするのでしょうか。それで、労働者は幸せなのでしょうか。チェーンストアは一社で万単位の労働者が珍しくなく、一〇万人以上が働く企業もあるわけですが、どのように大量の労働者のために労組が結成され、幸福が確保されるのか――美的な理想論をぶつのではなく、こういう点を自問自答すべきです。

もちろん、ゼンセンも敵対的になり、激しく鋭く尖るときが少なくなく、争議でも組織化でも徹底的にやって来ました。公然型でもうまくいかなければ労働者が危険になりますから、あらゆる手段を使って会社側を攻めることに転じます。本当は、ドンパチが非常に得意なのです。

組織化だけを言えば、敵対的でも公然型でもできる能力があるのに、あえて公然型を選択することの意味を問うべきです。また、その公然型のほうが安直な非公然型より多大な労力がかかり、熟練の技であることを知るべきです。ゼンセンは経営者をオルグしているわけではなく、労働者を組織化しているのです。八王子争議に手伝いに入っていた早矢仕不二夫《はやしふじお》さん（二〇三ページ参照）の言葉を思い出してください。労働者を組織化するために経営者を教育しているのです。

第三に、組織化を大事にするゼンセンの財産を形成しました。これだけ組織拡大に熱意を燃やす産別組合はなく、それは組織部だけでなく都道府県支部や加盟労組を巻き込んでの営みとなりますから、「組織化知らず」には陥らないのです。新規の労組結成時の加入届集めは、各地の組合員のみなさんが動員される一種の文化ですし、大産別主義を保証するものです。

組織部が母体に

チェーンストア組織化の主体論では中心となるのは組織部ですから、内憂としては、チェーンストア労組の結成がはじまってもその受け皿がありませんでした。中小組合なら地織部会の所属となりますが、業種も揃っていて大規模となると、必然的に部会の設置を考えなければなりません。しかし、繊維労組側には抵抗があります。そこで佐藤さんは、チェーンストア労組については、組織部が受け皿になることを決断しました。実際、流通部会結成時には五労組が集まり、それらの労組の指導は組織部が担っていたのです。

業界に大きな波紋を呼んだ全繊同盟流通部会創立中央委員会。1970年2月。全繊同盟流通部会創立中央委員会。挨拶する滝田実全繊同盟会長（提供：長崎屋労組）

既成事実と実績をつくりながら、部会結成の必然性へ対処するであろう全繊同盟の決断を待ちました。このような流れがあるから、流通部会結成時の初代部会長は坪西辰也さん、初代部会書記長は竹山京次さんというように、オルグたちが引き受けた部会となったのです。坪西さんは山口大学、竹山さんは中央大学と、二人とも大学を卒業していました。見方を変えれば、大卒が多いチェーンストア労組の役員向けの戦略的な対応だったと思います。

もう一つの流通組織化――「御堂筋作戦」

最後にもう一つ、あまり語られることがないお話をしておきたいと思います。それは、「繊維の川下へ」と言いながら、チェーンストアのみに焦点が当たりがちとなっていたことです。具体的には、繊維の問屋、つまり商社や製造卸などの組織化を進め、流通部会に加入していました。

ここでは大阪の動きだけに絞って簡単に述べますが、大阪に目を向けるということは、「ゼンセン三大オルグ」の三ツ木宣武さんに目を向けることになります。

三ツ木宣武さんは、一九三九年、東京都中央区の生まれです。戦時中は小学生で、埼玉県川越市に疎開していました。高校のときには、東京から埼玉県立川越工業高校へ通学していました。卒業後の一九五九年、旧通産省の外郭団体で、輸出繊維商品の品質検査を行う日本染色検査協会(現・ニッセンケン品質評価センター)に入りました。全国組織で約三〇軒の事業所があったのですが、東京配属となり、半年間の研修を受けたあとに大阪へ異動となり、繊維工場へ出向いて検査をするという仕事をはじめました。

ところが、よそ者に冷たい職場だったようで、村八分のような扱いを受けてしまって嫌になってしまいます。そこで、「こんな暗い職場じゃだめだよなー」と言って前に出て、大阪のいじめっ子を一掃し、みんなが楽しく働くために労組を結成しようとしたのです。三ツ木さんらしいというか、さすが「三大オルグ」の一人です。

検査の仕事のときに知り合った高瀬染工労組の役員に相談して、やり方を教わって本当に労組を結成してしまいました。当時、高瀬染工労組は地織部会の有力組合の一つで、部会役員を出していました。その後、いろいろな局面で労組の力不足を感じ、上部組合の力が必要と判断した三ツ木さんは高瀬染工労組と全繊同盟本部役員の紹介を通じて全繊同盟に加入し、地織部会に所属しました。地織部会の資料で調べてみると、一九六六年時点で八つの検査協会が全繊同盟に加盟していましたし、一九七八年には大阪一一労組で検査労連を発足させています。

この検査協会はあらゆる労使交渉で通産省(現経済産業省)や業界団体のほうを向いていて、

解決できないと労働委員会にもち込むというのが常でした。このため三ツ木さんは、大阪地労委で労働側委員に着任していた全繊同盟大阪府支部長の山田精吾さんと何度も顔を合わせます。山田さんは三ツ木さんのことを「オルグ向きだな、いけるな」と見抜き、三ツ木さんのほうは「頼もしいな、勉強になるな」と感じていました。

山田さんは、のちに全繊同盟を背負う幹部たちのスカウトに長けていました。三ツ木さんもその一人です。「一生の仕事をしてみないか」の言葉を受け入れ、一九七〇年に全繊同盟に入り、早速、大阪府支部の常任に配属されました。

一九七〇年と言えば、すでに展開していた流通の組織化の形が整い、流通部会が結成された年です。大阪府支部長の山田さんは、佐藤文男さんの流通組織化の決断や開始の動きを知るやいなや、オルグの血が騒いだのか、三ツ木さんら部下とともに大阪で猛然とオルグに取りかかります。紳士服といった代表的なアパレルの本社は当時大阪にありましたし、また大阪は繊維卸売の一大産地でしたから、いきなり小売に行くだけではなく、中間段階となる卸を押さえる作戦に出ました。この山田さんの構想から生まれたのが、御堂筋と堺筋に面した一キロ四方ほどに固まっている問屋街を根こそぎオルグした「御堂筋作戦」です。

大阪府支部入りした三ツ木さんが、山田さんの薫陶を受けたのがこの御堂筋作戦です。このオルグで結成され、全繊同盟へ加盟した労組は流通部会の商事部門の主力部隊になっていきます。流通部会の資料を見ると、初期にはチェーンストア労組ばかりが目立っていますが、実はたくさんの大阪所在の繊維商社で労組が結成され、次々と流通部会に加盟していました。

三ツ木さんは、このあと一九七四年に本部組織局に移り、全国オルグで大阪在住となり、一九七八年に次長として大阪府支部に戻っています。これらの期間にも御堂筋作戦を延長して実行していましたが、一九八一年、全繊同盟の部会で言えば流通、衣料、地繊の各部会にまたがって所属していた四一労組約一万人で「ファッション労連」を結成して、大阪市中央区の船場センタービルの本部に専従者を配置しました。全繊同盟組織部が舵を切った流通の組織化ですが、こうした大阪の動きは、途中で衣料部会へ所属変更になったために分かりづらいのですが、見逃すべきではありません。

さて三ツ木さんは、一九八四年に組織局長に就任し、佐藤さんが「先輩の俺を超えた」と喜ぶほどの大規模動員を得意とする画期的なオルグをはじめたほか、大産別主義をさらに前進させました。

2章にわたって、流通部会結成前後の組織化を担ったオルグに焦点を当ててお話ししました。それまでは広く業界全体の動きを意識してきましたが、一転してゼンセンの内部に入ったわけです。流通産別構想は、それを連続させる主体が点滅するだけで、ずっと不連続でした。さらに、ゼンセンが参入してきて不連続が決定づけられたようにも見えます。しかし、通観してみると、最後に変革を起こして連続させたのは、不退転の決意で乗り込んできたゼンセンであったと言えそうです。

第8章

流通部会の誕生―ゼンセン加入のチェーンストア労組

佐藤文男さんが率いる全繊同盟組織部が、いよいよチェーンストア組織化に舵を切りました。この始動により、次々に労組が結成されて全繊同盟へ加入していきました。これから、全繊同盟加入第一号の長崎屋労組と、第二号の全ジャスコ労組を中心にお話していきます。両労組とも、左翼系組合から洗礼を受けます。長崎や労組は川野正男さんと狐墳《こづか》英毅《ひでき》さん、全ジャスコ労組は谷口洋さんの動きを追います。

ただし、その前にチェーンストア組織化へ乗り出す構想が、いつどこで発生したのかについて迫ります。全繊同盟のチェーン組織化の理由として常に指摘される「繊維の川上から川下までを組織化」といった定説では収まりきれない全繊同盟内部のオルグたちの躍動や葛藤がありました。それらを乗り越えて、流通部会が誕生したのです。

長崎屋労組の結成

異色の経営者

一九六九年、商業労連が結成された直後から、全繊同盟のオルグたちはそれぞれ標的にしたチェーンストアに接近しはじめました。その矢先、全繊会館へ大手チェーンストアの労務部長が訪問するという珍事が起きました。長崎屋です。

長崎屋の起源は、一九四六年に岩田孝八（一九二二〜二〇一二）さんが復員したのちに平塚市に開業し、繁盛店に育てたかき氷店の「オアシス」です。その後、アイスキャンデーも投入して二本柱でヒットさせると、オアシスに併設した売場で小間物販売をはじめ、次にふとん店と衣料店を出しました。岩田さんの実家の家業がふとん店と綿打ち工場だったので、馴染みがあったのです。

一九五九年に一か月間にわたるアメリカ小売業視察に出掛けたのをきっかけに強力なチェーンストア経営志向になり、本社を東日本橋へ移転させたうえ仕入部を新設してチェーン機能を拡充しました。その後、大卒の大量採用をしたり、食品販売で失敗したりと試行錯誤を経て、一九六〇年代後半から大量出店を開始し、衣料品のナショナルチェーンの基礎を築いています。

長崎屋は、業界ではとてもユニークなチェーンストアでした。岩田さんの持論は、高い賃金を支払わないとよい人材は入社しないし、働かないというものでした。これからしても、当時の商業経営者のなかでは異色だと言えます。つまり「高賃金、高生産性の原則」であり、労組が結成されるに前は、「給料は他社の三割増」の目標を掲げていました。また、「長崎屋がチェーンストアとして飛躍的な成長を遂げるためには、株式上場と労働組合の二つが不可欠だ」と公言していました。

当時、労組がないことを明確に問題視した経営者といえば、この岩田さんや堤清二さんくらいです。しかし、堤さんのように「労組は存在すべき」という観念とは異なり、岩田さんは企業が近代化するためには「絶対に労組が必要」という信念をもっていました。労組に対する固定観念がなく、新しい時代の新しい業態の追究を重視していたのかもしれません。

初めて長崎屋の労務部長が全繊同盟を訪問したのは、岩田さんの指示によるものでした。岩田さんは労組のことを勉強するために同業経営者を探しましたが、まだほとんど労組がないために無理だと判断し、民社党（二三ページ参照）に相談したのです。あわせて、欲しい人材が思うように採用できないことや、労務担当者不足といった悩みも伝えました。民社党が「そういうことなら全繊同盟だ」とアドバイスして仲介しました。

長崎屋の労務部長を待っていたのは、組織部オルグの坪西辰也さんでした。坪西さんは、「これから労働者が増えるでしょうから労務問題は大切になります。労組も必要ですよ」と長い時間をかけて説明しました。そして、「労組ができたときにはメリットがありますよ。もし、興味が

川野正男さん（提供：長崎屋労組）

あればいつでもお手伝いしますよ」と見送りました。坪西さんは組織部に帰ってきてほくそえみます。

「労働組合必要論か。そんなの全然聞いたことないけれど、おいしいな」

労組結成への始動

長崎屋の経営陣は労務部長の報告を聞き、職場で人望があり、真面目の上に「超」がつく若手のなかから労組のリーダー候補を探せということになり、川野正男さんに白羽の矢が立ったのです。

こうして川野さんが終業後に坪西さんに会い、ゼンセンという組織のこと、一般的な労組の知識を教えてもらい、「これから大きくなる業界だから、ちゃんとした労組があったほうがよい」と言われます。川野さんは足しげく通うことになり、実践的な研修を受けて、労組結成のための準備をはじめました。

川野正男さんは、一九三四年生まれ、山梨市の出身です。地元の高校を卒業後、家業の電気店で販売や電気工事をしていましたが、仕事が減ってくると妹さんが働いていた百貨店でアルバイトをはじめました。

二六歳になっていた川野さんは、アルバイトで知り合った友人から「長崎屋に入れば、とても高い給料がもらえるようだ」と聞かされて盛り上がり、一緒に受験しました。友人が握りしめていた募集チラシには、横軸に二〇歳、三〇歳、四〇歳、縦軸に給料が示されたグラフが掲載されていて、一目で給料の高いことが分かります。しかし、仕事は過重だろうと想像しました。

経営者である岩田さんは苦労人らしく冷静な目をもっていましたから、優秀な労働者が集まって定着し、バリバリ働く状態が今後の長崎屋にとって一番よい、と直感していました。ですから、最初は仕入れ先の問屋に紹介してもらったり斡旋を頼んでいましたが、のちに高校を回って生徒を紹介してもらうようになりました。しかし、それにも限界を感じて、一九六〇年頃からは自社と取引のある会社に募集チラシを大量にまきました。川野さんたちがこのチラシを手にしたのは山梨ですから、かなり広範囲にまかれていたことが分かります。

入社試験は本社ではなく店舗で行われ、店長面接と総務部長による口頭試験だけでした。ほとんど履歴書の確認だけで筆記試験はなく、すぐに入社が決まりました。実は、川野さんは友人に付き合っただけでしたが、いざ合格してみると、この縁を蹴るのもどうなのかなと考えて入社を決心しています。

一九六一年に入社したときの長崎屋は九店舗を展開していましたが、川野さんの初任配属は立川店でした。郊外店なので商品が届くのが夜間になり、毎晩九時頃に運送会社が届ける方式となっていました。配属初日、六時半に閉店してから後片付けをし、寮で食事をしたあと部屋で寛いでいると誰もいないことに気付きます。「おかしいな〜」と探してみると、みんな店舗に向かっているらしく、見に行くと全員が届いた荷物を開梱して値札付けや陳列作業をしていました。終わるのは深夜一時頃です。こんな長労働時間は嫌だということになり、川野さんは何度も上司に不満をぶつけたのですが、すぐに辞めるわけにもいかないだろう、ということで腹を据えて勤め続けることにしました。

川野さんは転勤が少ないほうでしたが、それでも町田店、浜松店、清水店での婦人服と紳士服の販売を経て一九六五年に本社商品部へ移り、子ども服とベビー服の商品企画や仕入れをはじめました。また、会社が家電販売をはじめると家電も担当しました。この商品部の上司が、長崎屋の岩田孝八さんの義弟にあたる常務の岩田栄一さんだったのです。栄一さんも「長崎屋が拡大するためには越えなければならない山があり、それは労組だ」と明言しています。

なお、岩田栄一さんが「組合必要論」を確信した原因の一つには、チェーンストア研究団体「ペガサスクラブ」の渥美俊一先生（五九ページのコラム参照）の助言があります。渥美さんは、「日本の小売業の労務問題は二〇〇〇年以上遅れている」などと公言するほど組合必要論者でした。

労組の結成

いよいよ、川野さんが長崎屋労組の結成に踏み出します。労組の話をしても漏らさないだろうと思う人をリスアップして、実際に会って結成をもちかけます。しかし、半数以上の人に断られ、反対もされました。かつて他社で労組をつくろうとした経験があり、ひどい目に遭ったという部下がいて、川野さんの動きそのものを中止させようとしました。

　当時は、労組活動で追われるように他社へと転職していく人がたくさんいたのです。そうかと思えば、学生運動経験を隠して入社したことを会社側がつかんで、「わざと労組結成に参加させてから退職させようとしているのではないですか」と言う同僚も現れて、川野さんを驚かせました。

　長崎屋労組の第二代委員長になる狐塡英毅《こづかひでき》さんも、労組に対しては反対でした。ただし、狐塡さんの場合は、労組の結成自体に反対ではなく、川野さんの動きを知り、結成しようと誘ってきた同じ寮の数人が非常に不真面目な勤務態度だったからです。楽をしたり、サボるために労組を結成して、会社側と対抗しようという狙いが透けて見えたために同調したくなかったのです。

　狐塡さんは、尊敬する川野さんとの関係から最終的には賛同します。第一期こそ中央執行委員に入らず、控え目に大阪支部の組合員をしていましたが、第二期からは要職に就いています。

　全繊同盟からは主に和田正さんが指導に入るようになり、川野さんの努力によって結成の準備が着々と進み、本部組合の結成大会開催が詰まった段階で会社側に通知を出すことにしました。約三〇人の連判状のような書面だったのですが、前日の夜遅く、一人のメンバーが川野さんの自宅を訪問します。

「組合だけは絶対にだめ、と妻に言われ、説得できなかったので自分の名前は消してくれ」と言

1970年度賃金闘争中の長崎屋労組幹部。初代委員長の川野正男（中央）、第２代委員長となる狐墳英毅副委員長（右）。背景の組合員の声を集めた垂れ幕には、「社長よ、お前も店頭（販売）をやってみろ！」の文字が躍っている（提供：長崎屋労組）

うのです。川野さんは全員の記名を辞め、コンビを組むつもりだった書記長候補との連名で会社側に通知しました。川野さんの人柄が分かる出来事です。一人がそうならば、ほかのみんなも内心は嫌なんだろうな～と気付いて、さっと自分が引き取るのです。

一九六九年九月八日、長崎屋本社五階ホールで長崎屋労組（委員長川野正男、書記長木賀完二）が結成されました。結成されたのは長崎屋本部労組ですから、直後から店舗などを巡回して支部結成を急ぎました。九月二五日の時点で二〇支部を結成していますから、高速だったと言えます。

川野さんは、もの凄い馬力のもち主です。店舗なので、支部結成大会は閉店してからの夜間となります。終業後、川野さんは自宅に立ち寄り、結成趣意書や加入届、労組の幟旗《のぼりばた》など結成大会のための資材を取りに行き、また出掛けるという生活が続きました。もちろん、川野さんや本部労組の人員だけでは間に合わないので、全繊同盟組織部から和田正さん、竹山京次さん、中川弘さんたちが応援に駆け付け、手分けしてどんどん支部結成を進めました。

途中からユニオン・ショップ協定を締結して、本部結成半年後の一九七〇年五月には、全五五支部の結成を終え、組合員数四〇〇〇人規模の長崎屋労組が完成しました。

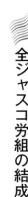

全ジャスコ労組の結成

ジャスコの設立

次は、全ジャスコ労組の結成についての話です。ジャスコは、「岡田屋」「フタギ」「シロ」が合併して誕生した企業です。岡田屋は三重県四日市、フタギは兵庫県姫路市、シロは大阪府吹田市に本社がありました。「ジャスコ」という名称は、社内公募で集まった多数の候補から選考された「Japan　United Stores Company」の頭文字「ＪＵＳＣＯ」をとったものです。この合併を主導したのは、創業二〇〇年となる岡田屋の若社長、岡田卓也さんでした。

まず、フタギ社長の二木《ふたぎ》一一《かずいち》さんへ合併をもち掛け、のちに合流を打診してきたシロ社長の井上次郎さんが加わりました。これ以後の経緯を見ても分かるように、ジャスコは日本でもっとも提携、買収、合併を活用して成長した企業と言ってよいと思います。三〇年以上前、私は経営学部の大学生でしたが、当時の定期試験で「ジャスコは（　　　）経営」という穴埋め問題が出たことを覚えています。答えはもちろん「連邦経営」です。

岡田屋の家訓は、有名な「大黒柱に車をつけよ」です。岡田さんのお姉さんで、ジャスコにおける事実上のトップと言ってもよい小嶋千鶴子さんから、岡田屋が安住を好まず、その地の衰退状況を感じ取り、将来性のある地へ機敏に店舗や本社機能を移す手法について話を聞いたことがあります。

江戸時代の岡田屋は四日市久六町にあったのですが、明治時代になって東海道に移り、また東海道が狭くなると諏訪新道（ともに四日市市）へ移ります。大阪でも、中心だった堺筋に三越、松坂屋、高島屋などがあり、御堂筋ができると高島屋が移っていくのを見ています。岡田屋も四日市駅前通りができれば移るというように、「常に主幹線を読むことが小売業の鍵だ」ということが身に染み込んでいるのです。

ですから、ジャスコは今や「イオン」となり、巨艦のように千葉市に収まっていますが、突如として別の都市へ移動させたとしても驚きません。何と言っても、最後まで絶対に固定されているはずの大黒柱に車がついているわけですから。

岡田卓也さんは、早稲田大学在学中の一九四七年に父親の死去によって岡田屋社長に就任したという学生社長でした。結婚して大阪にいた小嶋千鶴子さんは、一大事に瀕した岡田屋に戻って、主に人事労務や教育部門といった「人」にかかわる部署の責任者として弟を支えました。

商業労連も接近していた

ジャスコから見ればすぐに労組の話に入ればよいのですが、全繊同盟組織部からすればそれ以前の話があります。例の佐藤文男さんが浜松でつくったマルサ労組が、岡田屋に買収された時点で解散した事件のことです（二〇八ページ参照）。労働者から労組を取り上げられた怒りを胸に、部下の中川弘さんが四日市に入り、労組の結成について労働者に接近するとともに、経営者への接触も模索します。

岡田屋では、聡明な小嶋さんが労組について思案していたところでした。岡田屋には一九五九年に社員協議会という従業員組織が発足していて、社員一〇人に一人の割合で選ばれた社員代表のなかから十数人の代議員を選出して、会社側と話し合うという仕組みがありました。岡田屋には現実的な労組の意識はまだなかったのですが、その役割の重要性は十分に理解していたのです。

そのため、賃金のみならず福利厚生の充実に努めていました。それらが「労働者の求心力をつくることになるから会社の成長に必要」と、小嶋さんは見通していたのです。フタギ、シロと合併するわけですが、この二社と岡田屋とでは福利厚生は雲泥の差でした。また、ジャスコになってから「ジャスコ大学[1]」が一躍有名になりましたが、岡田屋の時代から、高卒の新入社員を鍛える「オカダヤマネジメントカレッジ（ＯＭＣ）」を運営していたことがそれを物語っています。このＯＭＣでは、豪華講師陣を揃えていました。

また、小嶋さんは、一九五〇年代には数多くの労働運動セミナーを実施していた総合労働研究所のセミナーに出席したり、またそこで知り合った滝田実さんに信頼を寄せていました。労組なら同盟路線、という下地はあったのです。

全繊同盟も、タイミングを見計らってオルグが訪れて労組のことを話すところまで来ました。中川さんらの組織部も来ますし、大阪府支部からも来ます。要所になると、佐藤文男さんも出てきて小嶋さんに会いました。

「滝田さんは紳士なのに、あなたたちオルグは行儀が悪いな。まるで脅迫されているようだ。何とかならんのか」

歯に衣を着せない小嶋さんの言葉に、佐藤さんも平然と言い返します。

「ジャスコだって、岡田社長は紳士でも現場のガラの悪いバイヤーが商品を買い叩いているのではないですか。そうじゃなきゃ、ジャスコは潰れるでしょう。全繊同盟も同じですよ。そんなことよりも、東洋紡の富田工場にいたときは、この辺りでよく海水浴をしたなあー」

小嶋さんも、つい答えてしまいました。

「そうそう、私も海で泳いでいた。きれいな海だったのになあー」

一方では、商業労連も岡田屋に接触をはじめ、事務局長の山本勝一さんが小嶋さんに自分たちの新しい流通分野の活動理想を伝え、商業労連へと誘います。労組が結成されたのちに商業労連へ加入する決断までは至らないとしても、岡田屋が百貨店労組の連合体に親近感を感じていて、商業労連も一案だと考えていたという形跡があります。

突然、別の労組が出現――ジャスコ労組

いよいよ岡田屋、フタギ、シロの若手リーダー格から構成される結成準備委員会を発足させて、労組の結成が加速し、主要な役員の目途《めど》もついた一九六九年一〇月一一日に結成予定というところまで漕ぎつけました。事件が起きたのはそのときです。

一九六九年一〇月七日、突然、想定外のジャスコ労働組合（ジャスコ労組）が結成されたのです。「三役」と称する三人の若者たちが結成通知書を持って岡田さんのいる社長室を訪れ、ソファに座り込み、乱暴にテーブルの上に足を乗せてテープレコーダを取り出し、録音をはじめました。

「本日、我々は労働組合を結成した。ジャスコ労働組合だ」

あとから分かったことですが、社内の労組結成の動きを知ったジャスコ労組は、、その対抗策

（1）一九六九年に発足した業界初の企業内大学で、全社員に能力向上を目指す門戸が開かれた。この言葉には、給与や福利厚生だけでなく、「教育による成長が従業員の人生を豊かにする」という想いが込められている。

として先手を打ってきたのです。この時点で、ジャスコ労組の勢力はシロの新入社員と二年目社員という若い労働者たち十数人でしたが、総評全国一般の指導を得ていました。シロの労働者たちにとっては、いろいろなことが重なり、これから合併するジャスコへの不満は最高潮に達していたのです。

なぜならば、シロ社長の井上次郎さんが急死し、シロが多額の負債を抱えていることが分かり、まず岡田屋とフタギが先に合併し、あとからシロを合併することになったからです。結局、岡田さんが一〇億円の個人債務保証をして実際に合併するのですが、当初計画とは違います。岡田屋の労働条件がかなりよいため、合併による岡田屋の下方調整期間が必要となり、「もう少し待て」という格好になるとシロの労働者は不満を高めました。

また、大阪地区でダイエーがシロに大攻撃をかけていたということもあります。豊中、寝屋川、高槻など、シロの出店エリアに集中的に出店していたのです。その点でも、常に苦戦を強いられた労働者は穏やかではありませんでした。

その三人が退室したあと、岡田さんはあふれる不信感を感じながら労組準備委員会へこの一件を伝えました。個人債務保証という大きなリスクを負ってまでシロを救ったはずなのに、これはいったい何なんだ、と考えたくもなります。しかも、労組の結成は会社にとって必須なのかもしれないと信じかけていた矢先に、労組が牙をむいてきたのです。労組準備委員会の若者たちとは別の集団とはいえ、経営者の立場に戻れば労組がないに越したことはないという気持ちに戻りたくもなるでしょう。

第二組合を結成――全ジャスコ労組

労組準備委員会は、この報告を受けて直ちに全繊同盟へ連絡し、すぐに大阪府支部長の山田精吾さんが駆けつけました。結成予定だった労組を立ち上げたほうがよいという山田さんの助言に背中を押されるように、準備委員会が迅速に動きます。ジャスコ労組が出現した翌日の一九六九年一〇月八日に結成大会に先立つ結成有志大会を開催して、約一六〇人の組合員で全ジャスコ労働組合（委員長藤田友彦、書記局谷口洋）を結成しました。

中心人物の一人で、書記長に就任した谷口洋さんの動きを追ってみましょう。谷口さんは一九四二年生まれ、紀伊半島の最南端、和歌山県串本町の出身です。上京して早稲田大学教育学部へ進学しましたが、教員ではなくジャーナリスト志望ということもあり、経済学、法学、政治学、行政学などを学びました。

ところが、東京オリンピック後の不況で採用が厳しく、新聞社などへの就職がままなりません。そのときに就職部の推薦で、試験を受けるなら往復交通費を出すという岡田屋を見つけ、帰省するのも兼ねて三重県四日市市で筆記試験、面接試験、集団討論と入社試験を受けました。

面接後に実家に着くと、ご両親からは「喘息《ぜんそく》のことがあったので四日市はダメ」と強く反対されましたが、翌日、第一次試験合格の電報が実家に届き、「しばらく待たれたし」ということになりました。そして一週間後、今度は内定通知を受け取ります。いろいろと反対意見もありましたが、大学からの「推薦したのに内定辞退は許されない」という意見を聞き入れて入社しました。

谷口さんは、入社後に一年足らず子供服売場にいましたが、すぐに人事部に配属されて従業員教育を担当しました。上司は、人事教育部長を兼任していた小嶋千鶴子さんでした。

労組結成の動きがはじまると谷口さんにも誘いがかかり、準備委員会に入ります。主要なメンバーはシロ、フタギ、岡田屋の有志たちで、着々と準備が進みました。

リーダーであった藤田友彦さんは谷口さんより九歳年上で、倒産危機にあった山一証券を退職して、神戸大学大学院を経てシロへ中途入社してきたという苦労人です。また、書記長就任候補者が家庭の事情で一時的に参加できなくなったため、谷口さんが代わって書記長を引き受けることになりました。なお、全ジャスコ労組では当初「書記局長」と呼んでいました。

労組の結成が一〇月一一日と既定路線に入りましたので、その前にと、谷口さんは一〇月六日に結婚式を挙げて新婚旅行へ出掛けました。帰って出社してみると「組合ができた」と聞いて驚き、「よかったな」と言ってしまったのですが、全然よくありません。先にジャスコ労組ができたので、急いで第二組合をつくったことを聞いてもっと驚きました。その日以来、谷口さんの新婚気分が吹き飛ぶほどの苦労がはじまったのです。

ジャスコ労組の消滅

ゼンセンオルグ団の活躍

谷口さんは複雑な心境でした。敵方になったジャスコ労組にはシロの労働者たちが集まっているのですが、ジャスコの商品担当副社長となったシロ社長の井上次郎さんを非常に尊敬していたからです。井上さんが亡くなる直前にも会い、従業員教育の一環でジャスコの入社案内に掲載するためのインタビューをしていました。一九六九年四月二八日の夜九時にインタビューを終え、「ご苦労さん」と谷口さんに声をかけられた井上さんは、退社したあとにインタビュー内容を整理してから深夜に帰宅しました。

その翌日、谷口さんは、井上さんが亡くなったことを知ったのです。大阪大学をはじめとして地元の優秀な大学の卒業生をたくさん集めてきた井上さんの有能な仕事ぶりや、優しい人柄などの思い出と、眼前で猛威を振るいはじめたシロの労働者たちという現実が交錯して、心が揺れたのです。

その一方で谷口さんは、普段はもの凄い馬力を見せつけ、常にギラギラしている岡田さんがこれほど憔悴している姿を見るのは初めてでした。ジャスコが空中分解しかねない状態だと分かり、ジャスコを守ろうという使命感が涌いてきました。

まず、ジャスコ労組の執行部が全ジャスコ労組の解散を要求してきました。

「我々の労働組合が正当な組織だ。君たちはもう解散しろ」

もちろん、谷口さんたちは労組をつくるのは初めてですから、うろたえます。そこで、関係をもちはじめていた商業労連に相談をしようとしましたが、「うちにそんな話をもち込まれても……」という対応でした。それで全繊同盟へ連絡すると、その日のうちに組織部からオルグの中川弘さんと竹山京次さんが飛んできて支援に入りました。

ジャスコ労組は総評全国一般の支援を受けて、猛烈なオルグをはじめていました。シロの若者たちは体力があり、たくさんの店舗を回って組合員を増やしていくのです。夜になると支部会を開催して集まり、みんなで騒いで歌って気勢を上げますから、ほかの若者もなびいていくのです。見かねた社長の岡田さんがシロの労働者に苦言してもまったく聞き入れることがなく、オルグを増強してどんどん組合員を増やしていきました。

それに対して、全ジャスコ労組で実際に動けるのは谷口さんを含めて三人しかいないのです。新婚の谷口さんは駆けずり回り、毎日帰宅するのが深夜二時や三時となりました。中川さん、竹山さんは本社近くの旅館に泊まり込み、全ジャスコ労組で組合員を増やしていくための対策を練りはじめました。しかし、手が足りないこともあって最初はもたつきます。窮状を打開したのは、全繊同盟から一団を引き連れて本社に入り込んできた大阪府支部長の山田精吾さんでした。

本社内がガヤガヤと騒がしいので谷口さんが廊下に出てみると、鼻が潰れたような顔の一番大きな男が「俺らにまかせーい！」と大声を上げています。騒ぎを聞きつけて駆け寄って来た小嶋千鶴子さんが、「これはいったい何ですか⁉」と言いかけるのを遮る山田さんの言葉を聞いて、小嶋さんは無言で引き返していきました。

「大変なことになっているようですが、絶対にお助けいたします」

どうしても大きな男の鼻のほうへ目が行く谷口さんに、別の強面《こわおもて》の男が薄ら笑いを浮かべながら、「こいつな、昔から争議になると大暴れすんねん」と声をかけられると身が縮み、つい独り言が出てしまいました。

「全繊同盟って、商業労連とずいぶん違うんだな」

翌日から、早速ゼンセンオルグ団が各店舗に入り込み、全ジャスコ労組へ加入するための勧誘を開始しました。一気にカタをつけてしまおうという大規模なオルグとなり、加入届が積み上がっていき、見る見るうちに労組は拡大していきました。

一方、小嶋千鶴子さんもできるかぎりの努力をはじめました。真面目に働くことの大切さを忘れないで欲しい、組合員になるならよく考えて欲しい、自分と違う考え方の人たちに巻き込まれないで欲しい、と一人でも多くの労働者に会う機会をつくって、粘り強く説得をはじめます。と同時に、シロやフタギの社員寮の環境を全面的に見直し、寮における食事のメニューもすべて変えました。

このため、全国一般からの指令でジャスコ労組から提訴され、小嶋さんが地方労働委員会に呼ばれました。しかし、小嶋さんが堂々と正当性を主張しているうちに全国一般もジャスコ労組も欠席するようになり、提訴は取り下げられる格好になりました。

ジャスコ労組の末路

総評系労組は結成直後までは華々しいのですが、消滅するのも早いのです。「ゼンセンは労組なのに経営をもち込む」とよく言われるのですが、実際には、全国一般のほうが損得のバランスシートに対してはシビアです。上納されてくる組合費で儲からない場合の見切り方、および撤退は見事なものです。

これが合図であったかのようにジャスコ労組の勢力は風船のように萎み、一九七〇年四月の入社式でビラをまいたのがロウソクの最後の輝きであったかのように、五月に入るとついに解散してしまいました。ジャスコ労組は一年も経たずに消失し、第二組合の全ジャスコ労組が単独の労組となったわけです。

余談ですが、全ジャスコ労組と全繊同盟はジャスコ労組の首謀者たちにそれなりの処分を求めましたが、小嶋さんはこれも頑として受け付けず、不問にしました。ところが、首謀者の一人が研修先の日本リテイリングセンターで渥美俊一先生がつくり上げていた専制的な職場環境に反発し、また労組を結成してしまいます。困ったというよりむしろ怒った渥美さん、一方、温情があだになった小嶋さんは再び困り果てました。当然、全繊同盟が再び動くことになりました。

長崎屋労組の初期活動

少数派労組の出現に揺れる

話を長崎屋労組に戻して、初期の活動についていくつかお話ししたいと思います。長崎屋の経営者が異色で、賃上げに対してもあまり渋くなく、一時金も含めて常にトップクラスの数字を出していました。この目覚ましい妥結額の背後には、解決に向けてしつこく粘る長崎屋労組の交渉能力があったことを見逃してはいけません。

賃金や一時金交渉、あるいは寮や店内食堂（店食）といった、地味でも非常に大切な活動で成果を上げていった長崎屋労組ですが、今回はあえて、別組合の結成に対する対応や内部固めなどについて取り上げることにします。長崎屋労組は、結成時に揉めたわけでもなく、スマートなイメージがあると思うのですが、実は結成直後から不穏な動きに揺れていたのです。

労組結成後、一年が経過した一九七〇年の年末、旭川店で突如として全国一般の組織による少数派労組が結成されたという第一報が川野正男さんに入りました。全繊同盟の坪西辰也さんとともに旭川店を訪れて顚末を調べてみると、高校卒の新入社員には初年度でも少額のボーナスが支給されるのに、売場の主力となって働いている主婦のパートにはボーナスが支給されない、と不満をもった六、七人が地元の地区労に相談に行ったということが分かりました。そこで「クリスマスパーティーをやろう」と言われ、懇親しながら話を聞いてもらった女性たち全員が、その場で加入届を書いたというのです。

そこで川野さんが長崎屋労組に吸収しようと思って会いに行きますが、アポをとっても地区労のオルグに会うことができません。一週間ずっと張り付いて、ようやく一度だけ会え、「同じ会社に二つの組合があるのは労働者たちにとっても不都合だから、一本化させてくれないか」と切り出しました。

「全繊同盟には貸し借りがたくさんある」と、坊主頭の薄汚れたジャンパーを着た四十路のオルグが口を開きました。そして、次のように言って取り合いません。

長崎屋労組がメーデー（第41回）に初参加。中央あたりに全繊同盟旗がはためく。1970年５月。（提供：長崎屋労組）

「お前らの組合員範囲ではない労働者で組合をつくったのだから、文句はないはずだ」

「でも、そうですか、はい分かりましたと渡すわけにはいかないよ。

結局、何もしないだろうし、できないだろうから、放置しておこうということになりました。パート労働者にはボーナスは出ないが、その分上乗せした賃金を払っていたことが分かると、パートたちも何もできません。全国一般にとっても、数人の組合費で世話活動をすれば損失になりますから「お荷物」になってしまいます。結局、形だけの労組になり、全員が退職したときに全国一般長崎屋旭川店支部は自然消滅してしまっています。

この話と瓜二つの事態を、東急ストア労組委員長の杉本尚さんが経験しています。一九七二年に東急ストアは、北海道の定山渓で鉄道会社を営んでいた札幌市のバス会社「定鉄《じょうてつ》」を買収して子会社の定鉄商事を設立し、札幌東急ストアを開業しました。ところが、その一号店で地区労が指導する少数派労組が出現したのです。労務担当専務が東急ストアへ相談に来たことで、東急ストア労組が支援に乗り出すことになりました。

東急百貨店労組の委員長と杉本さんの二人で札幌に向かい、定鉄労組の委員長と合流して地区労のオルグに会おうとしますが、なかなか会えません。結局は杉本さんが居残って、何とか会うことができました。

詳細は省きますが、話し合いの末に「定鉄商事労組があるのだから任せてくれないか」という提案に納得してもらったのです。ところが、ジャンパーを着たオルグの「手を引くにあたって、今まで使った活動資金が嵩んでいるから金を寄こすのが筋だろう」という言葉に、杉本さんが怒り出しました。

「なんだ、同じ労働運動をしているだけじゃねえか。金を出せだと。ヤクザと同じじゃねえか。お前はそんなことばかりしているのか、おい。お前は俺が東京の東急なんていう所でさぞかしいい思いをしていると勘違いしているのか知らないが、そんなことはないぞ。俺はな、高卒で人一倍働いているんだよ。俺だけじゃない。みんなスーパーで一生懸命働いて生きていくのに大変なんだよ」

杉本さんは相手の言葉も聞かず、大声で機関銃のように話しましたが、急に声を落として、「なあ、きっとあんたもそうなんだろう。あんたは、どんな生き方してきたんだ？」と言うと、オルグは涙をこぼしながらポツポツと語りはじめたのです。

繊維企業の下請けでこき使われ、ひどい目に遭わされたこと、労組の人に拾われたこと、こんなことをしてもまずいと思いながらやってきたことなどを杉本さんがじっと聞いていると、最後に一言残して出ていきました。

「もう、いっさい手は出しません」

実は、そっくりな話がまだあるのです。一九七三年にダイエーが北海道へ出した店舗でのことです。全ダイエー労組委員長の勝木健司さん（三一八ページの写真参照）が杉本さんに相談したとき、「ようし、じゃあ一丁やったるか」と杉本さんがいぶかるほど元気に北海道に出掛けていって、さっさと解決しています。

「異分子」を抑える

長崎屋労組の話に戻ります。先ほど述べた外部勢力とのせめぎあいもありますが、内部でも結構対立していました。同時期のほかの労組も似たりよったりですが、大量採用していると学生運動を経験した者が混ざって、あれこれと揺さぶってくるのです。たとえば、労組が結成された直後から、「長崎屋労組はよいとして、どうして全繊同盟長崎屋労組という名称にするのだ」という反対意見が出たり、賃金交渉では「一〇〇パーセント獲得でなければ妥結を承認しない」とかのように、必要以上に締め付けてくるわけです。

しかも、各店舗の支部から出てくる支部長は若い労働者にやらせていて、自分たちは表には出ないようにするのです。三期目までは小さなゴタゴタが続いて随分やりあいますが、川野さんは黒幕たちが誰かを知ると、「やりたいなら執行委員になってやれ」と説いて煽りました。こうして、実際に役員枠以上の立候補者が並ぶことになり、選挙で落選すると、内部不和はなりを潜めていきました。

新しいリーダーに託す

この時期の川野さんを支えたのが、のちに二代目委員長に就任することになる書記長の狐墳英毅《こづかひでき》さんです。長崎屋労組を大きく発展させています。

狐墳さんは、一九四二年、両親が中国大陸（山東省済寧県）に渡っていたときに生まれました。終戦後、済寧から青島、それから佐世保と四〇日間かけて引き揚げてきましたが、途中で急性肺炎とおたふく風邪の併発で生死をさまようほど過酷なものでした。狐墳さんは、帰国後も一七年間にわたっておたふく風邪によく似た症状の奇病に悩まされています。

リーダーシップを発揮する狐墳英毅さん（提供：長崎屋労組）

一九四六年、母親の故郷である福島県会津へ行ってから、一九四七年に父親の故郷である栃木県足利市へ移住しました。小学校、中学校と足利市で育った狐墳さんは、栃木県立足利高校を卒業後、日本大学法学部へ進学して一九六四年に卒業し、東京・東日本橋のビルに本社があり、上場したばかりで勢いのある長崎屋に就職しました。そして、入社一年目に、ずっと悩まされていた奇病を手術する決心をしました。昇進の見込みが高かったのですが、身体のほうを優先し、一〇時間に及ぶ手術を受けて成功しています。

狐墳さんは、労組結成後は川野さんからの熱烈勧誘を受け入れて、第二期副委員長、第三期と第四期には書記長に就任していました。一九七四年の定期大会の演壇には、退任挨拶の途中であふれる涙をハンカチで拭う川野さんの姿がありました。跡を継いで、第五期に狐墳委員長が誕生します。早速、日本全国の労組が熱狂した「七四春闘(2)」に突入し、長崎屋労組初となるワッペン着用や時間外就労拒否戦術を使ったりと、川野正男委員長時代より積極的な賃金交渉を進めました。

初期の長崎屋労組では、労組を誕生させて基本路線を確立した川野さんと、労組活動を拡充していった狐塡さんのリーダーシップという競演が光っています。

全ジャスコ労組の初期活動

労働協約の締結に成功

次に、全ジャスコの初期活動に目を向けましょう。全ジャスコ労組における委員長の就任期間は、初代から第五代まで、二期ずつといった短期の就任が特徴的となっています。

全ジャスコ労組は、結成当初に政治活動にはいっさい手を出さないという強い態度を示し、綱領にもそれは盛り込まれていました。厳密に言えばゼンセン運動とは相容れないのですが、ゼンセン側は寛容でした。しかし、一九七四年にゼンセンの組織内議員の選挙を経験するうちに、全ジャスコ労組の態度も変わってきました。全ジャスコ労組は早々に綱領を変え、委員長のなかから地方自治体議員を輩出しました。

（２）第一次オイルショックの狂乱物価を背に展開された一九七四年の春闘は、三二・九パーセントという大幅賃上げとなった。

全ジャスコ労組における初期の活動で取り上げるべきことは、何といっても積極的に労働協約の締結に取り組んだことです。初期活動にとって労働協約が非常に難事となるのは、丸井労組や渕栄労組の苦労を見れば分かります。

しかも全ジャスコ労組の場合は、ジャスコ労組の結成による第二組合という足踏み時期の影響、経営者の労組に対する直接および間接的な疑念、さらには企業合併による制度や慣行の不一致による後遺症といった「三重苦」がありました。それにもかかわらず、第二組合に甘んじていたところから組織勢力を盛り返し、正常化した余勢で協約の締結に漕ぎつけました。

近代的なチェーンストアとはいっても、労組が結成される前には労働協約などはほとんどありません。伝統的な主従関係が、協約の前提となる労使関係の邪魔をしています。チェーンストア業界に労働協約が入るということ自体が快挙ですし、見方を変えれば、協約を締結した企業が標準となって業界を牽引したと言えます。

全ジャスコ労組は、結成直後の一九六九年の臨時総会において、早くもできる箇所から順次会社と労働協約を締結して、のちに統合する積み上げ方式で進める方針を決定しています。一九七〇年四月までの団体交渉協約と暫定労働協約の締結、それ以後の積み上げ方式の継続を決議したわけです。また、労使協議制の導入も決定して、経営審議会と労使協議会の設置で会社側と合意し、一九七一年には最初の労使協議会を開催し、労使各三人で構成される五つの専門委員会を発足させています。

全ジャスコ労組は、このうち労働協約専門委員会を通じて、労組活動と人事権の解釈、争議協定の是非などで激しく応酬を重ねたあとに、積み上げてきた暫定協約の集大成に進みます。こうして、一九七二年の第四回定期大会で労働協約の内容を機関決定した直後に労使協議会で締結しました。

生産性の向上によって労働条件を上げる

このほか全ジャスコ労組に関しては、「ZL運動」とワッペン闘争を取り上げたいと思います。全ジャスコ労組は、早くも一九七〇年以降に生産性向上に取り組みはじめました。「ロスをなくそう」（つまり、ゼロ・ロス）というスローガンで、「ZL運動」と名付けられた活動です。当時、一年に六回行っていた棚卸しのたびに大きな商品ロスが出ていたため、「一年に一回の棚卸しへの移行」を目標に、労使でZL運動推進本部と下部に各種専門委員会を立ち上げました。全ジャスコ労組の分析によれば、商品部門の売価変更方法、店舗の販売方法、品切れの機会損失、伝票処理のミス、レジの打ち間違い、汚損や万引きなどが商品ロスの原因となっていました。これらの原因を潰していくのが各店舗のZLチームで、議論を重ねたうえ対策を練って実行しました。

ZL推進のためのキャンペーンやコンクールなども導入して、各店舗のロスは軽減しました。一店舗だけであればロスは小さく見えるわけですが、チェーンストア全店舗となると巨額のロスとなります。労組としても、成果を上げるために熱心に取り組んだわけです。

対立したら徹底的に

一方、こうした生産性向上とは別の労使対等路線といった展開も見られます。それはワッペン闘争問題で、「七四春闘」（二四八ページ参照）の翌年に発生しています。一九七五年の賃金交渉の際、会社側が回答を保留したことがきっかけとなり、全ジャスコ労組は回答の引き延ばしを避ける目的でワッペン着用の準備に入ったのです。この背景には、一九七二年以降の賃金交渉で、労組内部から執行部の妥結姿勢に批判が出はじめていたことがあります。組合員からすれば、大きな不満には至らないものの、今一歩のところで妥結したり、スト権を確立することなく妥結に進む姿勢に物足りなさを感じていたのです。

さて団体交渉で、会社側は予想外の低額回答を出しました。しかも、異例とも言える春秋の二回に分けた二段階方式を提示したことで、全ジャスコ労組はワッペン闘争に踏み切りました。会社側にとっては、ワッペン闘争は明らかにそれまでの交渉態勢と違いますから、労組に対する不信感につながります。

小売業経営にとって失うものが大きいと判断した会社側は、徹底的にワッペン着用に抵抗しました。現場では、ワッペン着用者に対する叱責や剥奪がはじまり、トラブルが重なっていきます。こうしたなか、スト権を確立して二波のストを設定して交渉に臨み、ようやく妥結に至っています。

ワッペン闘争は、ゼンセンの指導があったにもかかわらず加盟労組の足並みが乱れたこともあり、一時的にせよ、ジャスコの労使間に禍根を残す結果となりました。妥結後に労組側は、大阪府地方労働委員会へ、会社側の執拗なワッペン着用妨害に対する不当労働行為救済の申し立てを行っているほどです。ちなみに、このワッペン闘争、一九八〇年代に入ってからもう一度労使間で揉めています。ゼンセン同盟流通部会の「模範労組」と呼ばれるジャスコ労組にとっては極めて珍しい事件ですが、労使対等を追求した一コマと言えます。

流通部会の結成

流通部会結成の水面下では

長崎屋労組が結成された直後の一九六九年一〇月、全繊同盟は中央委員会で「流通部会結成準備会」の設置を決定しました。満場一致で流通部会の誕生が決まったその場で、チェーンストア労組を代表して川野正男さんが挨拶し、抱負を述べています。その後、四回の準備会を重ねて、創立中央委員会の開催と創立宣言、行動計画、予算などの議案を決め、当日の司会、議長団、代議員、受付などの役割分担も決めました。

一九七〇年二月一八日、いよいよ全繊同盟流通部会創立中央委員会が開催されました。会場は大阪の新大阪ホテルでした。手元に川野さんからいただいた議案書があります。ページをめくってみますと、いろいろなことが分かってきます。

開会挨拶が午後一時、閉会挨拶が二時三〇分、第一号議案が「部会規約」、第二号議案が「活動計画」、第三号議案が「予算」で提案者は川野正男さん、第四号議案が「部会役員」で提案者は谷口洋さんとなっています。このあと、坪西辰也さんの部会長挨拶、部会創立宣言と進んで閉会です。参加労組は長崎屋労組、全ジャスコ労組、ニチイ労組、赤札堂労組、ハトヤ労組の五労組で、約一万二〇〇〇人の門出となりました。

議案書には、「イズミヤ労組二七支部二五〇〇名、委員長片山喬三」と記載されていた文字があとから消されています。イズミヤ労組の結成は早く、全ジャスコの結成に動いていた中川弘さんの電光石火のオルグにより、全ジャスコ労組より先に全繊同盟へ加盟する見通しとなっていました。うまく整えば長崎屋労組よりも先になり、幻の全繊同盟流通部会第一号労組だったのです。ところが、九分九厘の目論見が覆《くつがえ》り、イズミヤ労組の全繊同盟への加盟は実現しませんでした。

また、流通部会の準備段階では、創立中央委員会への代議員割当てなどに関して、全ダイエー労組参加といった痕跡が残る文書があります。新しい出発の裏には困難もあったようです。しかし、全繊同盟流通部会はそれをものともせず、結成直後には組織現勢を五万人超とする目標を立てます。明らかに、商業労連の約五万人という組合員数を意識したものです。

スマートな結成

中央委員会の直後には、設立記念レセプションが開催されました。まず、経営者を代表して長崎屋専務の岩田栄一さんが労組必要論者らしい挨拶をしたあと、滝田実さんが「新しい労使関係をつくれ」と語りかけました。谷口さんは、労働組合の闘士らしからぬ、学者のような理論分析的な労使関係を語る滝田実さんの話に衝撃を受けました。別の機会に、怒鳴るように語る総評幹部役員の話を聞いたことがあったからです。

「経営者というのは、まずゲンコツを入れないと言うことを聞かないんだよ。それを絶対に覚えておきたまえ」

経営側のトップが全員出席するなど、労組のイメージとは異なるスマートな結成であった、と川野さんも谷口さんも振り返っています。しかし、実際に流通部会が結成され、全繊同盟の内部に立ち入ることになると、川野さんは繊維の部会幹部から「部会の格が違う」とか「繊維の伝統を分かっているのか」など厳しい洗礼を受け、それに反発していたのです。また、谷口さんは、内部の冷ややかな反応に対するものとは別の反発を感じていました。それはジャスコと関係をもつようになった伊勢甚労組や橘百貨店労組が商業労連に入り、全繊同盟に移籍しないという事実から、百貨店はスーパーとは違うという一種のアナクロニズムを実感していたのです。

異なる立場の思惑が交錯するなかで流通部会が結成されたわけですが、佐藤文男さんの執念があったとはいえ、非常に大きな川を渡り、異次元へ踏み出すほどの英断と言ってもいいでしょう。

カタカナの「ゼンセン同盟」へ

全繊同盟はチェーンストア組織化を実現し、流通部会の結成をもって軌道に乗せました。これ以後は、佐藤文男さんの配下であるオルグたちが獅子奮迅の活躍をはじめます。東日本は坪西辰也さんと和田正さん、西日本は平田太郎さんと中川弘さんという大きな分担で、要所になると相互に助け合いながら東西で張り合うように組織化を進めました。

その過程で、全繊同盟が一九七四年に「ゼンセン同盟」へと名称を変更しますが、これもオルグたちの先走り行動がきっかけでした。ある日、珍しく組織部にいた佐藤さんは、一本の電話を取って驚きます。

「組織部長の中川さんをお願いします」

中川さんは出張中でいませんでした。別の日に中川さんをつかまえて、怒鳴り飛ばして名刺を出させると、「ゼンセン同盟　組織部長　中川弘」と印刷されていました。

「おい、こりゃなんだ。部長さんよ。それと、どうしてゼンセンなんだ」

中川さんは、佐藤さんがこれ以上怒らないいないように気を付けながら、組織部長など管理職がわざわざ出向いているという状況だとオルグがやりやすいこと、「全繊」だと繊維だから、スーパーの産別組合と結び付くように説明するのに苦労することなどを話しはじめました。

佐藤さんは常に現場視点ですから、「一理ある」と直感し、そのまま滝田実さんと宇佐美忠信さんに相談に行き、「現場では、もう全繊同盟という名称が足かせになっている」と助言しました。当然、二人ともそんな詐称は認められません。機関決定もしていないのに勝手にカタカナを使うな、というわけです。とくに滝田さんは、「モータリゼーションの進んだアメリカでも、まだ幌馬車組合というのが生き残っているよ」と、時代錯誤もいいじゃないかと言い出したほどです。

ところが、同じ頃に和田正さんが、地方のスーパーで労組結成に成功した際、中川さんと申し合わせたように同じような名刺を出していたことが発覚したのです。二人はライバルであり、一番の仲良しです。和田さんの名刺には「組織部長」とは印刷されていませんでしたが、やはり「ゼンセン同盟」と印刷されていたのです。

「ゼンセンのセンは鮮魚のセンです」と言って、和田さんはオルグしていたと言います。場所を変え、家電小売店の組織化のときには、「ゼンセンのセンは電線のセンです」と言っていたようです。

オルグたちの自由奔放な、しかし大真面目なオルグ活動が全繊同盟首脳の耳に入り、難色を示していた宇佐美さんでさえ、もう無視できないところまで来ているなと感じはじめました。もちろん山田精吾さんは、「変えろ。変えてしまえ！」と乗り気です。佐藤さんは、部下たちのカタカナ名刺を黙認しながら、しつこく宇佐美さんに変更案の具申を続け、一九七四年に名称変更が実現しました。全織同盟はこの時点で少しずつ、しかし確実に繊維から離れていきました。

長崎屋労組、全ジャスコ労組といった大手労組の結成と全繊同盟入りは、チェーンストア業界の抵抗を和らげ、健全な労組の結成や全繊同盟加入に関する意識を植え付けることになりました。この時点ですでに和田さんや中川さんが動いていましたが、流通部会結成直後には、ついにイトーヨーカドー労組が誕生するのです。

第9章

進撃の狼煙《のろし》—頂上を目指す

一九七〇年に流通部会が結成されて、全繊同盟が本腰を入れてチェーンストア組織化に乗り出しました。組織部のオルグたちは、お互いに助け合いながら、また県支部と連携して次々に労組を結成していきました。そのなかから、イトーヨーカドー労組の結成と、とくに労働時間に関する初期活動を中心にお話ししていきます。また、一九七〇年代には全ダイエー労組のゼンセン同盟への移籍がありますから、その動きにも焦点を当てていきたいと思います。

イトーヨーカドー労組の結成

イトーヨーカ堂の設立

一九七〇年に創設された全繊同盟の流通部会に五労組が集まりましたが、もちろん組織部のオルグたちは、結成前から名だたるチェーンストアを標的にして全力を傾けていました。当然、イトーヨーカドー労組の結成も目論んでいました。

イトーヨーカドーの設立は一九五七年ですが、その起源となるのは、一九二〇年に伊藤雅俊さんの叔父、吉川俊雄（一八九五〜一九七三）さんが開業した「羊華堂洋品店」です。その後、四店舗に増えたところで伊藤雅俊さんの兄、伊藤護さんが経営に参加し、戦後には伊藤雅俊さんも入社しています。伊藤雅俊さんは、一九二四年に東京都中野区で生まれました。戦前に横浜市立商業専門学校を卒業して、三菱鉱業（現・三菱マテリアル）で働いていましたが、一九四六年に退社して羊華堂洋品店へ合流しています。

一九五六年、兄の護さんが死去したため、雅俊さんが事業を継承して「ヨーカ堂」という名称にしたのですが、羊華洋品店の暖簾分けなどで混乱が生じたため「伊藤ヨーカ堂」と改称し、さらに「イトーヨーカ堂」、「イトーヨーカドー」となっていきました。

伊藤雅俊さんは、護さんや母親のゆきさんが商いに心血を注いで働く様子を見てきましたので、地味で慎重な営業を心がけました。多店舗になっても家族経営の名残があり、性急な拡大路線を取らずにむしろ禁欲的で、「大きすぎない会社がよい」と広言するほどでした。このため会社も、長期安定低成長を狙うように「西のダイエー、東の西友」の陰に存在しました。しかし、一九六〇年代に入り、伊藤さんがアメリカ視察から帰国すると、赤羽、北浦和、小岩、立石、蒲田、大山、三鷹、溝の口、田無といった具合に出店を重ね、着実に多店舗化を進めていきました。

ゼンセンオルグvs鈴木敏文

イトーヨーカドーに組合が結成されたのは流通部会の創設後ですが、同じ一九七〇年の前年からゼンセンオルグがすでに動いていました。最初に接近したのは和田正さんでした。和田さんは、同時期に尾張屋、その直後に忠実屋、マルエツなど立て続けにチェーンストア労組をつくっています。

イトーヨーカドーへは、和田さん、中川弘さん、山川治雄さんの三人で接近しました。こういうときは、最初にぶつかっていく「ツバつけ」は中川さんで、「全繊同盟の組織部の者ですが、社長に会いたい」と正面から行きます。

出てきたのは人事部長の鈴木敏文さんでした。ずいぶん若い社長だなーと、和田さんが思っていると、「私は社長ではありませんが」と口を開いたところで、「それじゃ社長に会いたい。社長に会って、組合が必要だということを分かってもらいたい」と和田さんが申し出ると、「お断りします」と、鈴木敏文さんはにべもありませんでした。

「何だその態度は！　話が分からんあんたではだめだ！」と、中川さんが鈴木さんの冷静さを吹き飛ばすように畳みかけますと、すかさず山川さんが「まあ落ち着け。そんな言い方しなくても」と取りもちます。「なんだ君たちは。もう帰れよ！」といら立つ鈴木さんの言葉をうまくかわしながら、最後は和田さんが「ご迷惑をおかけしました。今度は失礼のないように、前もって連絡してから来ますので」と、まとめ役を果たします。このような流れは、すべて計画通りなのです。

後日、アポを取って和田さんが単独でイトーヨーカドー本社を訪問すると、再び鈴木さんが人事部副部長を伴って出てきました。

「私は前職の会社では書記長を務めていました。組合のことは全部知っています」と鈴木さんが切り出し、「組合が必要と言っていましたが、なぜ必要なのですか？」と問います。和田さんは内心で、よし、ようやくスタートだ、と労組について説明しますが、鈴木さんはハッタリではなく労組のことを知り抜いているようでかなり手強い。というか、鈴木さんは「わが社は労組がないからといって別に困ってはいない」と本心から考えているようでした。

和田さんは、お互いにもっと精査してみませんか、と人間関係を切らないように退散しては何度も会います。そのうちに、人事副部長とは親密になっていきました。そして、頃合いを見て、「一度、上司の話を聞いてください」と、佐藤文男さんとともに訪問する機会をつくりました。

数回の話し合いを経た佐藤さんは、長年のオルグ経験から、鈴木さんは腹をすでに決めているなーと見破り、「会長の滝田実がぜひ会いたがっていますから、トップ同士で話をしてみてはいかがですか？」と舞台を用意しました。

一方、伊藤さんは、三菱鉱業に勤務していたときの経験から労組の恐ろしさを知っていましたし、同業者が左翼組合にかき回されて苦悩する姿を見ています。ですから、労組にはとても強い拒絶反応がありました。ところが、逆に鈴木さんが、「こんなに大きな企業で、これから成長するというときに労組がないなんて通用しないのではないでしょうか」と伊藤さんに労組の有効性を進言したようです。

疑念が消えないまま鈴木さんに送り出された伊藤さんは、全繊会館の玄関前の階段を上がりながら、「労働組合ができるとは思いもしなかった。もうイトーヨーカ堂もおしまいだなー」と顔面蒼白だったと言います。しかし、滝田さんに会い、「労使は鏡のようなものです。片方がよければもう片方もよく、その逆は逆です。ともに繁栄するよう、切磋琢磨する関係になります」と持論を聞かされて、「どうも予想していたのと違う労組のようだ。これならいけるかもしれない」と一瞬思ったようです。

だからといって、悲観論者の伊藤さんが全面的に賛同するわけではありません。佐藤さんのことをずいぶん怖い人だなーと見抜いていましたが、「鈴木がそれほど言うのなら、いや、それならばぜひ鈴木にやってもらおう」と割り切ることにしました。このように、イトーヨーカドー労組は結成までに一年半がかかっていますが、卓越したオルグの和田正さんがもっとも苦労した結成事例の一つと言えます。

激しかった結成準備

話は塙昭彦さんの入社に飛びます。業界で塙さんを知らない人はまずいないのですが、イトーヨーカドー労組の第二代委員長、一九四二年生まれで東京都の出身です。委員長退任後にはイトーヨーカドーの中国進出で大活躍され、果敢で異色とも言える行動は、学生時代、入社前、労組の結成時の話とともに著書『人生、すべて当たりくじ』（ＰＨＰ研究所、二〇〇八年）で知ることができます。

イトーヨーカドー入社以前の詳しい話は前掲書に譲りますが、青山学院大学で応援団長をしていた塙さんは、卒業後にアメリカ系ジュース会社、老舗フルーツ店、タイでの建設現場監督といった仕事を経て、一九六七年八月に入社し、果物を扱った経験があるということで生鮮担当になりました。ちょうどイトーヨーカドーが初めて生鮮販売を開始したときのことで、職人採用でした。

職人たちの独特の働きぶり、また大雑把な賃金や昇給に悩まされていた塙さんですが、果物、野菜、水物、卵の仕入れを担当するマーチャンダイザーに昇格してから頭角を現し、イトーヨーカドーの「生鮮を背負う男」と期待を集めました。そして一九七〇年七月、ペガサスクラブ（五九ページのコラム参照）のアメリカへの流通企業視察研修の参加者に指名され、意気揚々とアメリカに出掛けていきました。その三週間後、たっぷり勉強して帰国した直後から職業人生が変わっていきます。待ち構えていたように、会社近くにある喫茶店に塙さんを誘って、突然、労組結成の話をもち掛けた人物がいたのです。それが岩國修一さんでした。

岩國さんは一九三五年に京都に生まれました。実家は染物を営んでいましたが、跡を継がず、高校卒業後に大阪に本社がある繊維商社「蝶理《ちょうり》」に入社しました。上京して、配属先となった日本橋で、繊維商品だけでなく繊維用の印刷機の営業をしながら中央大学の夜間部へ通いました。

プリーツスカートをはじめとして、学生服の加工、納入、販売促進などの仕事をこなしました。大学卒業後も仕事を続けていましたが、伊藤雅俊さんにスカウトされ、一九六五年に幹部採用でイトーヨーカドーに入社しました。

入社後しばらくすると、上司から「組合づくりの動きがあるようだが、どうだやってみないか」と言われ、しばらく考えていました。しかし、中央大学で学生運動にかかわったり、書籍取次店の東販（現・トーハン）で労組の書記長をしていた鈴木敏文さんが、「労組がないのも少しいびつな企業ではないのか」と話し合っているという噂を聞き、徐々に労組の結成に関心をもちはじめたのです。冷静に考えると、労働条件がよくないのは事実で、自分の給料も蝶理時代の三分の二になったことなど、気になっていたこともあったのです。とくに、賞与が新年にならないと支給されないというのは異常だ、と感じていました。

岩國さんは、蝶理のときも含めて、労組の知識も経験もないため抵抗がありませんし、誰もやらないようだと分かると、一歩前へ出るという性格もあって、労組の結成に乗り出す覚悟を決めました。それで全繊会館通いがはじまり、連日、会議室でレクチャーを受けるかたわら、各職場から若手のリーダー格を引き入れていったのです。生鮮のエースであった塙さんも、当然、候補者に入っています。というか、岩國さんは塙さんを委員長にしてもよい思い、もし塙さんが欠けたら労組が危ないとも考えていました。

岩國さんが塙さんと同じように注目していたのが斉藤力丸さんです。斉藤さんは衣料のマーチャンダイザーで、業界での名声が非常に高く、ペガサスクラブの渥美俊一先生が「日本のトップ」と評価した人です。その斉藤さんは、「やろう！　やらなきゃいけないな」と二つ返事で労組結成に賛同しました。

こうして、帰国した塙さんを説得する日を迎えたのですが、岩國さんが集めた結成メンバー候補者の一覧は、塙さんの部分だけが空欄になっていました。岩國さんが熱心に労組結成の話を語っても、塙さんには抵抗感があったようで、一歩引いていたのです。

一つは、社長の伊藤雅俊さんの「組合嫌い」がひどいことです。社内では、五人以上の集会はご法度でしたし、仕事以外で集まると噂が立つという理由で、憚れる雰囲気がつくり出されていました。それに、開店前日の準備のとき、夜一〇時頃になると伊藤夫人と母親のゆきさんが来店して、「ご苦労様です。これ食べてください」と大量の握り飯が差し入れされるのです。昔の家族商店といった趣きが残されている会社に、果たして労組が似つかわしいものかどうかと塙さんは思っていました。

しかし、躊躇した最大の原因は、きちんと腑に落ちないと頑として動かないという性格であったと思われます。あなたは誰ですか、私はあなたのことを知りません、だからやりたくないと、誘いをかける岩國さんに第一声から言い放つのです。さらに独り言も飛び出します。

「バリバリ働きたいのに、賞与支給が遅すぎるとか、ぬるいこと言っている連中と一緒にやれるか」

ところが、労組結成の有志に尊敬する先輩である斉藤力丸さんが入っているとなると心が揺らぎます。バリバリ働くのはもちろん、仕入れ業務では逆立ちしても勝てないあの人がやっていることなのか……と。そこで、労組はやるに値する、これは必然性があることなのだ、と察知します。最後に塙さんは、岩國さんに一言だけ釘を刺して労組結成に同意し、設立メンバーになることを決めました。

「あなたが会社とうまくやろうとか、ぬるい組合をつくるとか、志が違っていたら、あなたを引きずり下ろして私が委員長をやる」

念のために言っておきます。塙さんには、動きはじめたら誰も止められないほど駆けてゆくという性格もありました。

労組の結成

こうして塙さんが加わり、結成準備委員会の編成が完了すると、岩國さんたちは終業後、毎日のようにあちこちで集まり、労組のことを勉強し、結成や運営実務の準備を重ねました。もちろん、全繊会館もよく利用しました。

準備活動期間はおよそ三か月でしたが、結成までに二つの事件が発生しました。普段の活動はメンバーが集まれる夜九時頃から終電までですが、塙さんがいるので始発まで続けることも結構ありました。「秋葉原の神田市場へ仕入れに行くのにちょうど間に合うから、始発までやろう」

というわけです。ほとんど毎日徹夜ですから、もの凄い体力です。

　前述したように、塙さんは体力だけでなく激情型でもあります。上野にあるホテルの一室でいつものように会合をしていたのですが、夕食の弁当代を全繊同盟が支払うと聞いた塙さんが、その日ちょうど来ていた和田正さんに向かって、「まだ入るかどうか決めていないのに、弁当なんかで懐柔する気か！　もう、出ていってくれ！」などと噛みついたのです。

「何だと、この野郎！」と和田さんも言い返すので、このときは揉めに揉めました。その結果、労組をつくるのと、初めから全繊同盟ありきとは分けて考えよう、ということになっています。全国一般が暴れていることもあるし、健全な労使関係をつくることには賛成だが、自分たちと全繊同盟とで考え方が違った場合はどうするのだ、と塙さんは本気で心配していたのです。激しいと言えるほど誠実な人なのです。

　一方、和田さんは、このリーダー候補は激しいけれど頼もしいなと、将来の労組の安定性を確信しました。何しろ、あの鈴木敏文さんと労使交渉で徹底的にわたり合うことになるわけですから、圧倒するような強気で押すこの気風《きっぷ》は大きな武器になると想像していました。ちなみに、その想像通りの結果になっています。

　もう一つの事件は、岩國さんたちが一九七〇年九月に労組結成発起人委員会を開催したあとに労組加入届を集める活動に入ったことで、結成の動きに反発して別の労組結成を狙っている集団が台頭してきたことです。塙さんが加入を勧誘するために労働者を集めて説明していると、「三六協定とは何か知っているか」とか「労使協議会はどうするのだ」と冷やかしのような質問を浴びせてくる大卒のグループがいたのです。内心では、インテリやお坊ちゃんたちはうるせえなーと思いながら、「三六協定なんかあとでいいから、汗をかいて働くみんながいくらもらうのかとか、休みを増やすことができるのかそうでないのかのほうが大切だろう」と言い返して、女性従業員たちから大きな支持を集めました。

大卒グループというのは、学生運動の経験や左翼系労組の影響があったわけではなく、純粋に自分たちでもっと違う労組をつくろうと言い出していた真面目な集団でした。そこで塙さんたちが乗り出し、「ごちゃごちゃと斜に構えてないで、お前らも入ってこいよ。組合はみんなの意見を聞いて進めるから、入ってから堂々と意見を言え」と勧誘したところ、「分かりました」と入って来て一件落着です。ちなみに、その大卒グループの先頭にいたのが、塙さんの次に第三代委員長となり、のちに流通部会長に就任した太田喜明さんでした。

九〇パーセント以上の加入になったところで最後の準備に入り、一九七〇年一〇月二二日に国保会館で結成大会を開いてイトーヨーカ堂労働組合（委員長岩國修一、書記長内藤佳宜、二二〇〇人。一九七二年にイトーヨーカドー労働組合へ改称）が誕生しました。結成大会に招かれた全織同盟会長の滝田実さんは、「数え切れないほど臨席した結成大会のなかで、イトーヨーカドー労組は例外的に鮮明に記憶に残る大会であり、労使代表の話を聞いて、労使関係の合意が見事に成立していて労使の発展を確信した」と回想しています。

イトーヨーカドー労組の初期活動

ひたすら労働時間の短縮を求める

イトーヨーカドー労組の初期活動では、生産性向上に関する活動もさることながら、賃金や一時金の交渉についても、長崎屋やダイエーのような華々しい労使交渉に比べて地味な内容とはいえ、注目するべきものが多々あります。そのなかで、労働時間の交渉にここでは注目します。

労働時間に関する交渉は実に多様なものとなっています。まず、年間の休日数に関する交渉がありますし、当時ならではの問題ですが、それとセットとなっていた完全週休二日制への移行に関する交渉があります。もちろん、残業の削減や、有給休暇取得に対する促進環境の整備も大きな交渉事項となっていました。

イトーヨーカドー労組は一九七一年からこれらに取り組みはじめ、職種特性の違いによって全体運用には苦しみながらも、年間休日数を着実に増加させました。一九七五年には一直制の導入で混乱に陥り、一時的とはいえ時短が足踏み状態になりましたが、概ね一九七〇年代の前半には休日数の増加、後半にはその休日消化に努力を傾けて成果を上げたと言えます。

ただし前半では、レジ担当を中心にした女性組合員からの閉店時間繰り上げ要求をめぐる労使交渉が激しくなっています。当初は夜九時の閉店でしたが、女性寮から通う一人の女性組合員が、

「帰りが遅くなるのは嫌だ」という不満を控え目に表明したことがきっかけでした。そして、その不満が、急速に、雪だるまのように大きくなっていったのです。

塙昭彦さんたちがヒアリングをすると、閉店は九時でも帰宅は一一時頃になってしまい、「暗い夜道を歩くのが怖い」「深夜に風呂に入ると苦情が来る」「駅員に夜の商売なのかと言われる」「近所から変な目で見られる」「痴漢が出る」など、根深い問題であることが分かりました。また、ゼンセン同盟の方針では標準店が七時閉店となっていたので、かなり開きがあったのです。

塙さんは徹底的にやるぞと決心し、意見を集約し、会社との交渉に臨めるよう動き出しました。

ところが、労組の内部からは「営業時間は経営問題である」との反対意見が出たり、「一部の支部だけの特殊事情」と判断されたりと、意思統一が難航しました。該当支部の役員が他支部の役員に説明したり、塙さんたちが懸命に説得したりと、約一年間を費やすことになりました。

一九七三年の第四回定期大会では、九時閉店、八時半閉店といった九支部の共同動議が提出され、

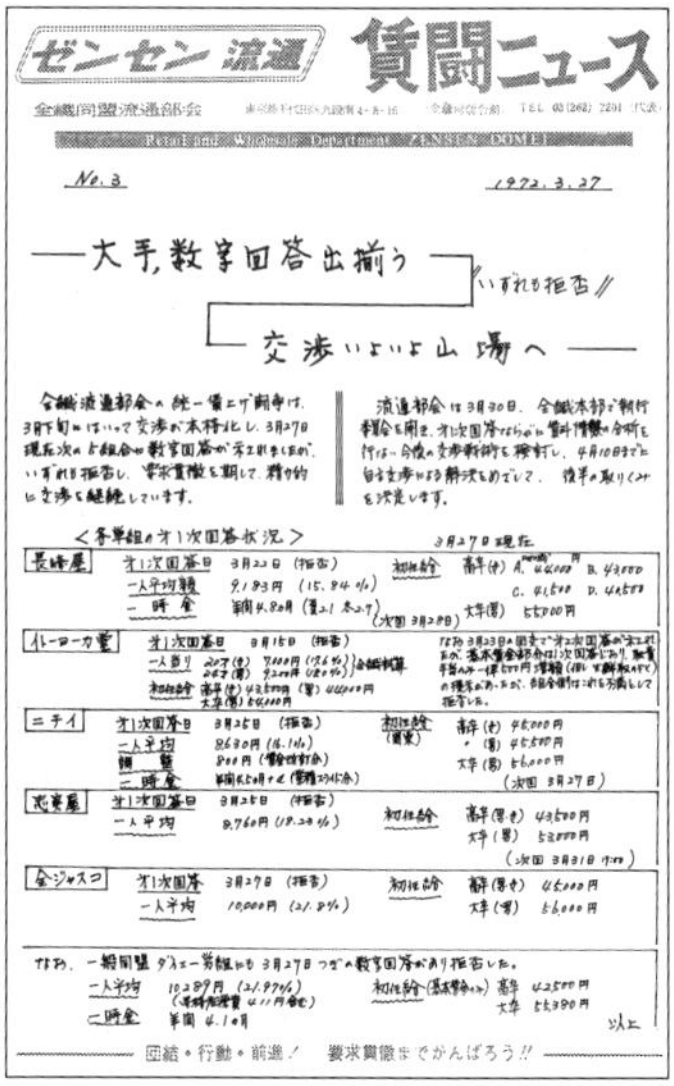

賃金交渉の山場を伝える全繊同盟流通部会の速報。中ほどにイトーヨーカ堂労組回答拒否の経過が掲載されている（提供：川勝章氏）

無事に八時閉店要求決議が可決されたのち、団体交渉を経て速やかに全店八時閉店営業へ移行しました。この閉店繰り上げ問題は、イトーヨーカドー労組の初期活動のなかにおいて、組合員たちがもっとも団結を実感した画期的な取り組みとなりました。なお、この一九七三年の定期大会で岩國さんが退任し、第二代委員長として塙さんが就任しています。

この直後に、一直制の導入問題が勃発します。一九七四年の時点で着実に休日数を増やしてきたイトーヨーカドー労組は、完全週休二日制の実現を視野に入れた時短を狙っていました。ところが、一九七五年になると、会社側は突然二直制から一直制への移行を打ち出し、早々に導入に踏み切ろうとしてきました。

イトーヨーカドー労組は結束を固めて団体交渉に臨みましたが、「大規模小売店舗法」により閉店時間がさらに繰り上げになる可能性が高いこともあり、全面否定もできないと判断しました。団交の末、過渡的措置の変則的な一直制を挟むことや、それと引き換えに休日数の上乗せを獲得して妥結しています。

一直制によって労働時間が増加し、一九七〇時間近くまで短縮していた年間労働時間は、一時的とはいえ、再び二〇〇〇時間の大台に戻りました。その結果、これ以後のイトーヨーカドー労組は、失地回復の共通認識を原動力にして、あらゆる時短の取り組みに着手したのです。

一九七〇年代の後半になると、激しさを増して一九八〇年以降へもち越されていった年末年始の営業交渉に明け暮れることになります。まず年末ですが、小売業にとってはもちろん「書き入れ時」ですから、会社側は大晦日の夜遅くまで営業しようとします。ところが、労働者にとっては過重負担になるほか、「紅白歌合戦を見たい」とか「故郷へ帰りたい」などの要求を押し潰す形になりますから、常に激しい交渉になりました。

激しく対立した「初商《はっしょう》」

年始の営業について見てみましょう。今や正月営業は当たり前ですが、当時は一月三日までは休みでしたし、ダイエーの場合は多くの店舗を五日まで閉めていました。一方、東北地方の一部を中心に「初商」と呼ばれる風習があり、地元住民が二日から買い物をはじめていたのです。新年の購買を楽しみにしている客が、元日の夜になると集まりはじめるのです。店側もたき火をしたり、お汁粉を配ったりして、もてなしていたのです。

全国展開するチェーンストア企業は、この初商の風習を真似て客の要望に応えようとしますし、その販売実績に味をしめてほかの地域でもやろうとしました。もちろん、イトーヨーカドーも例外ではありませんでした。このため、ゼンセン同盟の流通部会が決めた一月三日までの正月休みの方針が突き破られることになりました。これが、別名「初商問題」と呼ばれる正月営業問題です。

イトーヨーカドー労組は、一九七二年の年始営業に関して、一月三日開店と東北店舗の二日開店は年間売上計画に組み入れていると言って譲ろうとしない会社側と団交を重ねました。一月三日の売上は一二月三一日に匹敵する巨額なものですし、現地では他社が一月二日には開けているのですから会社側は強硬です。

結局、振替休日を措置して、一部が一月二日開店、他は三日開店となり、正月三日間の休日は達成されませんでした。これ以降も、年末営業のほうは、例外措置店舗の制限、閉店時間の繰り上げ、当日運用面への介入などで成果を上げましたが、初商問題のほうは継続課題となったまま、徐々に押されていきました。

一九九七年の年始では、一月二日開店の郡山店など三店を三日開店へ繰り下げましたが、一九七八年の年始は二日開店の店舗が増加するなど、再び苦戦を強いられました。その背景には、正月営業を歓迎するという消費者ニーズをはじめとする社会情勢が無視できなくなったということがありますが、正月営業問題への対抗策として「正月営業手当」を獲得し、それを増額していったことが大きいと思います。

一九七八年、一九七九年、一九八〇年と、当初は特例のインセンティブだった手当も、初商手当、正月営業手当へと充実させながら支給額の上乗せを獲得したわけですが、結果的には正月営業の拡大を許すという格好になっています。

最大の山場でゼンセン同盟へ全権委譲

一九八〇年代に入ると、チェーンストア業界全体の労働条件に関するゆくえに危機感を覚えた塙さんは賭けに出ます。一九八一年の年始交渉では、イトーヨーカドー労組とゼンセン同盟の統一交渉という形にして、例年よりも一か月以上前から、ゼンセン同盟の指導の下で全力本気モードの団交に入りました。強硬な態度を取る労組に対して会社側も対抗しますから、交渉を何度重ねても難航しました。

行き詰まりを迎えたところで、塙さんはゼンセン同盟の佐藤文男さんに団体交渉への同席を要請しました。団交の席上についた佐藤さんは、塙さんが立ち上がって挨拶をはじめたのを聞いて、「えっ?」とつい声を上げてしまいました。同席するだけと思っていた佐藤さん、事前に何も聞かされていなかったのです。

「ただいまから団体交渉を開始しますが、本日の団交では、イトーヨーカドー労働組合はゼンセン同盟の佐藤文男氏にストライキ権も含めて全権を委任しております」

それを聞いて舌打ちした鈴木敏文さんですが、すぐに毅然として向き直り、静かに口を開きました。

「こんな大人数で団交するのでは意味がありません。別室に移って、小委員会で交渉しませんか?」

こうして、鈴木さん、人事副部長、佐藤さん、塙さんの四人での交渉に入りました。実は、佐藤さんにとって全権委任はお手のものなのです。かつて、浜松地区の中小企業労組の労働者たちが、「自分たちでは太刀打ちできないから」と佐藤さんに頼るというのが日常茶飯事だったのです。

しかし、「うちはごまかしがきかない会社です」と、鈴木さんにはまったく譲る気配がありません。ゼンセン同盟は、一月二日までは休日で、一月三日もできるかぎり休日を取れ、と指令していますが、イトーヨーカドーの労働協約には「一月三日休業」と記載されていないのです。一月三日に営業しない旨を、何らか形で協約に載せなければなりません。

「佐藤さんは手当が欲しいのではなく、正月営業ができないように協約を修正して欲しいということはよく分かっています。私も組合とうまく話をして、手当を多く出すことは痛くもかゆくもありませんが、正月営業は客が求めているのです」

と、鈴木さんは静かに話を続けます。タフな交渉となりました。一律に決する内容ではなく、双方の妥協が必要です。延々と交渉した結果、当時の二八店舗のうち、前年の一月二日営業の二一店舗からの拡大を許さず、既存の二店舗を一月二日から一月三日営業へ繰り下げ、その代わりに新規出店の二店舗を二日営業としました。また、二日だけに適用していた正月手当を三日にも適用拡大し、しかも大幅増額となりました。

この大きな交渉結果の背後には別の労働条件の出し入れがありましたが、鈴木さんとの交渉ハードルの高さを考えれば「快挙」と言ってもよいと思います。年々猛スピードで拡大してきた正月営業の、しかもそのトップランナーの企業をストップさせてしまったのです。同盟路線の真ん中にいる労組のほうから稼ぎの多い職場を返上することが成立してしまうのですから、交渉した労使ともども、相当の大局観をもった猛者たちと言えます。

この全権委任団交と妥結直後に、イトーヨーカドー労組を代表して塙さんが綴ったお礼の手紙を佐藤さんに見せてもらったことがあります。そのなかには、諦めかけて待機していたが、結論を聞いて感激のあまり泣き出した団交メンバーが続出したとか、こうなったら二一店舗で二八店舗分の業績を上げてやる、といった宣言が書かれていました。

「ゼンセン同盟は、下がるときはきれいに下がるが、ぐっと前に出てくるときがある。企業別組合の労使交渉に介入してきたら、労使の二者関係ではなく三者関係になる。要するに、単純な善玉と悪役の図式が崩れて、当初の思惑通りにならず、突破口ができて予想以上の成果が上がる」

これは、勝木健司さんの後継者であり、全ダイエー労組第四代委員長とゼンセン同盟流通部会長を務めた足立明さん（八二ページ参照）の、団交の先頭にいた経験に基づく言葉です。

イトーヨーカドーの正月営業交渉は、その法則が凝縮された例であると思います。また、塙さんと佐藤さんの行動は、連合体ではなく同盟体としてのゼンセン同盟を証明したものと考えられます。

最後になりましたが、イトーヨーカドー労組とゼンセンの東京都支部の関係にも触れておきます。労組のみなさんは、結成に向けて献身的に動いたオルグへの感謝の気持ちを決して忘れないものです。もちろん、イトーヨーカドー労組も例外ではなく、生みの親と言える和田正さんが長らく東京都支部の支部長に就任したこともあり、多くの常任を東京都支部へ出して貢献してきました。

全ダイエー労組のゼンセン移籍

ゼンセンから狙われ続けて

もう一つのケースをお話しします。といっても、これまでに結成や初期活動について話してきた全ダイエー労組の続編になります。初代委員長の松吉英男さんが積極的に動いて結成し、一般同盟に加盟した全ダイエー労組は、第三代委員長の勝木健司さんや書記長の網代真也さんの時期にワッペン着用をめぐって地方労働委員会へ提訴し、時短や賃上げの交渉ではストライキを打ちました。会社と同様、非常に活発で、派手なチェーンストア労組と言えます。

その後の大事件と言ってよいのですが、一般同盟からゼンセン同盟へ上部組合の鞍替えがありましたので、取り上げたいと思います。

まず、ゼンセンがいつから全ダイエー労組のオルグを考えていたのか、についてです。その答えは最初からです。一九六五年の労組結成時こそ受け皿がなかったので見送りましたが、流通部会の結成時には、加入したときのために全ダイエー労組の代議員が一度は割り当てられていました。この間に、組織部の中川弘さんは足繁く全ダイエー労組事務所に通っていたのです。

しかし、一般同盟の中心組合として収まっていましたから、ゼンセンに加盟する可能性はほとんどありませんでした。それでも、ゼンセン側の事情としては、全ダイエー労組に加入してもらねば困るということです。なぜならば、業界を代表する会社の労働者を組織化することは、ゼンセンオルグの定石だったからです。たとえば、のちにフード・サービス部会が発足したとき、当然のようにファミリーレストラン「御三家」（すかいらーく労組、デニーズ労組、ロイヤルホスト労組）がきちんと揃っていたようにです。

いくら長崎屋やジャスコが大きくとも、またのちにイトーヨーカドーが大きくなることが見えていても、日本のチェーンストアの2トップは「西のダイエー、東の西友」という時代です。西友ストアー労組は、和田正さんたちのオルグもかなわず中立主義一徹の強烈なアンチゼンセンですから、全ダイエー労組がゼンセン内部にないと流通組織化は成就しないのです。組織部長の佐藤文男さんは最初から全ダイエーを狙って、部下の中川弘さんや平田太郎さんらとともに強烈な姿勢で接近していました。

不当労働行為の抗議でデモ行進する全ダイエー労組の組合員たち（提供：ダイエーユニオン）

一方、大阪府支部長の山田精吾さんは、全ダイエー労組がリボン・ワッペン着用に関して不当労働行為だと地労委に提訴したときの労働側委員ですから、精いっぱいバックアップするかたわら、ぜひともゼンセン同盟に欲しいと目をつけていました。また、スカウト名人でもあった山田さんは、全ダイエー労組の元気のよい役員たちが気になって仕方がなかったのです。とくに破天荒な網代真也さんは、絶対に欲しい人材だと実際にスカウトしました。ですから、大阪府支部からも全ダイエー労組へ近づき、オルグの三ツ木宣武さんが虎視眈々と迫っていったのです。

目を見張るゼンセン同盟の力量で決断

勝木健司さんら三役、とくに書記長の網代さんがゼンセンのオルグ連隊の集中砲火を浴びていたわけですが、東西からの挟み撃ちにあいながら、小さな一般同盟に加盟していることに苦悩していました。全ダイエー労組が抜ければ一般同盟へ大きな被害を与えることになる、一般同盟に留まって責任を果たすべきだ、これがゼンセン加盟に反対する勢力の温床になっていました。

この構図を激しく揺すぶったのは、一九七四年の「大規模小売店舗法」の施行後に、日本のチェーンストア業界を襲った「大店法問題」です。大手チェーンストアの出店が大きく制約されることで業界の成長が止められるだけでなく、流通革命による国民への貢献を断念せざるを得なくなるという大きな危機でした。

とりわけ、ダイエーは熊本店がターゲットにされ、大型店の出店を公式的に拒絶できる手法として編み出された「熊本方式」に直面して、土俵際に立たされることになりました。この危機に、一般同盟が立ち上がり、産別組合として体を張ったという形跡はありません。網代さんたちは落胆しませんでしたが、期待もしていません。

正反対に、徹底的に闘う姿勢を見せたのがゼンセン同盟でした。流通部会に加盟している労組

column ⑥

大規模小売店舗法（大店法）の問題

1974年に大店法が施行され、チェーンストア業界は従来の出店政策がとれなくなり、大きな打撃を受けた。

チェーンストアと競争する中小小売商は、全国団体による規制強化を要求し、熊本県、豊中市、札幌市などを皮切りに出店規制を主眼とした条例の制定が相次いだ。これに対するゼンセン同盟・チェーンストア労組は、出店規制反対の態度を守り、大規模な活動を展開した。

地域紛争のモデルケースとして日本中の注目を集めたダイエー熊本店の出店規制では、地元の激しい反対を跳ね返して出店が実現し、規制一色であった潮目を変えた。ダイエー熊本店の例は、チェーンストア労組の団結による圧倒的な運動が実を結んだものとして、記録に値する事件と言える。

と同じく、業界全体を代表する全ダイエー労組への支援を惜しみませんでした。協力関係になったゼンセン同盟へ挨拶に訪れた網代さんは、ゼンセン同盟組織内議員の大声を聞いて胸を打たれます。

「よし、任せろ！　俺が喧嘩大将になって徹底的にやってやる」

ゼンセンは世間のイメージとは異なり、実は大小さまざまな争議に明け暮れてきました。そして、危機にこそ組織能力を発揮します。早々に日本チェーンストア協会を巻き込んで共闘態勢に入り、関係省庁への強力なロビー活動を浴びせます。その一方で、各地で大量の動員をかけて、大規模店舗を守るための集会やデモを繰り広げました。

圧巻であったのは、「チェーンストア出

店規制強化反対集会」の全国展開で、東京、大阪、札幌、仙台、名古屋、金沢、広島、福岡で約二万三〇〇〇人を動員しています。消費者へのアピールはもちろん、関係省庁や地方通産局への申し入れにも余念がありません。ついに、一九七八年には通産省審議会にもち込み、熊本店開店の正式決定と通産大臣勧告を引き出しました。売場面積が大幅に削減されたものの熊本出店は守られ、チェーンストア業界が最大の危機に陥ることで消費者の生活が左右されるという分岐点で勝利したわけです。

大規模な大店法対策を通じた闘いの渦中で、全ダイエー労組には強烈な残像が付着しました。全ダイエー労組とは何か、ゼンセン同盟とは何であるか、を考えざるを得ません。実体験としてゼンセン同盟の積極果敢な労働運動を知ると、勝木さんも網代さんも足立さんも、みんな心がゼンセン同盟へ傾いていきます。一番大きな労組が小さな一般同盟で大きな顔をしていてはだめなんだ、全ダイエー労組のことだけでなく業界全体の労働者に目を配るべきだ、ねじれ現象を解消してもっと大きな舞台で責任を果たそう、というわけです。

全ダイエー労組は一般同盟離脱とゼンセン同盟加盟の方向を打ち出して職場討議をはじめ、一般同盟に残留して責任を果たせという内向きの「筋論」と、ゼンセン同盟に加盟して大手労組として役割を果たせという外向きの「ノブレス・オブリージュ（高貴なる者に伴う義務）」がぶつかります。労組役員の主流派はもちろん後者で、優勢でした。

許されざる移籍を強行

果たして全ダイエー労組は、一九七七年八月の第一三年度定期大会で投票にかけてゼンセン同盟への移籍を機関決定しました。言うまでもなく、この行動は一般同盟にとっては許し難いものです。同じ同盟のゼンセンに流通産別構想の則を破られ、また同盟流通も妨げられたことに続く屈辱です。全ダイエー労組の加盟継続の説得を続けてきた一般同盟は、移籍決定後にその移籍を認めない方針を決定し、ゼンセン同盟の背信行為の糾弾を開始して一触即発になりました。

そこで佐藤文男さんは、ゼンセン同盟の全権委任により難航する一般同盟との協議に臨み、次第に意見調整へもち込みます。オルグの貸し出しをはじめとする一連の代償策を提示しながら、最後はナショナルセンター同盟の斡旋案を受けるという形式を整えて、同盟全体の大局的な観点から全ダイエー労組の移籍を認めさせてしまいました。のちに、一般同盟はＵＩゼンセン同盟の結成では合同して仲間になりますが、当時は、この荒事で考えられないほどの軋轢《あつれき》を生んでいたのです。

新しいオルグの誕生

全ダイエー労組の移籍後にはゼンセン同盟が礼を尽くすという意味でも、優れた人材の能力を最大限に発揮させるという意味でも、勝木さんや網代さんを重用します。ご承知のように勝木さんは、第三代流通部会長へ就任したあとに、流通部会初の組織内参議院議員として三期にわたって活躍しました。一八年間にわたる労組経験と、一八年間にわたる国会議員経験という強者です（三一八ページの写真参照）。

一方、網代さんは、ゼンセン入りして活躍を続け、最後は副会長に就任しています。それ以降、第四代の足立明さん、第五代の橋本和秀さん、第六代の藤吉大輔さんらの全ダイエー労組委員長は流通部会長に着任し、橋本さんは副書記長、藤吉さんは流通部門長になっています。

網代真也さんの腹を据えた決断が、少なからずもゼンセン同盟移籍の実現に寄与しました。独自の産別組合観をもっていた網代さんについてお話をしたいと思います。

とにかく、サングラスで団体交渉に出て中内功さんに毛嫌いされたとか、白と言われれば黒で、左と言われれば右というやんちゃで「ゴンタ」な性格が語り草となっています。かと思うと、歴代のダイエー人事担当役員が苦手意識をもつほどの交渉能力なども語り継がれています。こんな網代さんですが、実はオルグとしての動静に注目すべきだと思います。

網代さんは、一九四二年に兵庫県で生まれました。大学も地元で、一九六四年に兵庫農科大学農芸学科を卒業し、ダイエーに入社しました。入社の動機は、他社より少し初任給が高かったからでしたが、夏休みに大学の同級生たちと会って給料の話をしてみると、低かったはずの友人たちのほうが高いことに気付きました。理由を聞くと、「労使交渉で上がった」と言うのです。友人たちの言い分では、「労働組合がないからそうなんだろう」ということでした。早速、網代さんは人事部長に「インチキやないか」と文句を言い、最後は中内さんにも苦情を言っています。
また、寮に入ってみると、会社が寮長を指名することに納得せず、「寮長はみんなが投票で決めるものだからおかしいじゃないか」と問題にして、それに同意する同期入社の人も巻き込んで揉めました。そうしているうちに初任給の話を思い出した網代さんは、労組の話をもち出して提起し、それなら労組をつくればいいのかな、という話し合いに進みました。

新卒の同期入社組およそ四〇人を集め、労組のことをよく知っているというリーダー格が出てきましたが、突然地方へ異動になったので、網代さんは労組結成の動きが原因ではないのかと疑念をもちました。ところがその直後、ダイエー労組の結成準備に入っていることが分かり、騒がしくなってきました。新卒採用の網代さんは、中途の即戦力採用であった松吉英男さんたちが、やはり労組の必要性を痛感して動き出していたことをまったく察知していなかったのです。

一九六五年にダイエー労組が結成され、網代さんは一九六六年に三宮店の支部長になり、一九六八年には中央執行委員、以後、副委員長、書記長に就任しました。言ってみれば、全ダイエー労組の看板を背負った「ビッグボス」です。

全ダイエー労組のゼンセン同盟移籍の首謀者として一般同盟から恨まれ、「お前は畳の上では死ねんぞ」とまで言われた網代さんがゼンセン同盟入りしたのは一九七九年で、かつての組織部が大きくなった組織行動部門組織局の全国オルグとして着任しました。当時の組織行動部門長は、もちろん佐藤文男さんです。

大労組の幹部がいきなりオルグか、と思う人がいるかもしれませんが、実は網代さんは、全ダイエー労組の幹部を続けながら、ダイエー関連会社や取引会社で労組づくりを続けていたのです。ロベルト労組、サカエミート労組、パシフィックスポーツ労組、阪神運輸労組などですが、結成させるたびに組合員に感謝され、「慕われて大きな顔ができる」と意気揚々でした。

ただし、組織局在籍は約一年で、一九八〇年には宮城県支部長に転じ、一九八二年には再び組織局、一九八四年に産業政策局、一九九〇年にはフード・サービス部会長と幅広く経験したのち、副会長に就任しています。また、国際組織活動でも大きな功績を残しています。もちろん、組織局や県支部でも労組結成に成功していますし、のちに佐藤さんが大々的に専門店チェーンの組織化に乗り出した際には、難なく合流して佐藤さんを助けています。こんな網代さん、紛れもなく優れたオルグと言えます。

爆弾を抱えたゼンセン

さらに重要な点は、流通部会に加盟している労組から慕われ、大きな力をもつ網代さんが、ゼンセン内部に緊張感を常に与え続けていたことです。確かに全ダイエー労組は、チェーンストア業界全体の労働者が幸福を実現するための責任を果たそうとゼンセン同盟に移りました。しかし、そうであるならば、業界全体の労組が分断されていることはいかがなものかと考えていたのです。

ゼンセン同盟内部に入ってみれば、数の上では流通部会が膨れ上がっていきますが、繊維部会のプレゼンスが高くて気になります。一般同盟やチェーン労協の流通産別構想とは別の感覚ですが、やはり流通でまとまりたいという強い決意をもちます。

網代さんには、ゼンセン以外の他労組とまとまるという強烈な疑似体験がありました。一九七〇年代前半の関西流通四労組共闘会議です。全ダイエー労組、ニチイ労組、イズミヤ労組、全ジャスコ労組が上部組合の足かせを超えて関西地区で団結し、賃上げ交渉に臨んだのです。

当時、全ダイエー労組は一般同盟に加盟していましたが、のちにＵＩゼンセン会長になる落合《おちあい》清四《きよし》さんが率いるニチイ労組も、「ゼンセンの模範組合」と呼ばれた全ジャスコも共闘会議に入っていました。さらに、アンチゼンセンの筆頭格であるイズミヤ労組ともつながっていたのです。

ゼンセンの大阪府支部と本部との関係もある意味では同じですが、大阪でまとまり、関東とは別のロジックで動く心意気が顕著になるときがあります。また、ここにも、人間同士の深い関係が見られます。大阪府支部長の山田精吾さんは、ゼンセンの範疇を超えている関西四労組共闘を見守っていました。

このような体験があるから網代さんは、ゼンセンのロジックだけに拘泥《こうでい》することなく、分かれている別の労組と一緒になる腹案をもち続けたのです。落合さんもまったく同じですが、網代さんは、場合によっては流通部会がゼンセンから外に出るケースまで構想していたのですから、やはり桁外れの人材と言えます。

「流通労組が独立してゼンセンから出てゆく」

網代さんの在任中には未遂に終わりましたが、巨大になったUAゼンセン流通部門や兄弟のような総合サービス部門のどこかに、ひっそりとその遺伝子が残されているかもしれません。確かに、かつての「流通産別構想」は「事実上」の流通産別組合へと結実していますが、あくまでも「事実上」です。

流通産別構想の推進主体はゼンセン同盟、商業労連、チェーン労協の三極になりましたが、ゼンセン同盟が一強へとばく進をはじめました。こうして一九八〇年代以降には、ゼンセン同盟が流通部会の範疇を超える画期的な形で流通労働者の組織拡大に成功します。

次章では、この快挙とも言えるオルグの内容だけでなく、その歴史上の意味にも注意しながら、二〇一二年のUAゼンセン誕生までを一気にお話しします。

第10章

「Z点」超え—専門店チェーンのオルグ

一九八〇年代に入るとゼンセン同盟のチェーンストア組織化がかなり進展して、流通部会は大所帯となります。流通部会の生みの親の一人と言える佐藤文男さんは、さらに部下が増え、大きな権限を与えられた組織行動部門長になり、副書記長に就任します。この佐藤さんが、しばらく離れていたオルグの現場に戻ってきて、労組結成の基本を後輩オルグたちに見せるように、専門店チェーン業態で大規模な組織化を達成します。

ここでは、主にゼンセン同盟側の動きに着目しながら、専門店のオルグについてお話しします。また、大局的に再評価してみると、専門店チェーンの組織化は組織拡大を進めるだけでなく、モデルチェンジにつながったという点で、ゼンセン史上、非常に大きな転換となったという私の持論を述べていきます。

専門店チェーン組織化の背景

オルグの血が騒ぐ

一九七〇年の結成時に五労組約一万二〇〇〇人からスタートとした流通部会は、一九八〇年代を迎える直前の一九七九年には、一四八労組約九万四〇〇〇人へと拡大していました。毎年、繊維部会の組織現勢が衰えていくなかで、流通部会と衣料部会のみが組織拡大を続けていたのです。

一九七九年と言えば、流通部会の関係では、ダイエー熊本店問題が終結して「熊本ダイエー対策小委員会」が解散した年ですし、繊維関係では、ゼンセン同盟から除名されて不買運動などで徹底的に攻められた鐘紡労組と関係労組の民主化がかなって綿紡部会に復帰し、「鐘紡対策特別委員会」が解散した年でもあります。

次々に懸案となっていた大問題が解決したことで、それぞれに深く関与してきた佐藤文男さんの心中は落ち着きますが、その一方で、一抹の寂しさと不安を感じていました。

採用当時から徹底的に教育した芦田甚之助さんが書記長に就任し、ゼンセン同盟の運営は安定しています。大きな賭けに出た流通部会も、自らが育てたオルグたちの活躍によって着実に成長を続けています。切望していた全ダイエー労組のゼンセン同盟への移籍が実現し、勝木健司さんが流通部会長になって邁進しています。

また、強烈なライバル意識をもっていた山田精吾さんは、書記長を経て、もっと大きな舞台で労働戦線統一に向かって身を粉にして働いています。山田さんとは違うキャリアを歩んだ佐藤さんは、山田さんにエールを送りながらも、二人の違いを鮮明にするかのように「生涯一オルグ」を標榜してきました。ところが、副書記長に就任し、もう組織化の第一線に出ることのない管理職に収まっています。審議会、委員会、研究会などといった公的な場への出席が増え、「佐藤先生」と呼ばれるようにもなりました。

一九八〇年代を迎えるにあたり、果たしてこれで「生涯一オルグ」と言えるのか、自分が第一線のオルグなら何を考えるべきか、と自問自答することが多くなりました。

流通分野に視点を移してから、ずっと気になっていたことがありました。きっかけとなったのは、流通部会の立ち上げでてんてこ舞いだった時期に、宇佐美忠信さんから受けたワシントン靴店の労使紛争に関する相談でした。

当時、総評全国一般も成長性抜群の流通産業に目を付け、組織化を狙っていました。全国一般は、一九六五年にワシントン靴店支部を結成します。とはいっても、全繊同盟の手法とはまったく異なり、特定店舗の少数労働者を釣り上げます。長崎屋やジャスコと違って、専門店の各店には数人、多くても十数人が働いていて、たった一人でもオルグできれば翌日から全国一般支部の旗が立ちます。

ワシントン靴店の役員の一人が宇佐美さんの友人で、佐藤さんに「流通組織化で忙しいところすまないが、何とかならないか」と相談に来たのです。内情を調べた佐藤さんは改めて驚きます。少数の組合員が加入する労組ができた途端、翌日から会社に次々と過大な要求をもち込んで解決を迫ります。手っ取り早く店長をつかまえて労働条件の改善を求めますが、店長にそんな権限はありません。だから店長が吊るし上げられ、犠牲者にされてしまっていたのです。

店内にいる少人数の同僚が二つに割れ、赤旗のはためくこの騒ぎに近隣の商店も迷惑しています。職場を放り出しても倒産しないという公務員の仲間が次々と支援に入り、揉めに揉めたうえ争議にもち込み、最後は裁判です。ワシントン靴店においても、最後は中労委の争いに突入しました。

会社が潰れてもよいということを前提にしたこのような常套手段は、浜松において繊維の中小企業の経営者がもっとも恐れた事態であり、同一視された全繊同盟のオルグを阻む大きな悩みでした。手痛い経験が呼び覚まされるとともに、進めてきたチェーンストア組織化の一方で専門店がまだこんな脅威に襲われているのだ、と気付きました。

専門店は分散展開されていて、しかも一店舗当たりの労働者が少ないため、従来の工場より組織化が難しいのです。進めつつあるチェーンストアの大店舗と比べても数段難しい。しかし、それはゼンセン同盟にとっての話であり、少数派労組の結成に長けている全国一般にとっては狙いやすいターゲットなのです。こうして、二兎を追えない現実のなかで、佐藤さんの胸中では専門店の組織化のことが引っかかっていました。

専門店の組織化を決断

そのことを改めて考えるきっかけとなったのが、一九七〇年代半ば、「日本ＮＣＲ（ナショナル・キャッシュ・レジスター）社」での研修に参加したことです。自社レジの販売拡大のために流通産業の成長が不可欠と判断したＮＣＲは、一九五〇年代からチェーンストア企業の育成を目的とした研修に熱心でした。佐藤さんは、このＮＣＲ出身で、「奥住マネジメント研究所」を設立し、業界コンサルタントに転身していた奥住正道（一九二四〜）さんから依頼され、ＮＣＲの相模原研修所で労働組合に関する一連の講義を行いました。

奥住さんは、小売企業が総評系労組にかき回される姿を見て、コンサルタントの立場から健全な労組が必要との認識を強くしていました。とくに、組合費や解決金の「上がり」におけるバランスシートが悪化すると、総評系オルグが即座に手を引いていくという状況に遭遇して辟易としていました。

佐藤さんは、雌伏《しふく》していた専門店の経営者たちが集まる研修会場で、持論としている健全な労組の必要性や実践的なメリットについて説きながら、業界の成長を願う奥住先生の危惧を知り、やはり専門店の労働者のために労組が必要だと再認識しました。来るべき一九八〇年代には専門店チェーンが急成長することがほぼ確実視されていましたので、もう放置するわけにはいかない、と腹を決めました。

専門店の組織化を決心した佐藤さんは、ゼンセン内部の反応を知る必要があろうと考えました。

チェーンストア労働者の組織化に舵を切ろうとした際、内部に反対論があって対応する必要に迫られたからです。流通部会が結成され、ある意味では専門店の組織化も規定路線なのですが、やはり反応はさまざまでした。

もっとも多いのは、地理的分散の大きい小事業所である専門店の場合、オルグは困難だという意見でした。オルグのノウハウがあるゼンセンの方程式からすればその通りで、佐藤さんも分析していたことですから当然と言えます。

また、県支部との兼ね合いも問題になりました。県支部はゼンセン同盟の生命線です。一番よいのは、ある県支部にその労組が旗本のように収まってゼンセン運動に力を合わせることなのですが、専門店でそれができるのかどうか、といった疑問です。

後輩オルグの快挙

佐藤さんは、そんなことなら何とかなるな、と踏んでいました。組織化の困難さにしても県支部との関係にしても、すでにクリアしているオルグがいたからです。そう、三ツ木宣武さんです。

三ツ木さんは、一九七五年に婦人服専門店である「玉屋」の労働者の組織化に成功しました。それまでにも中小専門店で数十人の労組を結成したという実績がありましたが、チェーン展開する専門店では初の労組結成でした。また、玉屋労組は大阪府支部に所属して、きちんと活動しています。しかも玉屋のケースは、全国一般の少数派労組があったところにゼンセン同盟加盟労組を結成して問題解決、というおまけつきです。佐藤さんも、「すごいオルグだ！」と言って感服しています。

「御堂筋作戦の次に心斎橋もやれ！」と山田精吾さんが指示した通りに動いている最中に、三ツ木さんが目をつけたのが玉屋でした。玉屋は関東では「鈴屋」のような婦人服チェーンと言われていますが、実は対照的な戦略も多く、大阪のキタ、ミナミを基盤に出店を重ねてきました。

ちょうどヨーロッパ視察を終えたあとのことで、現地の土日休業とは対照的に営業している玉屋が目立ち、労働者の観察をはじめました。すると、業績はよいのですが、ものすごい働き方です。ショッピングセンター内の店舗で、開店前から陳列をはじめ、オープンしたらすぐに売りまくり、夜九時に閉店した途端に冷暖房が切れるにもかかわらず仕事は続行していました。こっそりのぞいてみると、夏、男性労働者が下着で作業をしていました。

玉屋は地域一番店主義をとり、ショッピングセンターができると、もっとも家賃が高い場所をとって積極的な営業に出ます。社長である竹田璞《はく》さんが、高齢にもかかわらずひっきりなしに店舗巡回に精を出して、目を光らせることも労働条件の過酷さを高めていました。

瞬く間に組合員数約三五〇人で玉屋労組が結成され、流通部会への加盟となりますが、早速、全国一般のオルグが血相を変えて大阪府支部に乗り込んできて、ねちねちと文句を重ねて捨て台詞を吐いて帰っていきました。もっとも、次々と労組をつくっていく三ツ木さんは忙しくて留守でしたが……。

佐藤さんがゼンセン内部の反応で一番驚き、本当にオルグに踏み出す決心をしたのは、ある後輩が発した言葉でした。

「万が一失敗したら、佐藤さんのこれまでの輝かしい業績に傷がついてしまいます」

ゼンセン同盟が大きくなってきて、知らない間にみんなサラリーマンにようになりつつあるぞ、手本を見せてネジを巻かないと大変なことになる、と痛感したのです。

会長になった芦田甚之助さんに「副書記長を降りる」と伝えた佐藤さんは、本部から忽然と消えます。その後、東京都支部に現れ、

「ここを拠点にして、勝手に専心して専門店をやる」

と支部長に就任していた和田正さんに告げました。

また、浜松時代に竹本孫一（一七八ページ参照。東海大学教授）さんについて勉強していたときのように、専門家について勉強をはじめました。そして、ダイエーで給与課長や労政課長を経験したあとに専門店チェーンのコンサルタントへ転進していた、リテール・システム研究所代表の高橋平吉（一九三五〜）さんからマンツーマンで手ほどきを受けます。集大成を賭けた、生涯一オルグの復活です。

SSUA（専門店ユニオン連合会）の誕生

専門店経営者の気質に戸惑う

専門店チェーンでは、すでに一九七八年にタカキュー労組、一九八〇年にはキャビン労組が結成されていました。初動も担当も佐藤さんではありませんが、もちろん要所では動いていました。

佐藤さんは、ゼンセンオルグが必ずそうするように、最初から業種トップ企業の労働者を狙います。専門店にはカメラや音楽もあれば、電機、婦人服、呉服、シューズ、宝飾、家具といったように各業種のナンバー1があります。ヨドバシカメラ、上新電機、新星堂、三峰、鈴屋、鈴丹、やまと、鈴乃屋、チヨダ、ジュエリーオオクボ、大塚家具などといったすべての企業が佐藤さんのターゲットです。とりわけ、鈴屋は絶対にオルグしないとまずいと、決心を固めていました。鈴屋社長の鈴木義雄さんは、業界で尊敬を集める顔役ですし、日本専門店協会の会長を務めていたからです。

佐藤さんはあらゆる手を講じて、早速、経営者たちが集まる場で組合の説明と意見交換を重ねます。その際、専門店経営者の特性が徐々に分かってきました。

「あえて組合をつくる必要を感じない」

「対立してしていないし、労働者のことは常に考えている」

「ゼンセン同盟に介入して欲しくはない」

オーナー経営者ですから、特徴の多くは繊維の中小企業の経営者たちと共通します。しかし、学歴や資質などを別にして、どこか繊維の経営者たちとは大きな違いがあるように思えました。この違和感が何であるかは、労組の結成以来交流のあったイトーヨーカドー社長の伊藤雅俊さんの言葉によって分かりました。

「佐藤さんはどうも真面目すぎて、公私混同を憎むけれど、それでは専門店の経営者たちを理解することはできないですよ」

最初はこの意味が分からなかったのですが、また決して専門店の経営者が公私混同をしていると思っていたわけでもないのですが、交流を続けるうちにだんだんと理解できるようになってきました。

専門店業界は、小売業の既成概念を次々と打ち破るようなオーナーの個性や独創的な経営手腕を競うようにして大きくなってきましたので、労組さえも守旧《しゅきゅう》の遺物に見えるのです。また、専門店の経営者たちはみな独特の世界観をもつ創造者のようであり、小売業の先端をひた走っているわけですから、労組の必要性の前に、「自社にふさわしい労組」という条件を付けているのです。

労組を敵視しているのではなく、また労働者を使い捨てにしようとしているわけでもなく、思い切りやりたいようにやるのを邪魔されるのはごめんだし、店を食い散らすような争いを仕掛けられるのは迷惑千万だ、というわけです。毛嫌いをしているのではなく、孤独感とともに自意識や美学が強烈なのです。

佐藤さんは、自らの性格にも気付かされました。昔から、労使協議会であれ団体交渉であれ、労使の馴れ馴れしい態度を嫌い、会社側が善意で差し出したタバコに労組役員が手を出しただけでも怒り出すといった性格です。労使対等の同盟路線を求めて、一線を画すだけでなく、もっと労使が徹底的にパートナー関係をつくり上げることはできなかったのかな、と自問自答しました。経営者の心意気を折らないように進めなければ、拒絶されてしまうと直感したのです。

原点に戻って

それならば……ということで佐藤さんは、専門店業界がもっと成長するためにはどんな課題があり、どのように解決するのかについて徹底的に議論する場が必要だろうと考え、一九八一年に鈴屋など専門店企業の労務担当者を集めて研究会を立ち上げ、それを二年にわたって継続しました。

経営者に接近しようにも、主に労務担当者たちが、「話を聞いておけ、と社長に言われて」とか、「社長に代わって」とか、まず労務担当者が立ちふさがるというのは長いオルグ経験で分かっています。一歩踏み込んで、労務担当者たちを落として社長につなげさせるという作戦です。

実際、この活動を通じて、鈴屋の鈴木さんは労組結成へ理解を示しただけでなく、その理解が他社にも広がったのです。鈴木さんの態度が業界に絶大な効果をもたらしました。大手専門店企業は、リーダー企業の動きに遅れを取らないようにこぞって労組の研究をはじめ、ゼンセン同盟に好意的な企業が続出したのです。

こうした活動は浜松時代の集団組織化の一環ともいえ、経営者たちの合意形成にはもっとも効果的な手法でした。破壊活動を仕掛けるという過激な労組は論外ですが、健全な労組を求め、ゼンセン同盟がその最有力候補と認めたのです。

しかし、佐藤さんはまったく気を許すことはありませんでした。浜松の集団組織化の経験で言えば、経営者の合意が取れても労組の結成は円滑に進まず、必ず多くの障壁が現れます。佐藤さんは、浜松時代と同じく労組に反対する企業を徹底的に叩くか、有無を言わさず労組を結成するかの二者択一だと秘かに腹をくくっていました。

案の定、障壁が出てきました。陰に日向に、経営者たちは口々に意見をぶつけてきます。

「労働組合という呼称はだめだ」

「労働者の団体なら社員会でよい」

「いろいろ注文を付けるゼンセン同盟に加盟したくない」

「闘争、団結、要求貫徹とか言わないで欲しい」

「ワッペン、ゼッケン、ハチマキ、腕章はやめてもらいたい」

隠れていた不信感が次々に顔を出してきます。佐藤さんは、大手チェーンストア労組がたくさん結成され、どのような労使関係を築いているか実例を挙げながら説得を続けます。その一方で、経営者たちの心配を少しでも解消すべく、大きな決断をします。それは、これまでのゼンセンの本部、部会、県支部による統制を緩和するという、まったく経験のない仕組みの考案でした。逡巡する専門店経営者が多いなかで、ついに佐藤さんは、腑に落ちた専門店だけで労組の結成を先行させ、それらをまとめた姿を見せて一層の組織化を狙うことにしたのです。

ＳＳＵＡの結成

一九八三年、ついに東京都新宿区にある日本青年会館ホールで、既存のキャビン労組、タカキュー労組に加え、鈴屋労組、チヨダ労組、やまと労組、銀座山形屋労組の計六労組、約三七〇〇人で「ＳＳＵＡ」（会長長嶋伸光、事務局長大津寛司）を発足させました。

ＳＳＵＡは、非常に特色のある連合会組織です。専門店チェーン労組から見れば、ゼンセン同盟の流通部会や東京都支部に直接加盟せず、部会の外、つまりゼンセン外のＳＳＵＡに加盟する形になります。ゼンセン加盟には違いないのですが、間にクッションを置いているわけで、組合費はＳＳＵＡに納入されたあとにゼンセン同盟本部へ上納されます。

SSUA の結成大会。壇上の宇佐美忠信ゼンセン同盟会長が、大きな期待を込めた挨拶を行う（提供：佐藤文男氏）

また、労務担当者との勉強会は、ＳＳＵＡ加盟の各社が加入する「専門店労務研究会」として改めて設置し、ＳＳＵＡと労使懇談会を開催しています。つまり、ＳＳＵＡ加盟労組は、ゼンセン同盟に加盟しながら、会社側とのパートナーの色彩が強い枠組みのなかで労使交渉に臨むのです。

ＳＳＵＡに加盟している労組は、組織構造上、他の労組のようにゼンセン同盟からの直接統制が制限されていますから、選挙活動などの指令は、ゼンセン同盟から直接ではなくＳＳＵＡが取りまとめて各労組へ下ろしていきます。言ってみれば、緩い縛りとなります。また、労働組合といった硬い名称ではなく、カタカナ名称の加盟労組が多い点も目を引きます。

日本の産別組合には、いわゆる労連機能が強い連合体の組織が多いのですが、対照的な同盟体を追求してきたはずのゼンセンが、あえて一種の労連機能を兼備したわけです。いずれにしてもＳＳＵＡは、内部統制によって大きな力を発揮するゼンセン運動とは格式と方法が異なるので、「ＳＳＵＡ運動」と呼べるものです。財政問題が発生するわけでも、選挙活動が弱くなるわけでもありません。運営次第では、組合費を円滑に徴収することができ、また選挙活動はＳＳＵＡ主体できっちりと進めることができるのです。

労使交渉では、ＳＳＵＡに加盟している労組のほうが激しく、スト権を確立するケースがありますから、直轄じゃなくても十分に活動しています。ただし、ゼンセンには見られなかった方法であることは間違いありません。

「これで三ツ木に一本返せたかな」

佐藤さんは、専門店業界にSSUAを据え付けてから、精力的なオルグを続けてSSUAの育成と組織拡大に心血を注いでいきます。SSUAは、結成翌年の一九八四年に早くも一三労組、約八六〇〇人へと組織を伸ばし、一〇年後の一九九三年の時点で三六労組、約三万人となりました。

部会再編と産別合同

外食産業にも踏み出す

ゼンセン同盟は、一九八〇年代から部会再編を繰り返すようになります。ゼンセンも組織体ですから、その時々の環境に対して最適な適応を求める圧力が加わる、と経営組織論のように考えることができます。

実際、九七〇年代の後半に二つの部会再編に踏み出しています。それ以前から部会のあり方を議論してきた結果、一九七七年に地織維部会のなかの衣料関係労組と生糸部会を統合して「衣料部会」を発足させました。同じく一九七七年、羊毛部会と麻・資材部会を統合して「羊毛・麻・資材部会」も発足させています。これらは既存部会の整理と言えますが、当時の組織現勢を踏まえた適応行動だと思います。

一方、ゼンセンは繊維の産別組合だったわけですから、繊維のなかで部会の広がりがあるにせよ、共通する強固な制度や慣行を墨守《ぼくしゅ》する圧力が常にかかっていたはずです。たとえば、流通部会の結成過程やその直後でさえ、繊維の部会勢力から流通部会への抵抗がありましたし、流通部会の初期の多くの活動は、繊維の慣行をできるかぎり適用したものとなっていました。

しかし、適用にも限界がありますから、局所的とはいえ、徐々に流通部会を念頭に置いた適応行動がはじまり、流通部会の急拡大とともにゼンセン全体の適応行動のようになっていきます。いわば繊維の「純血主義」から、衣料流通というギリギリの「純血」へ移り、そこから流通の広がりによる「混血」へと進んでいきます。とはいえ、非常に静かに進行しますし、他の産別組合から見ればゼンセンは特異な組織ですから、ほとんど問題にされません。この過程で、一九八三年にSSUAが結成されたあとに、フード・サービス部会の結成へと部会再編が進みます。

流通部会の拡大は、外食企業やホテルで働く労働者の組織化を伴い、一九八〇年の時点で流通部会内部に「外食・ホテル業種委員会」が発足しました。外食やホテルは明らかに小売業のチェーンストアとは異なる業態ですが、実際にはチェーン理論を用いる営業が見られたり、チェーンストア企業の関連会社であることが多いので、流通部会や地方部会に所属していました。

一九八五年には、さらに外食業種特有の課題について、労使の共通認識を形成して労働条件整備を進めるために「外食業種労使会議」を発足させています。多数の小委員会を設置して、賃金や労働時間を徹底的に協議したのです。その背景には、やはりゼンセンの組織体としての適応行動があり、外食労組が急増したことに沿う形で部会再編が継続しています。

フード・サービス部会の結成

一九七七年に結成したすかいらーく労組、一九七九年に結成したデニーズ労組やヨークフード労組など、続々と外食労組の結成と加盟が相次いだことから、例外として流通部会に外食労組が点在するという構図から、一定の勢力を形成したことが無視できない構図へと変わったのです。

この延長線上に、フード・サービス部会の結成という動きがあります。ゼンセン同盟は一九八九年に「食品関係部会設置検討委員会」を設置し、部会の結成を急ぐことになりました。あわせて同じ一九八九年には、食品産業の国際組織のＩＵＦ（International Union of Food, Agricultural, Hotel, Restaurant, Catering, Tobacco and Allied Workers' Associations・国際食品関連産業労働組合連合会）へ加盟して既成事実をつくります。まさに電光石火です。

こうして「フード・サービス部会結成準備委員会」の発足と準備活動を経て、一九九〇年に東京都荒川区にあるホテルラングウッドで開催された結成中央委員会で、ゼンセン同盟フード・サービス部会（七九労組、組合員数約三万二四〇〇人）が誕生しました。フード・サービス部会の部会長は網代真也さんですが、書記長は一連の動きの絵を最初に描いた大出日出生さん（第11章参照）です。

この二人、ものすごいコンビです。フード・サービス部会は、定期中央大会の運営などで非常にユニークな部会として知られていますが、この黄金コンビであれば至極当然ですし、フード産業のさまざまな重要案件の解決に向けて、本領が十分に発揮されました。

大出さんは、一九四五年に福島県会津若松市に生まれました。千葉商科大学へ進学し、ほぼ四年間にわたって毎日新聞で働きながら、給料と奨学金で通学したという苦学生です。在学中は弁論部で活躍する一方、毎日新聞の臨時職員労働組合で活動していました。

一九六七年に卒業後、群馬県足利市の堀田産業（現・堀田丸正、二〇一七年にRIZAP子会社）へ入社して、女性肌着の営業という仕事に就きました。しかし、事業が閉鎖された関係で二五歳のときに人事部へ異動になっています。五年間で二回の事業閉鎖があり、堀田産業労組が全繊同盟の力を借りて多額の退職金を取るといった経験をしています。

社内が混乱して、労組もゼンセン賛成派とゼンセン反対派に割れそうになったとき、役員選挙に出て賛成派のトップで副委員長に当選しました。ところが、委員長が死去したことで委員長代行となり、労使交渉でかなり苦労します。勢力の強い会社側に手を焼きながらもようやく決着しそうになったとき、群馬県支部から、「妥結権は宇佐美忠信にあって、君たちにはない」と言われます。さんざん交渉のやり直しを重ねながら統一交渉の重みや戦略の重要性を知り、ゼンセン運動を実体験しました。

そこから三五歳になるまで、堀田産業労組の書記長としていろいろ武勇伝があるのですが、ここでは割愛します。労働争議、労組内抗争、経営者交代などのときですが、その一方で会社がどんどん縮小していったのです。

その後、始末の目途《めど》が立ったところで、群馬県支部長や本部からやって来た役員に呼び出されて説得を受け、ゼンセン同盟にスカウトされました。そして、一九八一年六月、配属先となったゼンセン同盟本部の組織局に大出さんが姿を見せました。

当時の組織局長は、佐藤さんの後任を務めた柘植幸録《つげこうろく》さんでした。大出さんは、柘植さんの下で二年、次の組織局長の下で四年、その次は三ツ木宣武さんの下で四年と、計一〇年間にわたって組織局のオルグを務めました。

ゼンセン同盟への初出勤の日は、いなげや労組の大規模行動に入って一気に結成させようという前日で、組織局には誰もいませんでした。突然鳴り出した電話に出てみると、「緊急事態だから誰か現地に寄こせ、結成準備の会合をやるから立川へ来て欲しい」と要請されたのですが、大出さんはつい「今、誰もいません」と答えてしまいました。ちょうど部屋に戻ってきた、組織行動部門長になっていた佐藤さんに怒鳴られます。

「何を言っているんだ！　君がいるじゃないか！」

こんな新人にいきなりかよ──と口に出しかけてひっこめた大出さんは、急いで組織局をあとにしました。新人とはいえ大出さんは、堀田産業労組時代から県支部の仕事に駆り出され、地元で組織化、民主化、争議など、あるいは労金、選挙、栃木同盟などで念入りに絞られていましたから即戦力です。のちの労組結成でも、非常に厳しい局面で成功を重ねます。第一級オルグとしての活躍ぶりは、あとの機会に譲ろうと思います。

このいなげや労組の結成は、経営者の理解を得られずにこじれたケースと言えます。結成有志たちを守るために動員をかけて、現地で緊急に加入届を集めて結成に漕ぎつけようというわけです。最終的に経営者が抵抗を諦めて落着しましたが、加入した組合員に大量のパートタイマーが含まれていたことで、結成直後、「前例がない」と会社側が抵抗して問題になりました。

もちろん、パート組合員に何ら支障はないですし、いなげやがその前例になればよいとの判断をゼンセン同盟がさせたわけであって、パート組織化を狙ったわけではありません。ある有名な先生の本で、いなげや労組がパート組織化の先駆的事例と評価されているのを見ると、私は複雑な気持ちになります。あくまでも、偶然なのです。

いずれにせよ重要なことは、大出さんが組織局在任期間に、菅井義夫さんのような内勤関係の仕事の一つとして組織現勢の調査を担当し、流通部会、地方部会などに分散している食品関係労組を加えると無視できない規模に達していることや、早々に三万人を突破するであろうと見抜いたことです。「これ以上、流通部会でまとめるのは失礼だ」と報告し、対応策が必要と大出さんが主張したことが、フード・サービス部会結成のきっかけとなりました。

食品には他の産別組合があり、しかも同盟には全食品同盟もありましたから、この決断も組織競合を誘発するものなのですが、ゼンセン同盟の組織拡大にかける意気込みは並々ならぬものがありました。

複合産別から産別合同へ

「衣食住」で考えれば、衣料小売や卸売も「衣」だという拡大解釈であったはずなのに、食品小売から「食」が入ってきて、その「食」に外食産業、さらに食品製造が入るとなると、もはや繊維産業の産別組合は跡形もなくなり、複合産別や一般組合という言い方をせざるを得なくなります。よく考えてみれば、複合産別とは、反対の意味のものを合成したものであるため矛盾する言葉ですが、現在のUAゼンセンの姿を見れば、「衣食住」どころではないことが分かります。

一九七〇年の流通部会結成によって、ゼンセンには「複合産別」という言葉がちらほらと登場しましたが、この「食」への進出は、名実ともに複合産別へ移行したことを示す象徴的な部会再編となりました。

もう一つ見逃せないのが、一九九四年の専門店部会の結成です。一九八三年の結成以来、専門店の組織化が進み、約三万五〇〇〇人に拡大していたSSUA加盟労組は、外食関係を除いて専門店部会の所属となり、流通部会から独り立ちしました。ゼンセン同盟は、専門店労組が十分に育ったと判断して、間接性を薄めて組織強化のために専門店部会の結成に踏み出したのです。

さらにゼンセン同盟は、こうした部会の再編のあとに、もっと凄いジャンプというかダイビングのような組織拡大を選択します。佐藤文男さんを含めて、繊維の時代や流通産業への移行期を駆け抜けてゼンセンを大きくしてきたオルグたちが軒並み反対に回りましたが、それにもかかわらず粘り強く取り組んで、苦難を乗り超えて実現に漕ぎつけました。それが「産別合同」です。

「産別統合」とも呼ばれる、いわばライバルとして競合してきた他の産別組合と手を組み、一気に大産別組合を目指すのです。まるで、大手流通企業の主要な戦略である多角化や垂直統合の手法がゼンセンに伝播したかのような、未曾有の局面に突入したわけです。

UIゼンセン同盟の結成

この背景には、もちろん労働戦線の統一があります。ナショナルセンターが合同していく過程で、かつてのライバル同士が大きな舞台での労働運動を求めて集結する気運が高まったのです。ゼンセン同盟の流通部会に関係するところでは、産別の合同で二つの歯車が同時に動いていました。

一つは、同盟勢力の合同で、UIゼンセン同盟の結成へ至る動きです。改めて言いますと、流通産別構想の主体で、一九六六年に結成された一般同盟（全国一般労働組合同盟）があり、かつて、全ダイエー労組や関西スーパー労組がそこに加盟していました。

また、一九五一年に結成された全化同盟（全国化学一般労働組合同盟）には、大阪ガス労組、武田薬品労組、大正製薬などイメージ通りの労組が入っていますが、一部に薬品や化学の小売を中心に流通労組が加盟しています。大昔は食品部会があったため、スーパーの組織化にも着手して、高島屋ストア労組、サンマート労組、サンコー労組などが加盟していました。

これらは同盟流通の結成で全繊同盟と交わり、同盟流通が解散してからは敵対しました。とはいえ、一般組合という性格が共通することもあって、まず一九九一年に全化同盟が、三共製薬労組、第一製薬労組、エーザイ労組、塩野義製薬労組などが集まる化労研（科学・薬粧労組研究協議会）と合同して「全化連合」をつくります。その全化連合と一般同盟が一九九六年に合同して、「CSG連合（Chemical, Service, General・日本サービス一般労働組合連合）」が誕生しました。ゼンセン同盟はこのCSG連合と一九九七年から交流をはじめ、二年後の一九九九年には産別合同の基本合意に達し、それぞれの定期大会で機関決定や準備委員会の設置へと進んだのです。

CSG連合とゼンセン同盟、さらに組織規模は小さいのですが、一九四七年に結成された伝統のある全蚕糸労連の後身組織である繊維生活労連の三つの産別組合が合同して、二〇〇二年にUIゼンセン同盟（全国繊維化学食品流通サービス一般労働組合同盟、一九八九労組、約七八万四〇〇〇人、会長高木剛、書記長落合清四）が結成されています。これら同盟系労組の合同は、確かに化学、薬品、繊維の動きと言ってよいのですが、よく見ると流通部会にもかかわる産別合同と言えます。

悲願の「流通産別構想」が成就

もう一つが、恐らくみなさんの関心が集まる流通勢力の合同であり、流通部会が当事者としての役割を果たしました。錯綜する流通産別構想によって対立してきたはずの各産別組合が手を携えて、一九五〇年代以来の流通産別構想の一本化という実現が問われました。

まず、商業労連とチェーン労協ですが、一九七四年の新生チェーン労協結成前のチェーン労組・中立会議の段階において「大店法」対策などで共同歩調をとったりしており、関係は悪くありませんでした。また、商業労連チェーンストア部会には丸井労組が入っていたり、東急ストア労組が移籍してきたりと、仲を取りもつといった役割を果たせる状態でした。

だからといって、すぐに合同へ向かう積極的な理由はありません。とりわけ、チェーン労協側には百貨店への反骨精神がありますし、経営者以上に経営分析に熱心な商業労連が労使協調路線をひた走っているように見える現状では、一緒になる推進力にはなり得ません。

しかも、チェーン労協には、これまでお話しした全ユニー労組や全西友労組のように、要所で腹を据えた労使交渉に打って出るという労組が加盟しています。また、イズミヤ労組や京王ストア労組のように、現場から湧き上がる組合員の要望を吸い上げた活動を重視する態度で、ストライキも辞さずに徹底気に労使交渉に臨む組合や、ある意味では、それよりも激しい灘神戸生協労組も入っています。

「無所属ということが、そのまま穏当な組合だとはかぎらない。チェーン労協のことをそう考えているのなら、大きな間違いだよ。結構、激しいんだよな」

このように話したのは、元ゼンセン同盟会長、同盟会長の宇佐美忠信さんです。亡くなられた年にお目にかかったのですが、そのときに聞きました。私にとっては忘れられない言葉となっています。

他方、商業労連のほうも来るものは拒まずというだけで、協議会という組織形態でつながっているチェーン労協の産別組合としての求心性に疑問をもっていました。仮にチェーン労協に合同したとしても、財政上は有益ではありません。やはり、何かがないと動きたくはないところです。しかし、ゼンセン同盟の力が及ばないところでともに手を結べば商業労働界での勢力を伸ばすことができますから、それ自体は魅力的ではあります。

果たして、一九八〇年代に入ると、チェーン労協は産別機能の強化を標榜するようになり、組織の脆弱性や統一行動の欠如を改める活動が目立つようになりました。これは唐突で、連続性のない変化のように見えますが、今考えれば、チェーン労協の個性を強く打ち出す方策のように見えます。

なぜそうなのか。全民労協へ加盟するためではなかったかと思われます。では、なぜ全民労協なのか。実際、チェーン労協は一九八三年に友好組織として加盟しますし、のちの一九八九年には連合へ正式加盟を果たしています。どうしても産別組合としての資格が欲しかったのではないかと考えられるのです。さらになぜか、流通労働者が統一されるという流れのなかで、どこかと合同したかったからではないでしょうか。

すでに「商業四団体労組連絡会議」以降、ゼンセン同盟流通部会、商業労連、チェーン労協で情報や意見の交換がはじまっていましたが、一九九〇年代にさらに進んで、商業労連とチェーン労協が一九九四年に合同を視野に入れた正式な定期交流をはじめました。その結果、商業労連、チェーン労協、百貨店七労組連絡協議会の三組織が合同について一九九八年に公表し、具体的な準備に入って、二〇〇一年のＪＳＤ（Japan federation of Service And Distributive workers unions・日本サービス・流通労働組合連合、一五六労組、約一八万三〇〇〇人、会長南雲光男、事務局長筒井隆昭）の結成まで一直線でした。なお、このＪＳＤへの合同の過程では、懸案だったチェーン労協の会費が猶予期間にかぎって据え置きとなり、落着しています。

一方、ゼンセン同盟と商業労連も、一九九二年に「NIO21《ニオ》」を立ち上げて以降、協議を続けていました。NIO21の正式名称は、「二一世紀に向けた新しい産業別組織のあり方に関する研究会」です。一九九六年の段階で、合計一六回もの研究会を開催し、議論の末に流通産別組合の大同団結の一里塚を築いていました。二〇〇一年のＪＳＤ結成時、ゼンセン同盟はＵＩゼンセン同盟の結成に向けて総力を挙げていたため休止状態でしたが、ＵＩゼンセン同盟になってからは直ちにＪＳＤとの合同を視野に入れて再び動き出しました。

ところが、この先がすんなりとはいかず、合同の構想は挫折します。二〇〇三年、ＵＩゼンセン同盟とＪＳＤは「流通産別再編懇談会」を設置して議論をはじめます。座長はＵＩゼンセン同盟側の菅井義夫さん（二〇一ページ参照）で、二〇〇五年を目途《めど》に結論を出すという、いわば結論ありきの会議体のはずでした。しかし、途中で「再編統合推進委員会」へと名称を変えながら五年間にわたって二〇回以上も議論したため基本合意はできましたが、政治活動、名称、会費などでは意見が分かれたままとなり合意に至りませんでした。このため、産別合同の決定を延期するという名目で協議を終結させました。

物別れに終わったものの、友好関係がなくなるわけではなく、両組織は政策協議で関係を継続しました。二〇一〇年、加盟労組との意見交換を経て、産別合同の協議再開を機関決定したJSDからの申し入れという形で、両組織が二〇一一年に「再編統合推進委員会」を再発足させました。ここから、積み残し課題である名称と会費などについて激しい議論をした結果、名称はUAゼンセン、会費はJSDに猶予期間を設けて現行据え置き、春期労使交渉の統制も猶予あり、などが確認され、「結成準備委員会」の設置へ進みました。そして二〇一二年、神奈川県横浜市にあるパシフィコ横浜で結成大会が開催され、UAゼンセン（二四七八労組、約一四一万人、会長逢見直人、書記長松浦昭彦）が誕生したわけです。

GMS部会、食品関連部会、住生活関連部会、百貨店部会、専門店部会、ドラッグストア部会の六部会を収める大所帯となった流通部門はUAゼンセンの最大勢力であり、悲願となっていた流通産別構想は約半世紀かかって達成されたのです。

「Z点」

「キングスポイント」を探せ

UIゼンセン同盟の結成でも、UAゼンセンの結成でも、会費の面や細かいことを含めればゼンセンは数々の点について合同する相手に譲っています。かつてでは考えられないことです。日常会話で言えば「柔軟になった」ということですが、流通部会の結成時ですらそれほど柔軟ではなく、固い組織であったはずです。また、ＪＳＤの会費こそが、一度は合同が流れた原因の一つでした。したがって、最終的合同を優先できるほどゼンセンが変わったと見ることができます。

テニスの試合では、「キングスポイント」という言葉が出てくることがあります。試合を決したポイントという意味で、必ずしも最後にとったポイントのことではありません。振り返ってみれば、「あれだ！」と、かなり前の段階にキングスポイントがあったこともあります。プロ野球の世界で言えば、流れが一変し、大差をひっくり返して勝ったとき、あのプレーが、あの一球が、あの一打が、というポイントのことです。

流通部会ができて、追随を許さないゼンセンの内部統制がだんだんと緩くなってきたとの指摘はできそうですが、私はキングスポイントに注目したいです。今日のＵＡゼンセンは、全繊同盟結成以来の大産別主義は緩んでいませんし、さらに強くなっているようにも思えます。

ゼンセンが内部統制と組織拡大のバランス調整で日本最大の産別組合をつくり上げた過程のどこかにキングスポイントがあるはずです。これを私は「Ｚ点」と呼んでいるのですが、ゼンセン史上のどこにあるのでしょうか。

Z点の皮肉な結果

次ページに掲載した図は、流通部門の数々のイベントを記しつつ、ゼンセンの歴史を示したものです。一番左にある一九四六年の全繊同盟結成から、二〇一二年のUAゼンセン結成の間には、本書で話してきた数々のイベントがあります。Z点は、一九六〇年代、一九七〇年代にあるとは思えません。それぞれの時期のゼンセン研究の第一人者である小池和男先生（法政大学名誉教授）も、中村圭介先生（法政大学教授）もその兆しすら指摘していません。

すると、Z点は一九八〇年代以降に存在することになります。大観してみれば、のちの部会再編と産別合同の転換点は、一九八三年のSSUA結成ではないかと思っております。それまでもファッション労連のような組織がありますが、ゼンセン同盟の指導下にあるわけですし、SSUAに比べて小規模です。これほど公式的に加盟労組との間接性を認めた事例はなく、内部統制の下方調整を公認したことにほかなりません。それに誘発されるように部会再編がはじまりました、新しい部会の結成ではSSUAが目に入るわけですから、基準線の下振れが入り込む余地があります。

Z点以後は、ゼンセン全体の内部統制へ影響したと思われる流通部会の拡大が継続していきます。SSUA結成後に勝木健司さんが流通労組初の組織内参議院議員に当選したほか、落合清四さんの書記長と会長就任、柳沢光美さん（元イトーヨーカドー労組委員長）の参議院議員当選などが見られます。同時に、SSUA結成後、一〇年を待たずしてNIO《ニオ》21が設置され、産別合同へと舵を切っていきます。どうやら、SSUAこそがZ点と言えそうです。その意味でも、ゼンセン史上大きな役割を果たしています。

そこで、再びSSUA結成の張本人である佐藤文男さんのことを考えると、ちょっと複雑な気持ちになります。佐藤さん、また和田正さんも

流通労組初の組織内参議院議員となった勝木健司さん（提供：ダイエーユニオン）

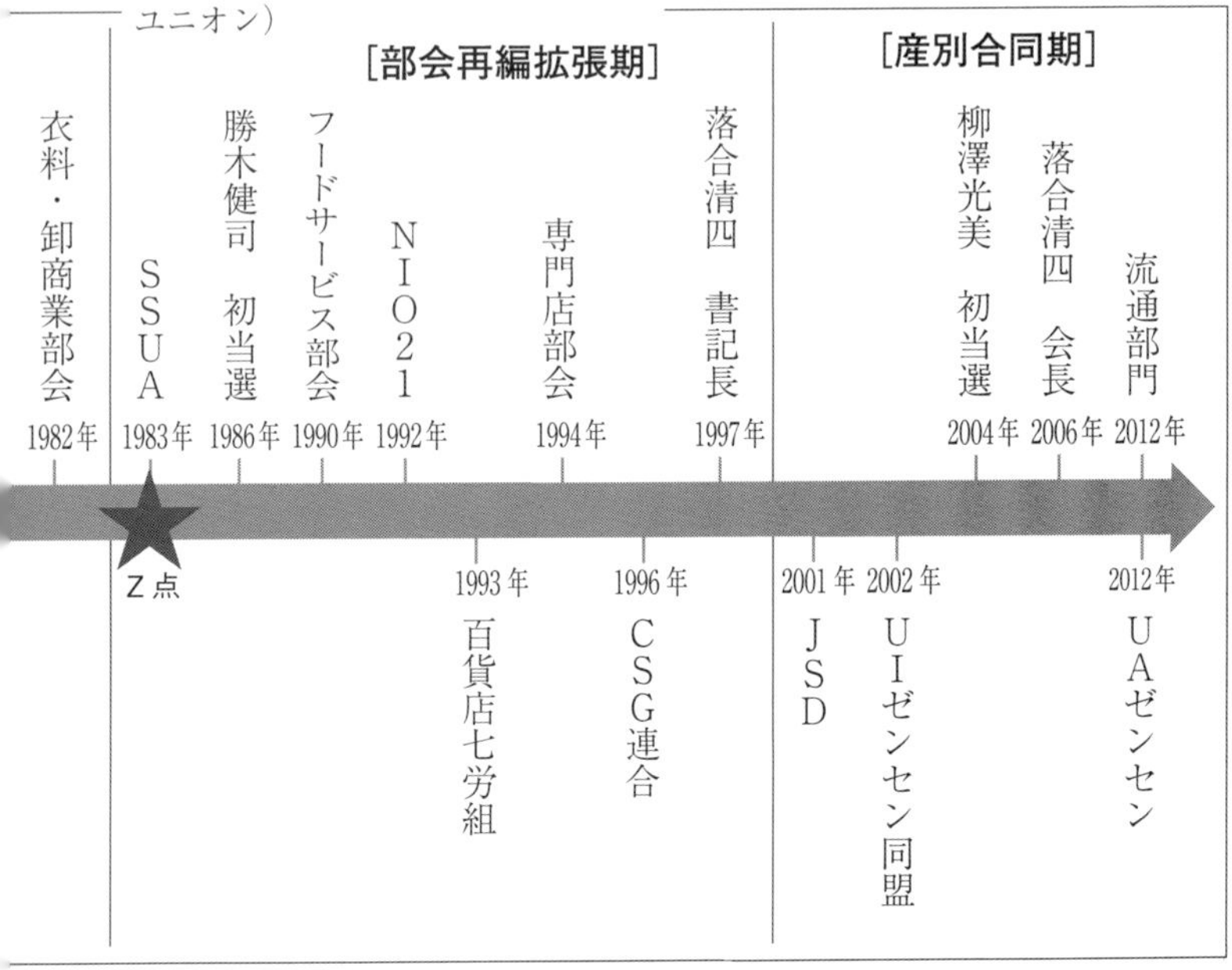

同じですが、流通部会結成前後に確執があったことが理由で商業労連との合同にアレルギーをもっていました。二人にかぎらず、佐藤さんと同時代のみなさんは、「合同相手が同盟体ならまだしも、連合体であってはだめだ」という強力な信念を隠すことなく合同に反対し、UAゼンセン結成の抵抗勢力となっていました。

しかしながら、純粋な信念から流通産別構想を阻む立場を変えなかった佐藤さんご本人がゼンセン史へZ点を打ち込み、UAゼンセンへの道筋を付けて、大産別主義を全うした結果になったのです。皮肉なこと、としか言えません。

ゼンセン史上の要点と推測されるZ点

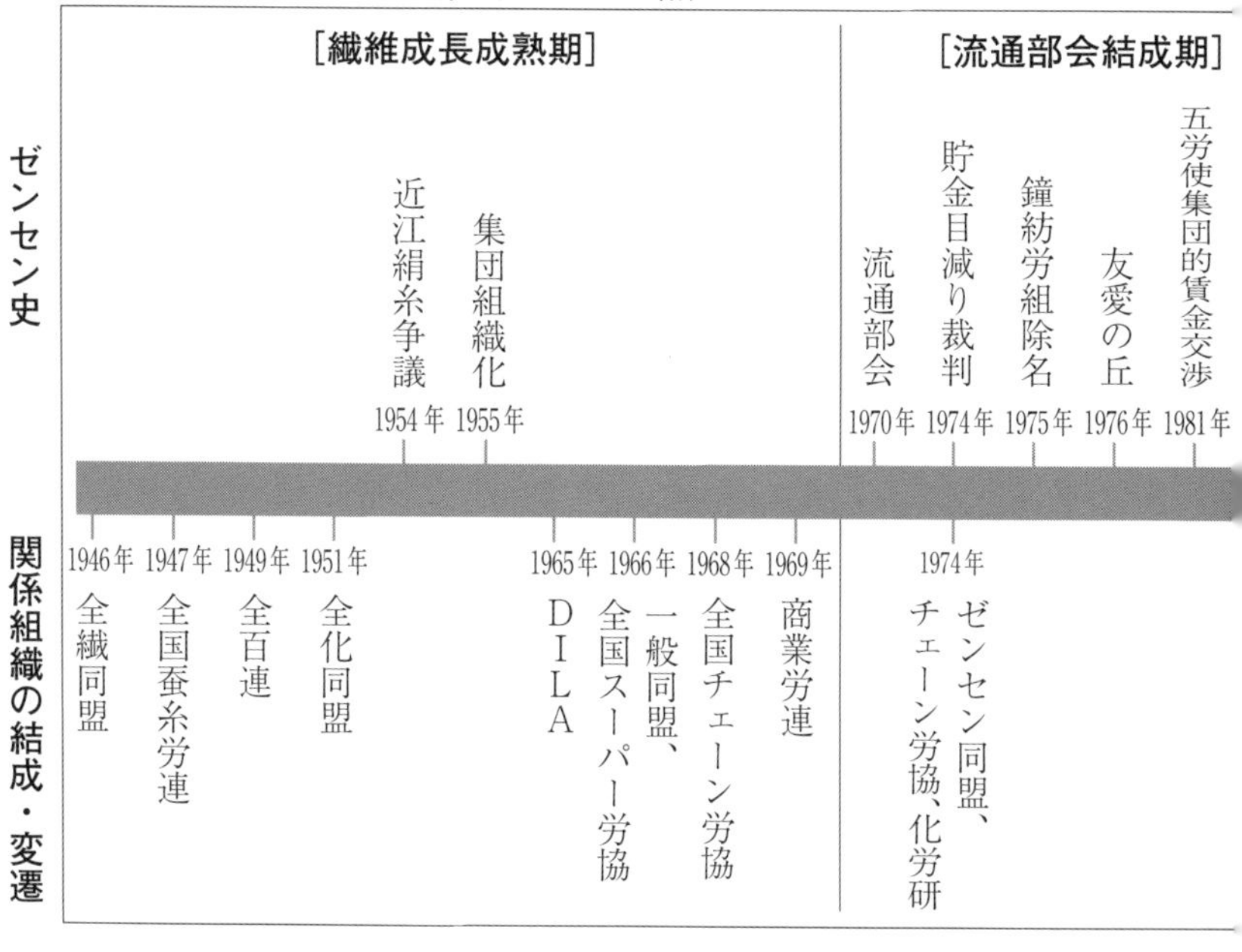

前章では、UAゼンセンは「事実上」の流通産別組合という言い方をしましたが、それは全繊同盟時期の「流通産別構想」からすれば形が変わり、とりわけ内部統制の下方調整をかけて実現したからです。その意味では、僭越ながら「事実上の」と言うのと同時に、「擬制的」な流通産別組合であると言うことができるかもしれません。

こう考えると、UAゼンセンの結成でゼンセンの分権化があるということは、同時に流通部門の集権化も問われることになります。たとえば、流通部門が狙うように、労働側が結集した先には会社側が業種別に集まり、本来の理想である中央交渉に少しでも近づくことが大切となります。しかし、同時に大切なことは、本当の意味での合同を完遂するための総括ではないでしょうか。局所を端折って議論するだけでなく、歴史をしっかりと正しく認識することが第一歩だと信じています。

第11章
巡航――オルグの風景――

最終章では、これまで話してこなかった点を補足して、オルグの動きを描きたいと思います。UAゼンセンへの進路の一方で、ゼンセンオルグの遺伝子がいかに定着し、「勝利の方程式」とも言えるような強大な組織化能力を保有した道筋について知ってもらいたいからです。

アンチゼンセンの現実――イズミヤ労組のケース

ゼンセンに背を向ける

これまで「ゼンセン以前」の話もしましたが、途中からすっかりゼンセン中心の話になっていました。まずは、もう一度、全繊同盟の本格的な組織化がはじまる地点に戻り、それを拒んだアンチゼンセンのチェーンストア労組に注目しましょう。なぜなら、ゼンセンオルグの成功例だけで終わるつもりがないからです。そうなると、イズミヤ労組に触れないわけにはいきません。

佐藤文男さんの指令で関東、関西に分かれて全織同盟組織部のオルグが動き出しましたが、関西では中川弘さんが、ジャスコ、ニチイ、イズミヤに対して同時に手を付けていました。中川さんは、イズミヤの経営者側に会って接触を重ね、労組の結成はやむなし、というところまで来ました。

イズミヤは、和田源三郎（一八九七〜一九七四）さんが一九二一年に大阪市西成区花園町で設立した会社です。和田さんは、店舗を開設する前には聖書の一節にちなんで「泉屋」と染め抜いた風呂敷を背負って呉服の行商をしたり、店舗を出してからも、開店時に賛美歌を放送するくらいのキリスト教主義による経営を行った人ですから、特段、組合に反対ではありませんでした。二代目社長の和田満治《みつはる》（一九三二〜一九九一）さんも、大きく賛成するわけではないのですが、「大切な従業員のためならばどうぞ」という人です。早々と労組結成のリーダー格が決まり、それなりの準備が終われば一斉に加入届をとって労組結成へと踏み出す状況が見えていました。

一九六九年九月、全店に労働組合結成準備委員七人の連名で「労働組合結成趣意書」が配布されました。委員会のリーダーは訓練部長の片山喬三さんです。翌一〇月には、各店から代表者が集まり、結成代表者会議も開催されました。

ところが、その会議の席上、疑問点や不満がたくさん出たのです。そもそも、代表者が集まったのではなく集められたのはいかがなものか、という不満があります。代表者のなかには、店舗の総務担当が仕事だと思って出てきたり、店長に指名された人もいました。労組が結成されていないのに全繊同盟に加盟することが決定していることは理解できない、といった意見も出されました。

結局、結成には異論がないものの、自分たちの労組の結成だから押し付けられるはごめんだ、ということになり、新たに五人の暫定準備委員を選んで委員会を発足させました。この委員会を拡大して労組結成同志会とし、有志の参加を増やした労組結成代表者会議を開き、労組の結成を決めて具体的な準備に入ります。

同志会は、自分たちの労組は自分たちでつくる、という気概や、会社の言いなりにはなりたくない、という反骨精神が入り混じっている集団でした。その中心人物の一人が日高昭夫さんです。日高さんは、一九四五年生まれの兵庫県姫路市の出身です。飾磨《しかま》幼稚園、飾磨小学校、飾磨中学校、飾磨高校を卒業後、岡山大学法学部を五年かけて卒業しました。日高さんご自身も公開していますが、弁論部、ボクシング部、学生運動と激しい学生時代を過ごしました。作家の車谷長吉（一九四五〜二〇一五）さんと学友で、車谷さんの『鹽壺の匙《しおつぼのさじ》』（新潮文庫、一九九五年）に収録されている「吃りの父が歌った軍歌」には日高さんらしき人物が登場しています。

言うまでもなく新人だった日高さんですが、学生時代に培った経験から、全繊同盟からの組合結成の動きに違和感を覚えるとすぐ行動に移りました。仲間というか先輩たちを巻き込みながら自主的な労組結成へと軌道修正をかけて、さっさと実行に移したのです。ゼンセンオルグも電光

イズミヤ労組のストライキ。賃上げ交渉や一時金交渉などで毎年のようにストを打ち続けた（提供：日高昭夫氏）

石火ですが、日高さんの手際も鮮やかです。そして一九七〇年二月、イズミヤ労組（委員長杉山勝彦、書記長日高昭夫、約一五〇〇人）が結成されました。もちろん、全繊同盟には加盟しませんでした。

イズミヤ労組と言えば、学者の間では「全従業員路線」と呼び、イズミヤ労組のみなさんは「大衆路線」と呼んでいますが、早々とパート組織化に着手して積極的に連携する活動が有名です。しかし、何といっても特徴的なのは争議です。これほど争議に明け暮れたチェーンストアの企業内労組はおそらくほかにないでしょう。

結成の翌年から不穏な情勢になり、最初はリボンや腕章戦術でしたが、その後は一九七六年まで毎年のようにストライキを打っています。しかも、職場放棄のような形ではなく、職場には管理職や客を立ち入らせないピケッティングストを併用して、徹底的に労使交渉を続けたのです。

全繊同盟への非加盟は、逃げたのではなく、やりたいようにやりたかったからという強烈な自己主張を感じないわけにはいきません。この時期、関西圏の労組では、「日高さんを招いて話を聞く機会があると、最初はそれほどでもないけれど、最後は必ず激しい労働運動をと、煽りに煽った演説になった」との噂が流れていました。

イズミヤ労組は、アンチゼンセン集団と言えるチェーン労協で大きな役割を担います。そもそも、第二代委員長の吉田隆さんは一〇年間にわたって就任していましたが、チェーン労協でも議長を長く務めました。チェーン労協の前身である「チェーン労組・中立会議」から見ると、初代議長が一年、第二代が一〇か月なのに、第三代議長の吉田さんは一三年間にも及んでいます。イズミヤ労組委員長を退任したあともチェーン労協議長を続けた「ミスターチェーン労協」と呼べる人です。

実は、UAゼンセンの誕生に貢献していた？

日高さんはイズミヤ労組委員長になる以前の書記長、副委員長の時期からチェーン労協の事務局に入っていましたが、その時期のチェーン労協の活動は非常に特色のあるものでした。とりわけ一九八〇年に入ってから、友好関係にあった商業労連との合同がご破算になると、まるで生き残りをかけるかのようにチェーン労協主義を前面に打ち出しました。

一九八一年に発行されたチェーン労協の『組織活動ハンドブック』を見てみますと、その激しい内容に驚きます。ビラの作成や配り方、デモの隊列の組み方、それにスト権投票やスト通告などストライキの詳細までがマニュアル化されているのです。ピケストの上手なやり方を書き込める人はそういないはずです。以前のチェーン労協とはまったく違うということが明らかです。

同時に、チェーン労協は労働戦線統一（労線統一）の情勢を的確にとらえた動きをしています。

自宅前で撮られた山田精吾さん（中央）。左側は妻の恵美子さん（提供：新井洋氏）

一九八二年の全民労協の発足を見据えて、実際にチェーン労協が加盟を果たしますが、前段階の政策推進労組会議や、のちの民間連合や連合へも参加しています。

こうした動きには、一つの独立した産別組合であることの証が必要になります。つまり、事務局体制の整備など、無所属中立主義労組の連合体から産別組合への大きな脱皮が表裏一体となって求められるのです。チェーン労協は、こうした産別機能の強化をやってのけたのです。

このような戦略を策定し、実行する能力もさることながら、実際に労線統一の流れに入っていけたのも、日高さんならではだと思います。その鍵は、労線統一の実務的な重責を担った山田精吾さんとの関係です。関西流通四労組共闘の話をしたと思いますが（二八七ページ参照）、日高さんは落合清四さんや網代真也さんと親交を深めただけでなく、山田精吾さんの薫陶を受けていたのです。その山田さんに相談しながら、連合結成の過程で精いっぱい努力した甲斐もあって連合の一員となりましたし、同じく合流してきた商業労連との合同を円滑に進める条件を整えました。

日高さんは一九八八年に労組役員を退任しますが、後継のイズミヤ労組第四代委員長の筒井隆昭さんがチェーン労協の事務局長となり、ＪＳＤへの合同では責任者として成功させたほか、その後のＵＡゼンセンとの合同でも大きな役割を担いました。その大きな功績は、日高さんが抱いていた構想を受け継いだものです。

チェーン労協を主導したイズミヤ労組の貢献は大きいのです。二人の本当の思惑は分からないのですが、行動と帰結を深読みするかぎり、本当にイズミヤ労組はアンチゼンセンであったのかどうか怪しいと思っています。イズミヤ労組は、結成以後も常にマークされていましたが、応じなかったのでアンチゼンセンのように見えますが、チェーン労協全体とイズミヤ労組は分けて考えるべきかもしれません。

勝手な想像ですし、先入観があるかもしれませんが、イズミヤ労組の激しい活動は、普段は静かなゼンセンが時折腹を決めてみせる激しさと似ています。そこに、何の共感もなかったのでしょうか。何よりも、結局はＵＡゼンセンに収まっているという現実があります。嫌々加盟した形にはなっていませんし、むしろチェーン労協が自主独立的な産別機能の向上に取り組んだことがＪＳＤやＵＡゼンセンにつながっています。要するに、イズミヤ労組がチェーン労協にいたからこそ、大がかりな準備ができていたという見方ができるのです。アンチゼンセンを貫いて、よく凌いだというのは本当でしょうか。もっと大きなことを考えていたのではないでしょうか。私には、こう思えてなりません。

ゼンセンオルグの足跡

と加入していきます。

残念ながら、イズミヤ労組は全繊同盟入りをしませんでしたが、組織部のオルグたちは休む間を惜しんで切り込み、素早く仕掛けていきますから、チェーンストア労組も繊維商社労組も続々と加入していきます。

流通部会の結成直後、イトーヨーカドー労組の結成と加入が実現しますが、いくつも同時並行でやっていますから、結成までのラグがあるだけで各労組が順次加盟してきます。

職人型オルグ

オルグの和田正さんに注目しますと、そもそも流通部会結成メンバーとなった赤札堂労組の加盟があります。赤札堂労組はすでに結成されていて、約一〇〇〇人の組合員がいましたが、無所属でした。商業労連か全繊同盟のいずれに加入するか、迷っている時期だったのです。

どちらかというと商業労連志向というか、もっと大同団結志向だった赤札堂労組委員長の近藤勝さんに和田さんは会いました。「商業労連の意志で商業同盟の構想が消えて、商業労連は無所属の産別組合になるが、そこに入るつもりなのか」と問いかけて加入をすすめたところ、近藤さんは受け皿としての大きさや強さ、将来性から全繊同盟に傾いていきました。

赤札堂労組は、一九七〇年一月に開催された臨時大会の際、全員投票にかけて一〇〇パーセント近い賛成票をもって全繊同盟加盟を決定しました。和田さんと会ってから約一か月の出来事で、流通部会結成の日を迎えることになりました。まず、当時「ＪＯＡＫ」と呼ばれた衣料チェーンストアの四巨頭（十字屋、扇屋、赤札堂、キンカ堂）の一角、その組織化を達成したわけです。

もちろん、和田さんがオルグに成功しなかった労組もあります。多くはチェーン労協で無所属中立に留まる決意が固いか、結成されるやいなやチェーン労協へ加盟した労組です。全西友労組や東光ストア労組はチェーン労協に収まっていますし、親会社が鉄道会社の労組はグループ労組ですから、全繊同盟に加盟するハードルはかなり高いものとなっていました。

全キンカ堂労組でも結成に関与しましたが、経営陣が同じ池袋のよしみで西友へ相談しているうちにチェーン労協入り、またヤマギワ労組も結成から拡大に至る過程で知らないうちにチェーン労協入りです。「千葉の名門」と呼ばれていた扇屋労組の結成でも、ほとんど全繊同盟への加盟が予定されていたのに、最後に覆って全国チェーン労協です。

めげることなく、和田さんは組織化を続けました。その一部を紹介しますと、同時に着手していた浦和市のスーパーである尾張屋では、店舗数が少ないために小回りが利いて迅速に結成準備員会まで進み、一九七〇年のイトーヨーカドー労組の前に結成されています。なお、尾張屋はもともと呉服店でしたが、スーパーや不動産に進出して、のちにニチイと合併しています。

次は忠実屋です。和田さんが目を付けて八王子に足しげく通って労働者に接近してみると、公私混同の多い会社で、労働者の不満が強いことが分かりました。小さな店を繁盛させて大きくした経営者の悪いところが出たというか、自分の家と店の区別がない状態から脱却しておらず、労働者に自宅の手伝いをさせたりもしていました。

忠実屋には労働者の親睦会があったので、役員たちにそうした点を議論させながら労組の結成についてもちかけ、頃合いをみて親睦会の役員会を労組結成準備委員会に切り替えて、一九七一年に忠実屋労組が誕生しています。

その後、マルエツ労組も結成しています。人事部長が繊維企業にいたことで全繊同盟がどんな労組であるかは十分に理解していましたし、非常に優れたリーダーがいたために、一九七三年、準備委員会を経て極めて円滑に結成されました。

その後もオルグを続け、流通部会に加盟する労組が積み上がっていきますが、和田さんは一九七三年にいったん組織部から離れ、京都府支部長になりました。一九七八年に本部の組織化に戻ったあと、一九八〇年から東京都支部長に就任します。東京都支部に移ってからは、佐藤文男さんのＳＳＵＡ構想に協力しながら、第一家電労組など専門店労組や、独自に動いてきた花菱労組のオルグに成功したほか、ＳＳＵＡは都支部所属でもあるのでゼンセン同盟との間でクッション役も果たしてきました。

和田さんは、都支部に移る前にはキャビン労組の結成に着手していました。もともと佐藤さんが着手していて、大筋ができたところで入り、結成有志の顔ぶれを揃えて徹底的に議論させます。結成準備委員会を発足させ、八割以上でき上がっていたときに引き継ぎをして、ＳＳＵＡの前に誕生させました。

ディズニーランドのオリエンタルランド労組も和田さんが進め、オープンを待って、結成する仕上げの段階で引き継ぎました。ちなみに、組織部でキャビン労組やオリエンタルランド労組の結成を託されたのは網代真也さんでした。

これまで触れてきたほかのオルグたち、中川弘さんや平田太郎さんも次々にオルグに成功します。平田さんは、組合員一〇〇〇人超の大きな所では一九七二年に寿屋労組を結成していますし、平和堂労組の移籍もあります。

平和堂はチェーン労組・中立会議の発足後からチェーン労協に加盟していましたが、足繁く彦根市に通っていた平田さんの働きかけで一九七八年に突然脱退し、ゼンセン同盟へ移ってきました。時のチェーン労協議長の吉田隆さんがゼンセンに抗議していますが、平和堂労組が自主的に決め、ゼンセン同盟が要請を受けた形ですからどうしようもありません。もっとあとですが、長崎ちゃんぽんのリンガーハットグループ労組の結成も平田さんが手がけました。

近代的オルグへ

もう少し話を先に延ばし、三ツ木宣武さんが本部組織局のオルグや組織局長に就任していた時期に着目しましょう。

一九八三年、つまりＳＳＵＡの結成と同じ年にブラザー販売労組が結成されましたが、三ツ木さんの手腕のよるところが大きいと言えるものでした。名古屋市に本社があるブラザー販売は、ミシンの製造ではなく、編み物教室を全国の各駅前につくって、それを運営しながらミシン市場を広げるというビジネスで大きくなってきました。駅前にある、英会話教室の先行モデルとも言えます。

このブラザー販売がややこしいことになり、全国一般が例の手法で少数派組合をつくりはじめたのです。それに呼応するかのように各営業所長たちがまとまって労組をつくりますが、上部加盟はせずに、全国一般に加盟しかねない状態に陥りました。

これを危惧した経営側が同盟に相談したところ、ゼンセン同盟愛知県支部長の柘植幸録さんのところへ話が行きます。柘植さんは、ちょうど佐藤さんのあとの本部組織局長になっていました。次部下の網代さんが動きはじめ、危機感をもった有志たち五人を集めて労組の結成に動きます。次にゼンセン側に加盟する労組の組合員を一気に増やそうという局面に突入しましたが、難しかったのは全国一般が組織化をはじめた大阪です。岸和田市にある各店舗の支部が全国一般の拠点となっていました。

そこで柘植さんは、三ツ木さんに大阪対策を託しました。早速、三ツ木さんは、お膝元の大阪市から名古屋市へ移動しながら、次々とブラザー販売労組を結成していきます。再び、血相を変えて、全国一般の三役が大阪府支部にいた三ツ木さんに面会を求めてきます。前述したように、玉屋労組のときには不在にしていました。今回はそうもいかず、最初からケンカ腰で、「けしからん！　まず詫び状を書け！」と一方的にまくしたてられます。そんなもん書いてどないしまんのや――と言いかけた三ツ木さんは、「お帰りはあちらへどうぞ」と出口まで案内して、追い出してしまいました。

それから間もなく、突然に営業所のほうの労組が解散して、ゼンセン同盟の県支部と連携しながら急速に全国で結成が進められました。その結果、全国一般側の労組は消滅してしまいました。ゼンセン同盟がSSUAの発足に沸き、水面下でZ点を超えようとしていた頃、激しい組織競合が発生していたということです。

この全国一般との競合でもその片鱗が見られますが、連綿と組織拡大を続けるゼンセンも、三ツ木さんの時期になると様変わりといった様相が見られます。一九八六年に三ツ木さんが組織局長に就任した時期は、流通ということではリージョナルチェーン（地方中堅スーパー）に標的が移っていて、組織局は大出日出生さんら新しい人材を加えた陣容となっていました。

様変わりとは、一言でいうと、オルグに際して整然とした集団行動をとり、一気に加入届をとるといった現在多用されている手法を取り入れたことです。この一斉行動の初期の典型こそが、三ツ木さんが指揮したロイヤル労組です。実は三ツ木さん自身は、今では「Xデー」と呼ばれる加入書の一斉署名活動を、「クロコダイル」で有名なヤマトシャツ労組など「御堂筋作戦」の最中で体験済みでした。

ロイヤルホストのようなファミリーレストランはロードサイド店ばかりですから、同じショッピングセンター内の他労組の分会長などを動員できる態勢がとれないために難度が高くなります。綿密な行動計画を通じて、県支部など各方面と十分に連携しないと一斉行動が崩壊してしまうのです。

さて、ロイヤル労組ですが、三ツ木さんにオルグを託された倉石豊彦さんの仕事です。倉石さんはニチイ労組の出身で、三ツ木さんにスカウトされて大阪府支部入りをし、薫陶を受けたあと、栃木県支部長、京都県支部長、佐賀県支部長などを歴任しました。

三ツ木さんは、大阪では美津濃スポーツ労組の結成などで徹底的に育成した倉石さんが福岡県支部へ異動になる際、ロイヤルの組織化を言い含めて送り出しました。ロイヤルには、上の世代が前からオルグを試みていましたが、実現していませんでした。経営側に手の内が読まれているため、まったく違う方向から元気のよい若手を投入するというわけです。また、ロイヤル労組がゼンセン同盟に加盟し、ファミレス御三家の労組が揃うことが、計画されていたフード・サービス部会の結成に「花を添える」ことになります。

倉石さんは集中的な活動を続け、ロイヤルから別の企業への転職者にまで母数を拡げた接触を試み、人望を集める責任感の強い有数のリーダーにたどり着きます。そのリーダーとロイヤル労組について十分に話し合って合意を見ると、有志を増やして結成準備に進みました。

一九九〇年、一〇人足らずの有志が夜中の三時に福岡市内にあるホテルの会議室に集まり、三ツ木さん、倉石さんらが見守るなか、結成大会を開いてロイヤル労組が誕生しました。あとは、数人の労組が一気に拡大することを待つだけです。

「本日、ゼンセン同盟加盟のロイヤル労組が全店で署名活動をしますので、不当労働行為のないように願います」

このように三ツ木さんが電話で通告したのは三日後です。それまで経営側は、拡大の動きを察知していませんでした。まさに「Xデー」であったと言えます。

ロイヤルの二〇〇店舗超という規模の一斉署名活動をやってのけた三ツ木さんですが、実は同時に、もう一つのXデーへ向けて動いていたのです。「銀座じゅわいよ・くちゅーるマキ」や「銀座ジュエリーマキ」の三貴労組です。一〇〇〇店以上あったマキの店舗のうち、六〇〇店超で一気に加入活動を強行していますが、ロイヤル労組の結成と一週間ほどしか空いていないという事実を知るにつけ、三ツ木さんの測り知れないオルグの力量を感じてしまいます。

また、人材育成にも目を見張るものがあります。「やり方をしっかり見とっただろう。やってみんか」と言う三ツ木さんの言葉を受けて、倉石さんは能力全開でカワチ薬品労組、ハナテン労組などのオルグに成功します。また、部下として常に三ツ木さんの手法に触れる機会があった大出さんも全開です。こうして、一九九一年、フード・サービス部会結成直後にサンデーサン労組が結成され、また花が添えられました。

三ツ木さんが指揮したオルグは桁外れで、表現が的確かどうか分かりませんが、伝統的な個人の職人技から、職人が指揮する近代的な大規模オルグへと切り替わりました。この大規模オルグ成功の背景には、数に頼んで徹底的に押すことが命取りとなった八王子でのオルグ失敗という後遺症から脱却した、という意味が潜んでいるように思えます。

実は、この間にも、ゼンセン三大オルグの二宮誠さんが大量の労組を結成していきます。二宮さんは稀代の組織局長になって、ゼンセンの型を破るような独創的なオルグを見せつけますが、ご自身がそれらを生き生きと描いた『「オルグ」の鬼――労働組合は誰のためのものか』（講談社＋α文庫、二〇一七年）を、みなさんの「課題図書」にしたいと思います。

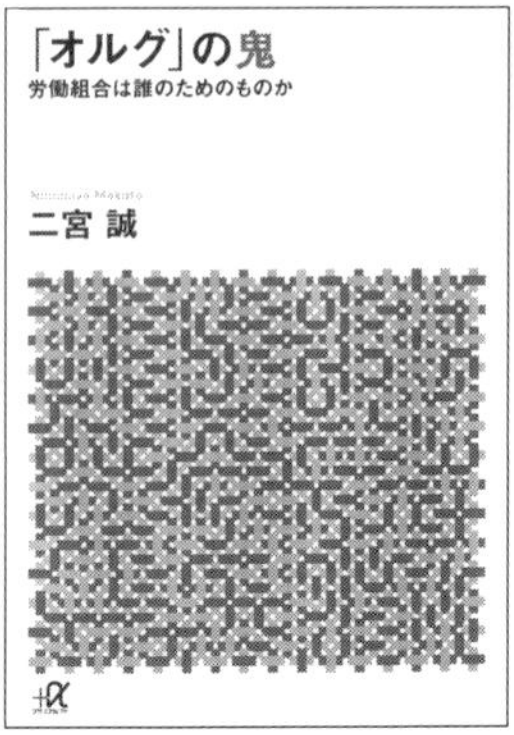
「オルグ」の鬼
労働組合は誰のためのものか
二宮 誠

他の産別組合のオルグたち

外敵の登場

他の産別組合のオルグ、ここでは商業労連オルグに目を向けます。初期の商業労連は、組織化にかぎらず専任者を配置しないチーム主義で手分けをしていましたから、組織委員会はあっても専任のオルグはいませんでした。しかし、二人のオルグが出現します。八幡次郎さんと五十嵐政男さんです。奇遇ですが、二人ともゼンセン同盟へ入る機会がありましたが、商業労連に草鞋《わらじ》を脱いでいます。

八幡さんは宮崎県の出身で、上京して一九六五年に法政大学法学部を卒業後、三年間の西武百貨店勤務を経て故郷に戻り、地元にある橘百貨店に入社しました。中途採用者の待遇に大きな不満を感じ、橘百貨店労組の集会や大会でその不満をぶちまけて注目されたのがきっかけで書記長に就任しました。

橘百貨店と言えば、日本の商業史上、地方百貨店の競合と衰退のモデルケースのような会社で、イズミヤ、寿屋、ユニード、ダイエーなどといった九州地区や全国のチェーンストアに取り囲まれる格好で経営難に陥ります。もっとも、経営者の問題もあったようで、一九七五年に倒産しています。その渦中、八幡さんは橘百貨店労組の委員長に就任し、倒産後の対策に奔走します。この労組は商業労連に加盟していましたが、もう一つ、総評系の少数派組合も活動していました。まず、橘百貨店の都城店が退店となり、組合員を宮崎店に移した八幡さんは、希望退職を募りつつ、職場を追われた約二五〇人を再就職へと導きました。残された約一〇〇人で売場面積が半分となった宮崎店の営業を続けていましたが、約一年後に閉店しています。倒産後は、残された従業員全員をジャスコが引き受けています。

ここまでやり抜いたところで、八幡さんは商業労連の山本勝一さんから誘いを受けましたが、当初は固辞しています。その一方、ジャスコとの絡みでゼンセン同盟という選択肢が出てきました。地元で再就職しようとしていた矢先に山田精吾さんが接近し、ゼンセン同盟に誘ったのです。山田さんは高校時代の先輩で、山本さんと同じく、八幡さんの正義感や実行力に注目をしていたのです。しかし、選んだのは商業労連でした。

一九七七年に商業労連本部の専従者となってから、数年間は経験を活かして地方百貨店の合理化対策をはじめました。その後、組織拡大と組織強化を担当し、一九八四年に組織局を創設しました。

一方、五十嵐さんは茨城県水戸市の出身です。一九六五年に拓殖大学体育学部を卒業して、地元の名門百貨店である「伊勢甚」に入社し、一九六二年に設立された子会社のスーパー「ジンマート」に勤務しました。ご本人は「そうでもない」と言うのですが、若かりし頃はかなりの暴れっぷりだったようです。

五十嵐さんが書かれた著書『流通小売産業における産業別組織の記』（UAゼンセン、二〇一四年）は不朽の名作と言ってもよい内容ですから、明晰な人であることは間違いありません。長らく不明であった流通産業の労使関係史に光を当てた五十嵐さんのおかげで、その全貌が露わになっています。

伊勢甚には、一九五一年に結成された全百連加盟労組がありましたが、壊滅状態となり、一九七二年に伊勢丹の指導の下に伊勢甚労組が結成され、商業労連に加盟しました。翌一九七三年にジンマート労組が結成されますが、その準備委員の一人が五十嵐さんでした。結成直後に百貨店労組と統合して伊勢甚労組となり、五十嵐さんはすぐに支部委員長、副委員長に就任し、一九七七年には委員長に就任しています。

その同じ年、伊勢甚がジャスコと合併しました。のちに直接ジャスコグループ労組に仲間入りしているのですが、全ジャスコ労組が加盟するゼンセン同盟に合流せず、五十嵐さんは商業労連から離れることはありませんでした。

商業労連では監査委員を務めていましたが、一九八四年に副会長になり、一九九二年からは出向専従となって組織局長に就任しました。五十嵐さんのオルグ地区の担当は主に北海道と東北などでしたが、地元ではホームセンターのスイフ労組やカトーデンキ労組（現・ケーズデンキ労組）を結成しています。

さて、八幡さんの話に戻ります。

百貨店などで働くデモンストレーターや、プロ野球パ・リーグ審判員が加入する「連帯」の結成で脚光を浴びた八幡さんですが、チェーンストアでも数多くの労組を結成しています。三和労組、オリンピック労組、ヤオコー労組、ベルク労組、与野フードセンター労組、マミーマート労組、ライオン堂労組、スーパーマイヤ労組、マルダイ労組、ラルズ労組、カネスエ労組、スーパーサンシ労組など、一九八〇年代に次々と中堅スーパーや地方スーパーの組織化に成功しました。

この輝かしいオルグの大半は、ゼンセン同盟との組織競合に競り勝ったものです。裏を返せば、一時期にせよ、大連敗中のゼンセン同盟には危機に陥った局面があったということです。しかも、三ツ木さんが指揮した時期のことです。ゼンセン同盟と比べれば力の差が歴然としていたはずの商業労連が成し遂げた破竹の連勝は、チェーンストアの労使関係における歴史の一ページとして記録に留めなければなりません。

謎の「ユニバース事件」に迫る

すべての労組結成について触れることはできませんが、今なお不明な点が多いとされている「ユニバース事件」を取り上げたいと思います。商業労連の資料だけに「初めて味わう苦い経験であった」という一文が記されているこの事件は、ゼンセン同盟と商業労連の対立に終止符を打ったものとなりました。

ゼンセン同盟は経営者を説得する方式で組織化する、このような表現は厳密に言うと間違いです。もちろん、そのような場合もありますが、多くは労働者たちに接近して労組結成を働きかけ、見通しの立った段階で経営者が無駄な抵抗をしないように予防するわけです。経営者が応じざるを得ないようにするわけですが、応じなくても断念はせず、徹底的に対決して猛然と結成を強行します。これが基本形となっており、経営者への説明にバリエーションがあるのです。

さて、ユニバースに至る一連のチェーンストア労組の結成と商業労連への加盟は、このゼンセン同盟の基本形が、最初から直接経営者に働きかける商業総連の手法に敗れた結果となるものでした。ゼンセン同盟のオルグたちがある程度労働者をつかんだ段階で情報がどこからか漏れ、それを経営者や役員が察知すればよしとしない場合がほとんどなわけですから、不安や危機感が一気に高まります。そこへ、「ゼンセン同盟ではなく商業労連はいかがですか」と八幡さんが接近してオルグするわけです。

従来、ゼンセン同盟は「左のほうから組織されたらやっかいですよ」と説く場合が多いのですが、商業労連は「もちろん左もやっかいですが、ゼンセン同盟も面倒ですよ」と説ける立場にあります。要するに、商品が三種類になるから「松竹梅商法」が効力を発揮するわけです。そして、ゼンセン同盟が集める現場労働者より上位職のグループをまとめ上げ、迅速に準備を進めて労組を立ち上げるのです。絵に描いたような鮮やかな逆転勝利となり、この繰り返しにゼンセン同盟の焦燥感は高まるばかりでした。

八幡さんが得意とするこの手法を、商業労連では「天堀り」と呼んでいます。一方、五十嵐さんはゼンセン同盟の基本形に近い「横穴」と呼ぶ手法を好みましたから、二人のオルグのタイプはまったく違っていました。

ゼンセン同盟連敗の果て、この商業労連の必勝パターンを崩して再逆転したのが大出日出生さんです。舞台となったのはユニバースでした。

一九八六年七月、ユニバースでは、大出さんが集めた労働者たちの結束をよそに、突如としてユニバース労組が結成されて商業労連に加盟しました。前年の一九八五年、新聞紙上でユニバァースが大手スーパーの経験者を大量に募集していることを見つけた大出さんは、元からいた労働者たちの不満が高まり、労組が待望されるだろうと閃いて青森に張り付いていました。しかし、店長クラスを経由して労組の結成が実行されたと知り、当時あった二四店舗中の三店舗分しか取れないと算段すると、怒りに震える結成有志たちを説得してゼンセン同盟加盟の労組結成を引っ込めました。

しかし、一週間も経たないうちに組合規約や機関紙などが現地から届き、「労働条件よりレクリ活動ばかり」などといった不満が入るようになったのです。また、パートタイマーが組織化の範囲からはずれているということも知りました。撤退したにもかかわらず現地の労働者たちは燃えている——大出さんの目論見通りでした。

かくして、ゼンセン同盟は問題の多い労組の組合員を救済するという判断を下し、大規模な計画を実行に移します。一九八六年一一月、突然、全ユニバース労組が結成され、早朝から多数のオルグが店舗に入り込んで一斉活動をはじめ、ユニバース労組からの脱退届と全ユニバース労組への加入届が山のように積み上がっていきました。

「新労組の結成後、組合員の移籍加入を完遂せよ」という指令を受け、ゼンセン同盟から派遣されたオルグは三五人に上り、前日の昼に現場責任者である大出さんが待つ宿舎に到着すると、行動の説明や質疑応答など細かい準備を夜の九時すぎまで続けました。パートを含めた現場の労働者から集めた職場情報は、ユニバース労組の結成時に利用された店長経由の情報よりもはるかに的確なものですから、それを十分に使いこなすことにしたのです。

ユニバースの店舗は八戸市を中心に展開されていましたが、一部が遠方にあるので、翌日の早朝五時に現地に向かったのを皮切りに、順次各店に散っていきました。結局、この日の終わりには、正社員の約三分の一が全ユニバース労組に加入し、パートタイマーも続々と加入してきました。当日の商業労連はというと、主力労組の記念事業にかかり切りという状態でした。もちろん、ゼンセン同盟はこの日を狙っていたのです。翌日、商業労連のオルグ団が続々と青森へ到着したときにはすでに遅く、組合員数は逆転されていました。

早々と商業労連本部の上層部から休戦の提案がなされ、オルグの凍結と、現場責任者同士の話し合いによる解決が決定されます。しかし、商業労連側は感情的になって、翌日、翌々日とオルグを続行しました。その様子を見た大出さんは、全員のゼンセンオルグに対して待機を厳命しました。とはいえ、話し合いに入ると統制力の差を問題にして、組織間での決め事を守れない組合というのは労働者にとっていかがなものか、と徹底的に非難して揺すぶり続けました。その後、いくつかの大波小波があったのですが、それは割愛します。

大出さんは一九八八年三月まで八戸に滞在しました。その間に、ゼンセン同盟加盟の全ユニバース労組で一本化することが決まり、八幡さんとも連携しながら、両組合役員が出席する執行委員会を頻繁に開催して落ち着かせ、完全なる一本化の道筋をつけました。そして、一九八八年三月、ゼンセン同盟加盟の「オールユニバース・レイバーユニオン」が誕生し、商業労連労組から委員長を、ゼンセン同盟労組から書記長を出して再出発となりました。

闘いを終えたオルグの希望

このユニバース事件には、ゼンセン同盟にとっての逆転勝利体験というだけでは収まらない大きな意義があります。それは、ゼンセン同盟と商業労連との産別合同の種がまかれたということです。激しい組織競合の結果、ユニバース労組に関する現場責任者だけでなく双方の上席も入って「手打ち」が行われました。今後は、先手で結成準備委員会を設置した段階で連絡をし、それ以降は、後手のほうが撤退をして組織化候補リストから削除するということになっています。

その場に臨んだ三ツ木さんにとっては、「これでよし」と紳士的に収めてよいものかどうかという逡巡がありましたが、現場において競って、揉めに揉めた大出さんをはじめとする双方のオルグたちの心情は、「こんなことはもうごめんだ」ということだったと思います。小売業の労働者のためには、取ったとか取られたではなく、いつの日かともに汗を流すこともありうるのではないだろうか、という話が出たと聞きます。

ほどなく双方の交流がはじまり、商業労連の幹部たちは、ゼンセン同盟の中央研修センター「友愛の丘」に初めて足を踏み入れました。資料館に所蔵されている繊維工場で働く女性組合員たちのボロボロになった手の写真を見ると、八幡さんも五十嵐さんも涙を隠そうとしませんでし

早朝、高台から見下したUA ゼンセン中央教育センター「友愛の丘」。その敷地内にある石碑の一つ。「団結は力」と刻まれている（著者撮影）

た。その姿を、後ろから眺める三ツ木さんがいました。

三ツ木宣武さん、大出日出生さん、八幡次郎さん、五十嵐政男さんらとの個人的な付き合いがはじまりました。なお山本勝一さんは、ユニバース事件の直後に会社へ復帰しましたが、夭逝しています。

個人的な関係だけでなく定期的な組織交流がはじまり、いよいよ一九九二年に、産別合同も視野に入れた共同研究の場として「NIO《ニオ》21」が設置され、協議をはじめることになりました。ここからさまざまな困難があり、また双方に組織統合の波がありましたが、ＵＡゼンセンへの大きな路線が敷かれたことだけは間違いありません。

お話ししたように、産別合同には労線統一の流れ、とりわけ「連合」の誕生が大きく作用しています。しかしもう一つ、ユニバース事件の手打ちが産別合同の大きな推進力となったのです。ＵＡゼンセンは、オルグたちが希求したものでもあったのです。

ゼンセンオルグの日常――ヤマザワ労組のケース

ヤマザワ労組の結成

最後に、山形市に本社を置くスーパーマーケットチェーン「ヤマザワ」を取り上げます。ヤマザワ労組のケースは、ゼンセンオルグの完成された力量に裏付けられ、流通部会が離陸態勢を終えて巡航に入っていることを示しています。当時は明確に意識されていませんでしたが、前述したZ点を通過したところですから、この巡航の先に部会再編や産別合同があり、現在のUAゼンセンや流通部門があることになります。

ヤマザワは一九五二年の創業で、その起源は、一九三〇年に山形市に生まれた山澤進さんが東根市に開店した「山澤薬局」でした。東北薬学専門学校を卒業したあと、二二歳のときに創業しています。一九六二年にヤマザワを設立してセルフサービス方式のスーパー事業に進出して以降、ヤマザワとヤマザワ薬品を主力として、県内での展開のほかに宮城県へ進出しています。

他のチェーンストアと同様に急成長を経験する過程で労働条件が厳しくなってきますから、ほかの労組の動きを知るにつけ、労働者の間では労組結成の動きが出てきましたが、多くのチェーンストア経営者と同様に山澤さんにも、特段労組に理解があったわけではありません。このため、労組結成まではとてもたどり着けず、次善策として一九七二年に社員会の発足が計画されますが、それも困難に陥って自然消滅してしまいます。

しかし、再び一九七八年に社員会の結成を試み、社員会準備会を開催して全員投票にかけて九割以上の賛同を得ると、一九七九年一月に社員会を発足させました。この社員会は四年間で解散していますが、水面下では着々と労組結成を目論んでいました。社員会は賃上げ要求をしていましたが、「お願い」の範囲を超えることはなく、その額も率も全国平均を下回っていました。

一九八二年七月六日、山形市のホテルキャッスルで結成大会が開催され、ヤマザワ労働組合（組合員数八六五人、委員長藤澤睦夫、書記長妹尾好真）が誕生しました。中央執行委員の加藤延俊さんが唯一の専従者でした。このあとの委員長は、一九八九年まで藤澤さん、一九九五年まで妹尾さん、二〇〇〇年まで加藤さんと、三人が順に就任しますが、加藤さんは一九八四年から委員長になる一九九六年まで、ほとんどの期において専従書記長を務めています。

加藤さんは、父親が自衛隊で駐屯していた関係で北海道恵庭《えにわ》市に生まれましたが、両親ともに山形出身で、小学生の途中から戻って中学校と高校時代は山形で過ごしました。日本大学芸術学部へ進学し、マンガ研究会に所属しました。小学校の二年生から描きはじめたマンガ、中学校、高校でもひたすら描き続けていました。

大学卒業後は山形に戻り、ヤマザワに就職して青果担当になりました。一九七九年の入社ですから、ちょうど社員会が結成された年となります。一年半後には人事教育部に異動して社内報の担当となり、記事や四コママンガを描いていました。また、社員会では役員を務めています。

日高昭夫さん（提供：日高昭夫氏）

上部組織選択で揺れる

社員会の内部は、このままでおとなしくしておこうという消極派と、会社側ときちんと交渉するために労組に切り替えようという積極派に分かれていました。ところが、積極派の後ろ盾は、商業労連志向とゼンセン同盟志向に二分されていました。というのも、当時のヤマザワ、とくに人事部には転職組が多く、他社の労組経験者たちがそれぞれの思惑をもっていたのです。たとえば、百貨店労組の経験者は商業労連を推しますし、繊維企業労組の経験者はゼンセン同盟しかあり得ません。

しかも、社内のモラール調査を請け負ってきた経営コンサルタントも加わって混乱が深まりました。このコンサルタントは、当初は商業労連を推薦していましたが、途中からチェーン労協へ切り替わり、「チェーンストア労組のことならばこの人しかいない」と言って紹介してきたのがイズミヤ労組の日高昭夫さん（三二三ページ参照）でした。

日高さんは非常に熱心で、一か月に一度は大阪から山形まで出向いて、労組の結成や運営についての研修を続けました。その研修を一二回重ねたところでヤマザワ労組が結成され、結成後も講演会や研修で関係を継続していました。

このような状態で、ヤマザワ労組は上部組織を決めきれずに無所属でスタートしたのです。普通の場合、結成の支援を受けたところに加盟します。ゆえに、すでに選択は終わっているはずなので、ヤマザワ労組のケースは異例と言えます。結成大会には、ゼンセン同盟、商業労連、チェーン労協の関係者が来賓席に座りました。

決して、会社側の意向でこうなったわけではありません。確かに、社長の山澤さんは「上部組織に入って加盟費をとられるのはあまりよいことではない」という自説をもっていましたが、執行部のほうで拒んだのです。つまり、無所属でいくという選択をしているのではなく、どこに入ろうか真面目に検討を続けていたということです。

ヤマザワ労組は、結成前後、三方から激しくオルグされ続けていました。とくにゼンセン同盟は、社員会の時期から西奥羽支部が接近していましたし、労組結成後は本部からも入れ代わり立ち代わりヤマザワ労組を訪れ、最後には会長の宇佐美忠信さんまでが山形入りしています。

一方、商業労連は結成前から地元の大沼百貨店労組や東北地区会議が盛んに勧誘し、いろいろと相談を受けていました。もちろん、八幡次郎さんも動いています。そしてチェーン労協は、「同じチェーンストアでやっていこう」と呼びかける日高さんが、ヤマザワ労組をスーパーマーケット労働組合情報交換会（ＳＭ労組情報交換会）へ加入させて密着していました。

しかし、ヤマザワ労組の執行部は、労組を結成した時点で商業労連への加盟を腹に固めかけていました。産別組合を選択するという前提となると、チェーン労協では若干趣旨が違いますし、ゼンセンに対しては途中から拒絶に転じ、無難な商業労連という選択が現実的なものになっていたのです。

ゼンセン加盟へ急展開

ゼンセンのこの危機に、いよいよゼンセン同盟本部からオルグが乗り出します。

「また、東北でドンパチをはじめることになるのかな」

ヤマザワ労組へ接近してきたのは大出日出生さんでした。ところが、大出さんの予想は珍しく外れ、事態は思わぬ方向へ動いて落着します。ヤマザワ労組を訪問し、初対面の席上で大出さんは信じられない話を聞かされます。

「結成大会のとき、ゼンセン同盟にはひどい目に遭いました」

結成大会には招聘しない旨をゼンセン同盟に連絡したところ、本部から乗り込まれて猛烈な抗議を受けたほか、結成大会当日も委員長になるはずの藤澤睦夫さんが自宅から連れ出されて車の中で数時間足止めされ、直前まで行方不明となっていたのです。最終的には結成大会への参列を認めて解放されましたが、不信感や恐怖感が高まり、ゼンセン同盟に加入するという可能性はもっとも低くなっていたのです。

このような経過を聞いいた大出さんは大きなショックを受け、「えっ、そんなことをする人間がいるのかな。誰だろう?」という疑問を胸にしまい込み、「それは誠に申し訳ありませんでした」と平謝りしてから、「もっと状況を教えてください」と意見交換を延々とし、最後はしっかり打ち解けてしまいました。その結果、ヤマザワ労組がもともと強い産別組合を望んできたことが分かり、話が一気に進みます。本音では、労使紛争で困ったときに絶対に助けてくれる心強さを求めていたのです。

「あなたは本当に大出さんですか？　いかつくて怖い人が来るのかと思っていました」

ヤマザワ労組結成大会。1982年。社員会から切り替えてようやく労組の結成に漕ぎつけた。執行委員席前列一番左は藤澤睦夫委員長。結成大会当日早朝から行方不明になっていた。（提供：ヤマザワ労組）

打ち解けてきた藤澤さんがつい口にしました。

「優しい顔だ。欽ちゃん（萩本欽一さん）みたい。あはは、よかった、よかった」

と言ったのは加藤延俊さんです。ヤマザワ労組の執行部のみなさんは底抜けに明るいですから、正直な感想が遠慮なく続きました。

「同じ東北ですから、ユニバースのことを聞いていますよ。その本人が来るというので、もうどうしようかとびびっていました。こんなに優しい顔なんだ。親に感謝していますか？」

大出さんと波長が合ったヤマザワ労組のみなさんは、数回の会合を重ねてゼンセン同盟への加盟を決

労使交渉を紛糾させたマンガ。労組結成直後の冬期一時金交渉で、「ない袖は振れない」の回答を題材にした加藤延後のマンガを挿入したビラによって会社側は感情的になり、団交が難航した。（提供：ヤマザワ労組）

めます。もちろん、それを知った商業労連側からは抗議を受けています。実は、ユニバース事件での商業労連の様子を知り、拍子抜けして残念に思ったことがヤマザワ労組の決め手になったのです。

青森のユニバース労組がゼンセン同盟に加盟したことが、大事な局面を迎えていた山形へ波及したわけです。当初は想定されていなかったことですから、勝負は最後まで分からないということです。

最後まで諦めなかった大出さんは、執行部がゼンセン同盟への加盟を提案し、機関決定するまでの活動を余念なく見守りました。加藤さんが描いたマンガが掲載された「上部加盟に向けて～可能性への挑戦～　私たちにゼンセンのパワーを」なるパンフレットを発行して全組合員に配布し、途中に出てきた経営側からの反対も何とかかわして、一九八八年一〇月、定期大会で全員投票にかけ、賛成多数でゼンセン同盟への加盟を決めました。

ヤマザワ労組の加入は、ゼンセン同盟山形県支部の開設に結実しています。加藤さんは、大出さんの紹介でゼンセンの伝統ある「マンガ集団」に入団し、現在も活躍しています。

直後の一九八八年一二月、ゼンセン同盟加盟記念拡大中央委員会を山形市のオーヌマホテルで開催することになりました。大出さんは、「ゼンセン同盟から講演会を提供させてもらいます」と水を向け、戦後労働運動の生き字引と言われる滝田実さんの講演が決まりました。

講演会の当日、列車に揺られてゼンセン同盟名誉会長の滝田実さんの顔をしげしげと見ながら、この人や宇佐美忠信さんが身体を張ってゼンセンを引っ張ってきたのだな、と感慨に浸っていた大出さんは、滝田さんが口を開いた途端、現実に引き戻されました。

「最近、ゼンセン同盟のみんなはゴルフばかりやっているそうだな」

汗がにじんできた大出さんは、滝田さんの追い打ちに苦笑いを浮かべるしかありませんでした。

「宇佐美もゴルフばかりやっていて、けしからんな」

「ゼンセンマンガ集団アーカイブズ」に収録されている加藤延俊の４コママンガ。（提供：加藤延俊氏）

最初に話した通り、意識的にオルグたちに焦点をあててきました。組織拡大は、確かに個人プレーではなく集団の成果なのですが、プロフェッショナルによる組合づくりが労働組合運動の背骨になっていることを忘れるべきではありません。また、チェーンストア労組のリーダーたちは、心血を注いで優れたオルグ能力を発揮してきました。これらは、日本の国民にまったく認識されることのない大きな功績と言えます。歴戦のオルグたちに感謝し、拍手を送りたい気持ちでいっぱいです。

オルグの話から学べることがたくさんあります。働く者にとって労働組合がいかに大切なのかを理解して、これからしっかりと労働運動に取り組む気持ちになってもらえるのなら、とてもうれしく思います。

あとがき

本書は、ＵＡゼンセン流通部門の教宣・研修資料集『ＢＵＭＯＮブックレット』に掲載された「オルグ！オルグ！オルグ！」の第一講～第一一講をもとに加筆修正を施したものであって、実際の講義を採録したものではない。あらかじめ胸に抱いていた企図を意識して編んだものである。何を企んでいたのか、三点だけ記しておこう。

第一、歴史を語り継ぐことの重大さである。ＵＡゼンセンの「流通リーダー研修」の講師を務め、若き労組役員たちと接するたびにそのことを痛感した。それだけに、自労組の活動に邁進する以上、自労組の創成を知って欲しいと思っている。

半分はお世辞であろうが、ＵＡゼンセン書記長の木暮弘さんの「あなたは、われわれが知らないことまで知っている」との言葉にうろたえてしまった。消失しつつある大切な歴史をぜひ記しておかねば、先人たちが流した血と汗と涙が無駄になってしまう。

第二、だからこそ、記録に残すこと自体を目的とせず、書きたいように書きたかった。それは重要記録の保存と活用（アーカイブ）とは違う。本書を読んでもらうしかないが、オーラルヒストリーを実践するつもりはない。無学非才の著者にその能力もない。ただし、本書が示唆するように、アンチゼンセンだと思われた労組や個人が、実は違っていたということが十分にありうるから、「アンチオーラルヒストリー」かどうかを判断するには慎重であって欲しい。

第三、筆者が編集と出版を求めた株式会社新評論の武市一幸社長が大阪人であった。これほど精力的な濃さと強烈な広がり、とことんオチを求める態度を前面に出す人にこれまで出会ったことがない。だからといって、「お前の交友範囲が狭いからだ」とは言われたくはない。大阪市出身の妻と親族、多数の知人友人が大阪にいる。私の軸足は大阪にあるのだ。本書の執筆は、まさに武市社長との共同作業であり、紹介してくださった川端基夫先生（関西学院大学教授）に深く感謝する。

最近、繰り返し考えてしまう。指導教授の下川浩一先生、小池和男先生は学部生や大学院生、研究所勤務時代の著者を、真面目すぎて融通の利かない堅物だと見ていたのではないだろうか。温かい心配に反して、わりと型破りで気ままなことをしてきたことが今になって気がかりになってきた。不肖の弟子として申し訳ない気持ちが高まる半面、感謝の気持ちはこれからも絶対に忘れることはない。

二〇一八年一月

本田一成

（付記）

本書脱稿後の二〇一七年の暮れ、稀代のオルグ・佐藤文男さんの訃報が飛び込んできた。享年九二歳。

二〇〇八年一一月一七日の正午、立川市の自宅におじゃましたのが初対面だった。まず、佐藤さん手づくりの料理をご馳走になる。インタビューノートによると、この日のメニューは、マグロとイクラの丼ぶり、豆腐の吸い物、ナス・カブ・キュウリの漬物などとなっている。著者と同じく、包丁を握る男だと知った。

ご挨拶だけ、とお願いしていたこともあって、記念日休校で家にいた小学校二年生の娘を「職場見学」と言い含めて同伴している。佐藤さんの顔がゆるんだ。

昼食後、いきなり佐藤さんの話がはじまり、核心に迫る内容に驚く。妻の繁子さんが慌てて「お裁縫を教えてあげる」と言って、娘を二階へと連れ出した。辞去する際には、「自分の子どもたちにも、先輩たちからしてもらったから」とポチ袋に入ったお小遣いまでいただいた。

佐藤さん、オルグの生きざまをたくさん伝えていただき、ありがとうございました。精いっぱい勉強いたします。心よりご冥福をお祈りいたします。

日高昭夫（イズミヤ労組委員長、チェーン労協役員） 323～327, 348, 349
平田太郎（ゼンセンオルグ） 205, 206, 256, 331
藤木謙一郎（丸井従業員組合） 30
藤澤睦夫（ヤマザワ労組委員長） 347, 350, 351

【ま】

増原　操（一般同盟会長） 20
松尾博義（東光ストア労組委員長） 61, 62, 75
松岡駒吉（全繊同盟会長） 159, 168, 178, 203, 207
松吉英男（全ダイエー労組委員長、一般同盟役員） 21～24, 57, 69, 71～75, 80, 85～88, 90, 91, 100, 101, 104, 115, 134, 139, 140, 211, 278, 285
三浦義（FIET 東京事務所、商業労連役員） 14, 16, 17, 53
三ツ木宣武（３大オルグ、大阪府支部長） 157, 219～222, 280, 294, 295, 302, 307, 331～335, 340, 344, 345

【や】

八幡次郎（橘百貨店労組委員長、商業労連事務局長） 336～339, 341, 343, 345, 349
山川治雄（ゼンセンオルグ） 206, 261
山口正義（全繊同盟組織部長） 162～166, 187, 188, 192, 202, 203, 209
山田精吾（ゼンセンオルグ、全民労協事務局長） 157, 165, 166, 184～192, 198, 201, 202, 221, 237, 240, 257, 279, 287, 291, 326, 338
山本勝一（伊勢丹労組副委員長、商業労連事務局長） 14, 16, 17, 19, 23, 50, 53, 84, 113, 234, 337, 338, 345
横江秀康（全西川屋チェン社組書記長、全ユニー労組委員長） 121, 128～131, 142, 143, 145, 152
吉開敬祐（渕栄労組委員長） 22, 44, 48, 49, 56, 82
吉田　隆（イズミヤ労組委員長、チェーン労協議長） 326, 331

【わ】

若林稔（全ほていや社組の委員長、全ユニー労組委員長） 124, 125, 128, 129, 131, 139, 142, 143, 152
和田　正（ゼンセンオルグ、京都支部長、東京都支部長） 199, 200, 201, 205, 206, 229, 231, 256～258, 261～263, 268, 277, 279, 296, 328～331

坂田禎三（丸井労組副委員長、商業労連役員）　36
佐藤文男（3大オルグ、SSUAアドバイザー）　157, 158, 165～184, 186, 188～195, 198, 200, 201, 205～210, 213, 214, 216～218, 221～234, 255～257, 262, 263, 275, 277, 279, 283, 285, 286, 289～303, 307, 309, 322, 330, 332
柴田守（全松坂屋労組委員長、商業労連会長）　53
菅井義夫（ゼンセン同盟副会長、連合役員）　201～203, 205, 314
杉本　尚（東光ストア労組委員長、全国チェーン労協役員）　22, 57, 62～66, 75～78, 90, 152, 245, 246
鈴木達郎（ダイエー労組書記長）　72
鈴木健勝（松屋労組委員長、商業労連会長）　213

【た】
高崎　満（全西友労組委員長）　121, 135～137, 139, 147, 148, 152
滝田　実（全繊同盟会長、同盟会長）　25, 37, 38, 55, 102, 103, 105～107, 109, 110, 119, 162, 164, 202, 203, 208, 209, 212, 215, 234, 255, 257, 262, 263, 269, 353
竹山京次（ゼンセンオルグ）　206, 219, 231, 240
竹内文義（全繊同盟副会長）　162～164, 187
田代新一（全繊同盟静岡県支部長）　170
谷口　洋（全ジャスコ労組書記長）　237～241, 254, 255
柘植幸録（ゼンセン同盟組織局長、愛知県支部長）　307, 332
坪西辰也（ゼンセンオルグ）　110, 111, 205, 206, 219, 225, 226, 243, 254～256
徳田孝蔵（ゼンセンオルグ）　199
土橋正直（忠実屋労組代委員長）　113

【な】
中川　弘（ゼンセンオルグ）　152, 205, 206, 208, 231, 233, 234, 240, 254, 256～258, 261, 278, 322, 331
二宮誠（3大オルグ、東京都支部長）　4, 156, 157, 199, 336

【は】
塙　昭彦（イトーヨーカドー労組委員長）　263, 264, 266～269, 271, 272, 275, 277
早矢仕不二夫（総同盟、全進同盟、東京金属組織部長）　203～205, 218

主要人物一覧（当時の主な肩書）

【あ】

芦田甚之助（全繊同盟会長、連合会長） 199, 200, 290, 296

足立　明（全ダイエー労組第４代委員長、ゼンセン同盟流通部会長） 82, 277, 282, 284

網代真也（全ダイエー労組書記長、ゼンセン同盟副会長） 80, 82, 83, 278, 279, 282～288, 305, 326, 331, 332

五十嵐政男（伊勢甚労組委員長、商業労連副会長） 8, 336, 338, 339, 341, 345

岩國修一（イトーヨーカドー労組委員長） 264～268, 272

宇佐美忠信（ゼンセン同盟会長、同盟会長） 119, 158, 162～165, 168～170, 187, 203, 208, 209, 257, 291, 312, 349, 353

大出日出生（堀田産業労組書記長、フードサービス部会書記長） 305～308, 333, 335, 341～345, 350～353

太田喜明（イトーヨーカドー労組委員長、ゼンセン同盟流通部会長） 271

落合清四（ニチイ労組書記長、UIゼンセン同盟会長） 287, 317, 326

【か】

勝木健司（全ダイエー労組委員長、ゼンセン同盟流通部会長、参議院議員） 80, 246, 277, 278, 282, 283, 290, 317, 318

加藤延俊（ヤマザワ労組委員長） 347, 351, 352

川勝　章（十字屋労組委員長、一般同盟・商業労連役員） 22, 24, 91, 96～98, 100～108, 110, 111, 113～116, 118～120, 140

川野正男（長崎屋労組委員長） 140, 223, 226～231, 243, 244, 247～249, 253～255

久間治二郎（渕栄労組委員長） 44

倉石豊彦（ゼンセン同盟栃木県支部長、京都府支部長） 334, 335

狐墳英毅（長崎屋労組委員長） 223, 229, 247～249

近藤勝（赤札堂労組委員長） 328

【さ】

坂田貞夫（丸井労組委員長、商業労連役員） 36, 39～43, 46, 47, 49～53, 56, 139, 213

著者紹介

本田一成（ほんだ・かずなり）
國學院大學経済学部教授
1965年生まれ。法政大学大学院社会科学研究科修士課程修了。博士（経営学）。
人的資源管理論、労使関係論専攻。
主な著作に、『チェーンストアの人材開発　日本と西欧』（千倉書房）、『チェーンストアのパートタイマー　基幹化と新しい労使関係』（白桃書房）、『チェーンストアの労使関係　日本最大の労働組合を築いたZモデルの探求』（中央経済社）、『主婦パート　最大の非正規雇用』（集英社新書）などがある。

オルグ！　オルグ！　オルグ！
――労働組合はいかにしてつくられたか――

2018年３月25日　初版第１刷発行

著者　本　田　一　成
発行者　武　市　一　幸

発行所　株式会社　新　評　論

〒169-0051
東京都新宿区西早稲田３-16-28
http://www.shinhyoron.co.jp

電話　03(3202)7391
FAX　03(3202)5832
振替・00160-1-113487

落丁・乱丁はお取り替えします。
定価はカバーに表示してあります。

印刷　フォレスト
製本　中永製本所
装丁　山田英春

Printed in Japan
ISBN978-4-7948-1088-5

新評論　好評既刊

川端　基夫

外食国際化のダイナミズム

新しい「越境のかたち」

空前の外食海外進出ブームの実態を精緻な調査で分析解明し、国際化の「新しい越境のかたち」が持つ可能性と課題を探る。

［四六上製　256頁　2800円　ISBN978-4-7948-1026-7］

川端 基夫

アジア市場を拓く

小売国際化の100年と市場グローバル化

100年に及ぶ日本小売業の海外進出史。その苦闘の歴史から「アジア市場の真実」と「市場との正しい向き合い方」を探る。

［A5上製　344頁　2800円　ISBN978-4-7948-0884-4］

川端　基夫

改訂版　立地ウォーズ

企業・地域の成長戦略と「場所のチカラ」

激しさを増す企業・地域の立地戦略と攻防。そのダイナミズムに迫る名著が、最新の動向・戦略・事例を反映した待望の改訂版として再生！

［四六上製　288頁　2400円　ISBN978-4-7948-0933-9］

A. リンドクウィスト&J. ウェステル／川上邦夫 訳

あなた自身の社会

スウェーデンの中学教科書

子どもたちに社会の何をどう教えるか。最良の社会科テキスト。皇太子さま45歳の誕生日に朗読された詩『子ども』収録。

［A5並製 228頁 2200円　ISBN4-7948-0291-9］

ヨーラン・スバネリッド／鈴木賢志＋明治大学国際日本学部鈴木ゼミ編訳

スウェーデンの小学校社会科の教科書を読む

日本の大学生は何を感じたのか

民主制先進国の小学校教科書を日本の大学生が読んだら…？「若者の政治意識」の生成を探求する明治大学版・白熱教室！

［四六並製　216頁　1800円　ISBN978-4-7948-1056-4］

表示価格は本体価格（税抜）です。